明治維新と近代日本の新しい見方

東京堂出版

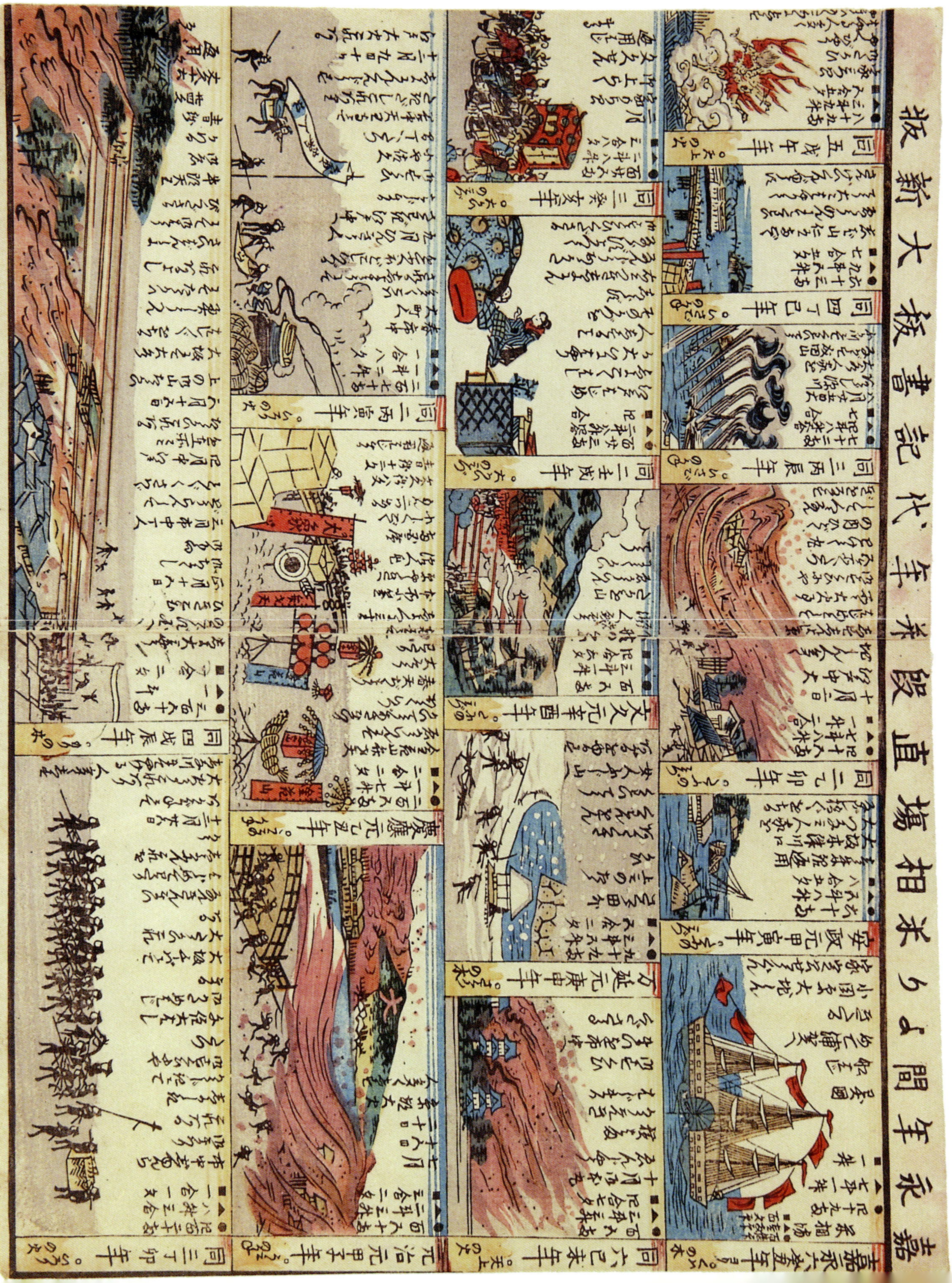

新大阪青書記代年茶飯道場相米ら間年米嘉吉

〔幕末年間より米相場直段并年代記事抜大新版。署名・日付なし。おそらく1868年半ばの作と思われる。個人所蔵。〕

明治維新と近代日本の新しい見方◆目次

第四章　「歴史学者・勝海舟」の明治維新……153

第二部　〈近代〉再発見

プロローグ

本書は、近代日本の誕生をめぐる従来の理解に、異論を投げかけようと試みるものである。九つの章は、一八五三年のペリー来航をきっかけに、近代化の波に呑み込まれていった日本の様々な人々、出来事、それに空間を、新たな視点から見つめることを旨として書かれている（本書では西暦を主に用い、元号は補助的な使用に留めるが、一八七二年以前の日本国内の出来事については、原則として旧暦で日付を示す）。その「新たな視点」を多くの場合で支えてくれるのが、瓦版や風刺画、錦絵や写真などの視覚資料だ。私が常に心がけているのは、歴史とはプリズムのようなもので、ほんの少し角度を変えるだけでまるで違う像が結ばれてしまう、ということである。歴史は一つではなく複数の物語からなる。したがって、本書を作り上げているのも、「私の」物語でしかないのだ。だからこそ、各章の紹介に入る前に、私の歴史観、中でも日本史に対する見方がどのように生まれたのかということについて、振り返ってみることにしたい。

私が明治維新について研究を始めたのは、奇しくも一九六八年、すなわち明治百周年のことであった。それに先立つこと数年、カリフォルニア大学サンタクルーズ校の学部二年生であった私は、若き入江昭先生が教鞭を執る日本史や日米関係の授業を履修し、日本への好奇心を芽生えさせた。ギリシャ・ローマ史を学ぶつもりだったが、入江先生の丁寧な授業や温かいお人柄、そしてもちろん内容の面白さに惹かれて、私は東アジア研究に専攻を変えたのである。ところが、もっと日本について学びたいと思った矢先、入江先生が転出されることになった。先生は、カリフォルニア大学の交換留学制度を利用して、国際基督教大学（ＩＣＵ）

で学んでみてはどうかと勧めてくださった。そう、一九八一年から私が教員として、日本近現代史を担当することになる大学である。

一九六七年秋、ＩＣＵに留学した私は、語学や美術や歴史など、日本に関する多くの授業を履修した。ちょうどＩＣＵでも学生運動の波が起こっていた時期だったが（あるいはそのおかげで）、素晴らしい時を過ごすことができた。一年が終わりに近づいた頃、私は趣味のよい掛軸を記念に持ち帰りたいと思い、安く購入できる場所はないかと尋ねて回った。それまでに目にしたものはいずれも高く、懐のほうは寂しかったのである。

一週間ほどして、友人が伯父から届いたという手紙を見せてくれた。私の希望を友人から聞いたご母堂が、さらに兄上に連絡を取ってくれたのだが、この人は大垣の酒屋で、地元の文化人というべき人であった。彼は見知らぬ外国の学生の夢見がちな言葉をまじめに受け取り、もし三つの条件を満たすことができたなら、掛軸を差し上げよう、と言ってくれたのである。三つの条件とは、一つ、大垣に来て、長良川で鮎釣りをすること。二つ、家に来て一緒に鮎のたたきを食し、酒を飲むこと。三つ、勝海舟について研究すること、であった。最初の二つは簡単だった。私は旅行も釣りも好きだったし、日本酒を飲むという技術も、ちょうど身についてきたところだった。だが、三つ目の条件には困った。私は勝海舟を知らなかったし、英語で彼について記された文献もかなり少なかった。大学の図書館で、Ｅ・ウォーレン・クラークの *Katz Awa, The Bismarck of Japan*（『勝安房、日本のビスマルク』、一九〇四年）という本を見つけた。ちょうど中公新書から松浦玲の『勝海舟』（一九六八年）が出たばかりだったので、これも購入した。そして辞書を片手に、一頁ずつ読んでいった。人生初の日本語の本だ！

図１　研究生活の出発点となった私の宝物、勝海舟直筆の一行書。筆者所蔵。

私は勝の江戸での少年時代や、小吉という変わり者の父親のこと、オランダ語を学ぶ決心のこと、佐久間象山のもとでの勉学のこと、ペリーの黒船来航を受けて幕府に開国を勧めたこと、長崎海軍伝習所の設立に果たした役割のこと、そして一八六〇年の咸臨丸での太平洋横断のことなどを知った。特に印象的だったのは、軍事取扱として明治維新を迎えた勝の活躍であった。勝は全面戦争ではなく、官軍の首領であった西郷隆盛との交渉を選んだ。そしてその結果、江戸城の平和的な明け渡しが実現したのだ。

これだけの知識を仕入れると、私は大垣に向かい、長良川で網を操り、鮎のたたきと酒に舌鼓を打った。そして友人の伯父に、まだまだ未熟な勝海舟に関する知識を披露したのである。私の人生を変えたその日の夜、私は一幅の掛軸を手に入れた。軸を展げると、目の前に、私の新たな憧れの存在となっていた勝海舟の墨痕が現れた。「雪中松柏有余情」。

勝のこの「一行書」が宋朝の文人、謝枋得（一二二六―八九）を引いたものであることを、当時の私は知らなかった。それは、たとえ元に征服されても、決して宋への忠義は曲げぬという決意を示した言葉である。徳川への忠義を捨て切れぬまま明治新政府に仕えた勝の心情が、そこに重ねられていることは言うまでもない。

それから今日まで、私は勝海舟の研究を続けている。三年生を終えてカリフォルニアへ戻った私は、勝海舟の開国への対応という主題で卒業論文を書いた。指導教授は、ちょうど客員教授として訪れていたハリー・ハルトゥーニアンであった。そしてハーバードの大学院に進学後も、勝への理解を深めることができた。恩師のアルバート・クレイグは、明治維新において長州が果たした役割を専門としていたが、私は少し違うものを取り上げたかった。そこで勝海舟を筆頭に、維新で「敗北」した側に焦点を当てることにしたのである。こうして一九七六年、私は "Katsu Kaishū and the Collapse of the Tokugawa Bakufu"（「勝海舟と徳川幕府の崩壊」）と題した博士論文を書き上げた。結論では、二つの政権の板挟みとなった勝のジレンマを取り上げた。

それ以来、私は歴史を白か黒かで塗り分けることに疑問を持ち続けている。歴史家として、また教育者として、私は「一般的な物語」に対して反抗を続けることを自らに課してきた。つまり、私の変わらぬ目標は、一般的でない見方を掘り起こすことである。過去を学び、理解する方法は、決して一つではない。通説を疑い、解体したいというこの強い思いは、明らかに大学院の頃に身についたものだ。ある美術史の文献を読みながら、私は著者が画中の象徴や身振り、衣装や風景から、巧みに作品を「読み解く」姿に感銘を受けた。単純な肖像画や風景画の中にも、実に多くの意味が込められているのだ。そして一九七四年、東京大学史料編纂所で勝海舟について調べていた時、私は幕末の風刺画コレクションに出会った（現在ではそれらの視覚資料を含む多くの史料が、同編纂所のオンライン・データベースで公開されている。http://wwwap.hi.u-tokyo.ac.jp/ships/）。そのようなものを、私はかつて見たことがなかった。象徴に彩られたメッセージに満ちた、その宝の山のようなコレクションに私は圧倒された。その瞬間、膨大な可能性が目の前に開くのを感じた私は、風刺画をはじめとする視覚資料を通して近現代を見つめるという方法を、研究の中心に据えるようになった。

私の姿勢に影響を与えたものを、もう一つだけ挙げよう。私は政治史にも、思想史にも、環境史にも関心があるが、自分では社会史の専門家であると思っている。そして、勝海舟の場合にもそうであったように、私は敗者に関心がある。富める者や、強者ではなく、弱い者や貧しい者、ごく普通の人々がどのように生き、何を経験したのかということに関心があるのだ。なるほど、それは私が一九六〇年代のアメリカで育ったこととも無関係ではないだろう。魂の探求であるとか、反体制であるとかの概念が一世を風靡し、公民権運動をはじめ、女性の権利向上や反戦を目標とする運動が盛んに行われ、ヒッピーたちは自由と解放を謳った。私もまた、自身の研究に、平等の意識や、社会や環境に対する正義の感覚を取り込んだのだ。私は「上から」の歴史ではなく、「下から」の歴史を擁護する。研究室の扉には、若い頃に目にした「人々が導けば、指導者たちもついてくる」という政治ポスターを、誇りをもって貼り出していた。

「もう一つの物語」を提出することを目標に上梓した最初の論文集『もう一つの近代――側面からみた幕末明治』（ぺりかん社、一九九八年）の中で、私は地域的な自由民権運動に焦点を当てた。その主人公とは、

ＩＣＵのある三鷹に暮らした、私にとっての英雄とも言える吉野泰三（一八四一―九六）である。吉野は「国のため」が叫ばれる世の中で、「地方のため」と叫び返し、地域の人々の健康と幸福や、地元経済の発展を優先したマイノリティである。もちろん、私は日本の近代化の物語における「上から」を、すべて「下から」で塗り替えようとしているわけではない。歴史の現実はそれほど単純ではないのである。それでも明治維新と、日本が近代化を受け容れてゆく過程には、「新しい見方」をすべき箇所が多くある、というのが本書の立場である。

＊　＊　＊　＊　＊

第一部は「〈明治維新〉再発見」と題した。

第一章　いざ、西へ――カリフォルニアと日本の開国　では、一八五三年から翌年にかけての日本の開国をめぐる「一般的な物語」に揺さぶりをかける。ここで重要になるのはペリー代将の思惑や徳川幕府の代表者を相手どっての言動ではなく、太平洋の反対側に位置するサンフランシスコに暮らしていた商人をはじめとする普通の人々が、その出来事にかけた期待である。またこの章では、日本を西洋に解放するという事業において、なぜアメリカが先頭に立ったのかという問いを検討しつつ、アメリカの日本に対する当初のイメージを取り上げる。さらに、アメリカ政府の太平洋での積極的な活動の背景には、それを後押しする大衆の声があったことを確認し、太平洋でのアメリカの拡張を牽引するのはカリフォルニアであるべきだ、という言説が隆盛していたことを論ずる。

この章で取り上げるのは、日米関係史はもとより、世界史上においても重要な出来事であるが、カリフォルニア出身の私としては、そこに個人的な思いを重ねざるを得なかった。歴史を研究する者として、私は歴史を自分の一部と感じることは望ましいことだと思うし、教師としても、学生に同様の気持ちで歴史に接して欲しいと思う。歴史は私たちの一部であり、「外側」にあるものではない。私が育った町はカリフォルニア州サンタクルーズからほど近い場所にあり、一キロほど離れた海辺に立つと、その水平線の先に日本があるのだと想像することができた。私の父は日本との戦争を経験している。海兵隊員だった父は、硫黄島の地獄を生き延びた一人なのだ。父は戦争の話をよくしてくれた。私はいまでもその話を、複雑な思いで反芻することがある。父はまた、一九五一年、当時四歳だった私の手を引いて、英雄ダグラス・マッカーサー元帥の帰還を出迎えるために、モフェット飛行場に行ったことも話してくれた。その偉大な男が故郷の地に降り立ったのを、私は父に肩車されて見たそうだ。母にもまた戦争体験がある。十代の少女だった母の任務は、見張り塔に登って、万が一にも日本の風船爆弾が太平洋を越えてきた場合に備えることだった。近所の日系人が集められ、強制収容所に入れられたことも母は話してくれた。そのような話を聞いて育った私は、太平洋の向こう側にある日本のことを、何とはなしに考えることが少なくなかった。

入江先生の教室で日本の開国を目指して出発するペリーについて学んだ時、私が真っ先にカリフォルニアのことを考えたのは、おそらくそのような理由によるのだろう。ペリーが故郷の西海岸ではなく、東海岸から出発して東に航路をとり、アフリカ、インド、香港まわりで日本へ向かったと知った時は、少なからずがっかりしたものだ。一九八〇年代になって、私は日本の開国をめぐるワークショップに参加を求められた。夏のカリフォルニアで、私は図書館で何時間もかけて、ペリー遠征を報じる地元紙のマイクロフィルムを繰った。その成果がこの章の淵源となった論考である(1)。その後も何度か改稿し、本書のためにさらに手を加えた。日本の開国を、太平洋の反対側から見つめること。ワシントンの政治的エリートの視点からではなく、私の祖先のような、カリフォルニアの市井の人々の視点から見つめることが、この章の目的である。

物を取り上げる。**第二章　幕末黙示録――もう一つの見方**では、主に一八六八年の半ばに出版された、一枚の木版の印刷物を取り上げる。一九八一年、ＩＣＵに着任して間もなく、私は幕末の風刺画をはじめとする錦絵を歴史資料として集めるようになった。私が手に入れた最初の一枚こそ、この章で扱う「嘉永年間より米相場直段并年代記書秡大新版」なのである。日本近代史の教室で、私は何年にもわたり、この作品を幕末期に対する教科書的理解へのアンチテーゼのように利用してきた。維新の激動のさなかに世に出たこの作品には、当時の人々のまさに「その当時」の思いが反映されている。言うまでもなく、彼らは自分たちの生きている時代が「幕末」であることなど知る由もないのだ。近年になって、私はさらに細かくこの作品を分析し、カナダのブリティッシュ・コロンビア大学が立ち上げた「明治百五十年」の特集ウェブサイトに視覚的エッセイを掲載した(2)。

　この錦絵は十六の場面に分けられ、一八五三年のペリー来航から一八六八年の上野での彰義隊敗北まで、一コマごとにその年の主要な出来事を伝え、さらにそのうちの一件を視覚化している。例えば一八五三年のコマには、ペリーの黒船を意味するのであろう、外国船が描かれている。しかし、この浮世絵に登場するのは政治的な出来事ばかりではない。津波（一八五四）、地震（一八五五）、水害（一八五六）、神事（一八五七、一八六五）、疫病（一八五八、一八六二）、それに火災（一八五九、一八六四）も登場する。また、事件と共に各年の米相場が添えられ、旧体制が傾くにつれて、銭貨の価値が急速に低下していたことが示される。この作品は、今日の歴史家が明治維新と呼んでいるものに繋がった一連の出来事を、同時代の人々がどのように見ていたのかということを私たちに教えてくれるのだ。興味深いことに、この作品を見る限り、人々は尊王攘夷の思想を胸に変革を志す武士の動向よりも、経済の浮沈や、何より災厄をもたらす自然の猛威に強い関心を払っていたのである。それらこそが彼らにとっての「黙示録」、すなわち新たな世界の幕開けよりも、「末世」というこの世の終わりを色濃く感じさせる出来事だったのだろう。この作品を中心に、その他の視覚資料にも目を向けながら、第二章では徳川末期の「生きた歴史」を再現することを試みる。

第三章　恐ろしき一八六八年――風刺画から見る明治維新は、第二章の問題意識を引き継ぎながら、湯浅八郎記念館と私個人が所蔵する風刺画を素材に構成したものである。考察の背景には、学生たちと何年も続けてきた古文書ワークショップの成果がある。文字のみならずイメージを「読む」ことで、登場人物（多くは子供である）の着物や象徴的な持ち物、顔の表情などからそのアイデンティティや政治的な立場を判断してゆくのだ。その成果は以前にも論文の形で発表しており、日本語に翻訳されたものが拙著『もう一つの近代』にも収録されている（「一八六八年の江戸――庶民の視点から」、六二―一〇五頁）(3)。

前述のように、一八六八年の明治維新は、志士たちによる国づくりの物語として記憶されがちである。だが、実際に江戸に生きていた庶民たち、「江戸っ子」たちにとってはどうだったのだろうか。彼らから見れば、一八六八年とは世界が激変した年であったに違いない。年が明けた週に早くも舞い込んだ、鳥羽・伏見の戦いでの旧幕府軍の敗北というニュースは、彼らをさぞかし混乱させただろう。春になり、官軍が江戸城を占拠した時には、さぞかし恐ろしかったことだろう。五月十五日、上野の山で彰義隊が敗れた際には、胸を痛めもしただろう。そして晩夏になると、江戸は東京になるという決定が伝えられ、秋には、少年天皇の前に頭を垂れることを強制されたのである。この時点で、江戸の人口の半分程度が市外に逃げ出していた。江戸の未来、ひいては日本の未来が、江戸っ子にはまるで読めなくなっており、彼らは後世の歴史家が「明治維新」と呼ぶことになる動乱の本質を、どうにか理解しようと努めたのである。

一八六八年に出回った風刺画の多くは、子供を描いたものである。その可愛らしい姿を見て、親が子供の楽しみのために買い与えたのだろうと思う向きもあるかもしれないが、それは誤りである。これらの作品は、いずれも大人向けだ。描かれているのは子供の合戦ごっこだが、本当に描写されているのは現実の戦争であり、その背景には流血や死、苦悩や暴力が渦巻いていた。むろん、大っぴらに目に見えていたのはその一部に過ぎないが、一八六八年を生きた「普通の」人々にとって、血を流すことや苦しむこと、破壊を目の当たりにすること、家を失うこと、貧困に陥ることなどは、決して珍しいことではなかった。なるほど、中央集権的な、統一的な国家を誕生させた明治維新が、日本史において極めて重要な出来事であることは間違いない。だが、特に江戸周辺に暮らしていた庶民にとって、それは決して幸福な時期とは言えないのである。これらの浮世絵を見れば、何の気なしに江戸城の「無血」開城などと言うのは、やや不穏当であることがわかるだろう。戊辰戦争は、同じく一八六〇年代に起こったアメリカの南北戦争や、イタリアやドイツでの統一戦争と選ぶところのない、兵士と、鉄砲と、大砲と、殺戮と破壊によって終結を迎えた戦闘である。戊辰戦争の戦歿者は、およそ一万人であった。それは苦しく、危険な時代であった。したがって、無邪気な子供たちの戯れも、粗暴な殺人行為に満ちた悲劇的な争いの図として読み解かれなければならないのだ。

第四章 「歴史学者・勝海舟」の明治維新　では、私の「憧れの存在」である勝海舟に焦点を当てることにするが、この章の舞台となる一八八〇年代から一八九〇年代という時期、勝はすでに明治維新を過去として語る老人になっている。私が勝海舟と幕府の終焉に関する博士論文を書いたのは一九七〇年代だったが、この章の基となった論考を仕上げたのはその三十年後である。[4] ここで注目したいのは、図らずも「敗者」の側に立つことになったかつての徳川の忠臣たちが、一八八〇年代から隆盛してくる歴史に対する「公式」な見解に、どのように抗ったのかということである。中心的な素材となるのは、勝海舟による歴史学的な業績だ。一八八〇年代から一八九〇年代の前半にかけて、勝は旧幕府の記録文書を整理する役目を担い、軍事、外交、さらには徳川家の財産などに関する歴史書を次々と編纂したのである。さらに、そのような客観的な仕事のみならず、勝は一八六〇年代の自分自身の経験についても、これをまとめて出版している。その維新観や、徳川時代の遺産に思いを馳せる勝の言葉は、私たちに「もう一つの見方」を教えてくれるだろう。

第二部は「〈近代〉再発見」と題した。

第五章　ノスタルジアと近代——佐田介石の舶来品排斥運動　では、十九世紀の末に日本が急速に西洋化した、というありきたりな言説に、少し異なる角度から迫ってみたい。大学院生の頃、私はエドウィン・O・ライシャワーのもとで学ぶという貴重な経験をした。ライシャワー先生は私の博士論文の審査員の一人でもあり、その後、私は先生が担当していた日本の歴史と社会に関する授業のティーチング・アシスタントも務めた。「田んぼ」(Rice Paddies) と呼ばれていたその一般教養の授業には、毎年五百人を超える学生が登録していた。ライシャワー先生は講義の達人で、聴衆の心を巧みに摑み、楽しませることを忘れなかった。日本の近代化に関する講義はいまでも耳に残っている。手を力一杯振りながら、先生は政治や文化の潮流の変化を、振り子の動きとして説明された。一八七〇年代から一八八〇年代前半にかけての文明開化の時期には国際主義が隆盛する。一八八〇年代後半から二十世紀の初頭までは、返す刀でナショナリズムが不気味に台頭した。翻って一九一五年頃からは、再び民主主義と国際主義が盛り上がりを見せる。だがそれも束の間、残念ながら振り子はまた戻り、一九三〇年代から一九四五年の終戦まで、ナショナリズムと軍国主義の嵐が吹き荒れた。民主主義がようやく復調するのは戦後になってからである。実に忙しい！

右のような迫力ある内容の講義に学生は興奮したが、（ライシャワー先生もよくご存知であったように）現実には変化はより緩慢に、より複雑な形で起こったのである。私は当時から現在に至るまで福澤諭吉のファンであるが、西洋化を擁護し、儒学を洋学に置き換えようとした彼に多くの論敵がいたことを知ったのは、少しあとになってからのことであった。一八七〇年代に出版された錦絵などを見ると、その時代の人々が西洋的なものと日本的なものとの間でいかに葛藤していたかがわかる。ある作品は当時を「開花」と「因循」とが競争する時代、と形容しているが、まさにその通りであろう。私は保守派の意見にも、正しく耳を傾けるべきであると思う。民主主義や科学、平等や理性が信奉された時代だからこそ、伝統やノスタルジア、懐疑主義、文化保全などの概念も並行して注目を浴びた。近代性とは、両者が合わさって初めて説明のつくものなのだ。先行研究では、西洋の思想や品物が流入したという事実に焦点を当てる傾向が強すぎたきらいがある。そこでこの章では、「変化」そのものの力に注目することにした。中心となるのは、西洋からの物品の輸入を食い止めようと奮闘した佐田介石（一八一八―八四）の思想と活動である。[5]

第六章　加速する日本――近代へと漕ぎ進む　では、日本およびアジアが近代化へと突き進む中で、人力車が、次いで自転車が果たした役割を検討する。二〇〇二年、私はＩＣＵの教養学部長に任命されたが、大学における学問のあり方だけでなく、「自転車問題」とも向き合う必要があった。ＩＣＵでは学生の多くが、最寄りの駅からキャンパスまでの移動に自転車を利用している。つまり、毎朝、毎夜、およそ千台もの自転車が、安全な近道である近隣の住宅街を抜けて、駅まで疾走しているということになる。地域住民からは、学生の自転車が危険走行を繰り返し、話し声もうるさいという苦情が絶えなかった。対応を検討する会議を開いたところ、当時の学長は自転車通学を禁止し、代わりに通学バスを走らせるという案を出した。私は反対した。自転車は環境に優しく、健康によく、費用のかからない交通手段である。では、どうすれば問題を解決できるのか。私は答えた。「ここは大学です。教育で解決しましょう」。それから十年にわたり、私は一般教養で「自転車と社会」という授業を開講した。この授業は人気で、私を「自転車先生」と呼ぶ学生も少なくなかった。講義では自転車の歴史、物理、健康、環境、経済成長、自転車と芸術、そしてもちろん、交通安全と法律を取り上げた。学生には課題として、「自転車問題」と正面から向き合い、その解決策を提案することを求めた。

この授業の準備のために、私は日本の自転車史と真剣に取り組んだ。自転車は私の期待以上に、近代という概念と相性のよい主題であった。産業の時代において重要視される、速度、移動性、利便性などは、いずれも自転車の特徴である。カナダの自転車史を研究するグレン・ノークリフによれば、自転車は「近代へと漕ぎ進む」ことを可能にした革新的な乗り物なのだ(6)。移動や交通に関する学会誌に発表したいくつかの拙稿を素材に、この章では鉄道ではなく自転車こそが個人の移動に革命をもたらした機械であったことを論ずる(7)。激動の年であった一八六八年に日本にもたらされた自転車は、当初、有閑階級にとってのステータスとしての乗り物に過ぎなかった。だが二十世紀に入ると、西洋と同様に、自転車は普遍的な乗り物となり、農業や工業に従事する人々や、新興の中産階級に重宝された。一九二〇年代から一九三〇年代にかけて起こり、失敗に終わった自転車税の廃止運動は、新しい生活様式を守ろうとする庶民の声をいまに伝えている。そして、自動車が爆発的に増えた今日でも、自転車は街にあふれている。その利用には様々なリスクもつきまとうが、やはり自転車は日本人にとって「速力の速い下駄」なのだ。

第七章　民芸の西洋的起源　では、日本は極めて独自の文化を持つ国であるという思い込みを突き崩し、むしろ近代日本は融合と混成によって誕生したのだと主張することを試みたい。日本に強い関心を持ち始めた学部生の頃から、私は日本の民芸、特に陶器を愛するようになった。バーナード・リーチの翻訳になる柳宗悦（一八八九―一九六一）の英文評論集、*The Unknown Craftsman*（一九七二年、『無銘の工芸家』）を読んだことも無関係ではないだろう。柳の「下手物」に対する愛着や、機械で製造されたものへの嫌悪が、なぜか私には魅力的だった。また、岡倉覚三『茶の本』（一九〇六年）や、鈴木大拙『禅と日本文化』（一九五九年）のような、日本人によって英語で書かれた文献も読んだ。これらの書物はいずれも、単純さや温かさ、自然との調和、そして素朴を重んずる日本文化の美学の一端を説明するものだった。自分の属している米国社会に対して、それが複雑で、冷たく、官僚的で、無駄が多いという印象を持っていたせいか、私はその正反対であるらしい日本に魅了されたのである。だが、このような東洋と西洋の二項対立が実際には成立しないことも、私はやがて学んだ。それどころか、右に挙げた先達たちには、必ず外国人の仲間がいたのである。岡倉はアーネスト・フェネロサと、柳はバーナード・リーチと、そして鈴木はポール・カルスと共に仕事をした。また、かの有名な益子の陶芸村が、現代の産物であることにも驚かされた。濱田庄司が村を興したのは、一九三〇年のことなのである。しかも、濱田は東京出身で、東京高等工業学校を卒業し、リーチのもと、イギリスのセント・アイヴスで三年にわたって陶芸の修行をしている。作家ラドヤード・キップリングは「東と西のバラッド」という有名な詩の中で、「東は東、西は西、そして両者はけっして会うことがない」と唄ったが、これは誤りなのだ。

柳宗悦に関する以前の論考で、私は柳が、政府（および軍部）が一九三〇年代に後押しした国粋的な芸術や美学に反抗し、地域の文化や工芸を守ろうとしたことを取り上げた[8]。この章ではより広い視点から、近代性に反抗しようとする世界的な運動と、柳との関わりを検討する[9]。十九世紀に出発して以来、近代化の動きは常に反近代化の動きを伴っている。工業化、都市化、機械化が進めば進むほど、人々はかつての単純な時代に焦がれ、人と人との繋がりや、真の美を追い求めるようになった。この章では、東西文化の「結婚」を謳歌した初期の批評家とも言える柳宗悦と民芸運動の関わりを中心に、文化の融合、ナショナリズム、反近代化という三つの側面から、近代性について考察を加えたい。

第八章　東北飢饉――近代の裏表　の基になっているのは、三・一一の直後に書いた文章である[10]。日本は地震・津波・原発事故という三つの悲劇に同時に襲われたが、それは同時に、世界中から援助の手が差し伸べられた出来事としても記憶されている。一九九〇年代以降、地球温暖化が人類にもたらす影響に強い危惧を覚えた私は、環境史、特に天災と人災の相関関係について研究を開始し、授業でもその問題を取り上げるようになった[11]。三・一一に関する報道では、まさに天災と人災の関係が強調されることも多く、それはしばしば現代日本社会への批判の形で現れた。例えば悲劇から一年後、『ザ・ニューヨーカー』誌はこのような記事を掲載している。「政府の失態、すなわち隠蔽体質や官僚機構の麻痺状態が明らかになり、産業界もリスクに見て見ぬふりをしていたことが明るみに出たいま、かつての奇跡的な成長を支えていた政体への信頼は地に堕ちたのだ。これこそ、三・一一の『第四の悲劇』であろう[12]」。

この章では、一方では人々に自由を与える寛容さを持ち、他方では破壊的な専制を行うという、近代という時代の二面性に注目したい。一九〇五年から翌年にかけて秋田を中心に起こった東北の飢饉に際しては、やはり世界中から苦境にある人々への救いの手が差し伸べられた。そのような思いやりは、近代の国際社会の歓迎すべき部分であると言えるだろう。だが、同時にこの飢饉では、日本の急激な近代化、特に周縁部よりも中央を優先するという姿勢がもたらした負の影響も明らかになったのである。飢饉を報じたメディアは、被害の激しい地域の状況を必要以上に惨めに伝え、それを恥ずべきことであるかのように書き立てた。その論調は、東北地方に対するネガティブなイメージを裏書きするものである。飢饉をめぐるそのような姿勢は、日本のみならず、世界全体で散見される、近代性の負の側面の縮図なのだ。

エピローグ　文明開化を顧みれば――久米邦武と世界大戦　では、一八七〇年代前半から一九二〇年代後半にかけての長い期間、文化や社会の冷静な観察者であり続けた人物の考察と回想を取り上げつつ、日本が近代化を追求したことによって何がもたらされたのか、という問いに取り組んでみたい。二〇〇六年に、私は岩倉使節団に関する学会である「米欧亜回覧の会」から、発足十周年を記念する講演を依頼された。そこで私は、岩倉使節団の一員としてアメリカとヨーロッパを回る中で、久米邦武が歴史というものを「発見」した過程について報告を行った。久米は多くの博物館、図書館、史跡を訪れている。そのような体験こそが、久米がのちに歴史家となった遠因なのではないか、と私は結論づけた。[13] そして十年後、二〇一六年になると、同会から今度は二十周年の記念にと講演を依頼された。私はちょうど教員を退き、七十歳を迎えようとしていたところだったので、老境の久米が、どのように自らの洋行を振り返ったのかについて話すことにした。[14]

本書を締めくくるこの章では、以前の講演に基づきながら、第一次世界大戦の前後に八十代の久米が著した論考や、九十歳になった久米が筆をとった自伝に、より詳細な分析を加えている。晩年の久米は、自分がその実現に一役買った文明開化が、日本をただ強くしたのではなく、破壊と戦争に明け暮れる国家に変容させてしまったのではないかという不安を抱き、幻滅を味わっていた。後年の久米の論考は、しばしば西洋を

「鉄砲の文明」として批判し、より強大な兵器の開発に血道を上げるその姿を糾弾している。結局、文明開化とは富国強兵に等しいのではないか。これが明治維新を振り返った久米の暗鬱な結論である。このままでは、さらなる破壊と悲劇をもたらす戦争の到来は避けられない、と久米は恐れたのだ。

＊　＊　＊　＊

最後に、これまで私を支え、導いてくれた人たちに、心からの感謝を捧げたい。私の人生のパートナーであり、歴史学を愛する仲間でもあるパトリシア・スイッペルには、どれだけ感謝の言葉を尽くしても足りない。同じように、ここに挙げる恩師たち、同僚たち、学生たちがいなければ、私は聖書で言うところの「やかましい鐘や、騒がしい鐃鉢《にょうはち》と同じ」ような存在になっていただろうと思うのである。

まず、私に進むべき道を示してくださったのは、物事を広く見ることを教えてくれた入江昭先生と、物事を深く見ることを教えてくれたアルバート・クレイグ先生である。次に、私の同僚であり、友人でもあったのは、ＩＣＵの歴史学デパートメントの小島康敬をはじめ、高澤紀恵、那須敬、菊池秀明、オラー・チャバ、ロバート・エスキルドセンの各氏だ。鶏が先か、卵が先か、思想が先か、行動が先か。彼らとの尽きるともない議論はいつも刺激的であった。また、かつての同僚たちからも多くの財産を頂戴した。百歳で逝去された武田清子氏や、九十九歳の今日も書物を手に、一語一語に意味を見出そうと奮闘されている源了圓氏、それに物事の表面ではなく、その奥を見つめることを教えてくれた葛西実氏などである。むろん、学生たちからも多くの刺激を受けた。本書の各章は、いずれも彼らの前で初めて披露され、批評を受けたものでもある。特定の章について言えば、風刺画の意味するところを探り出そうと格闘する私を支えてくれたのは、湯浅八郎記念館の学芸員である福野明子氏と原礼子氏、そして学生たちとの橋渡しをしてくれた篠原将成氏である。

明治維新への同時代的なまなざしを扱う第二章と第三章は彼らの協力なしには成立しなかった。また、翻訳に際してこれらの章の綿密な校正に時間を割いてくれた同記念館の具嶋恵氏にも感謝する。佐田介石を取り上げる第五章に協力してくれたのは、アニメの専門家である吉岡史朗氏である。日本の自転車史をめぐる第六章では、自転車文化センターの谷田貝一男氏から貴重な文書や写真をご提供いただいた。第七章では岡本佳子氏が、翻訳を手伝ってくれたのみならず、岡倉覚三と民芸運動に関する私の知識を深めてくれた。また民芸運動に加えて、茶の湯と柳宗悦の専門家でもある熊倉功夫氏のご親切にも助けられた。東北地方の歴史を専門とする河西英通氏は、飢饉を取り上げた第八章に関して貴重なご意見を寄せてくれた。そしてエピローグを執筆中、久米邦武の文章の意味を取りかねていた私を救ってくれたのは郷戸夏子、岸佑の両氏である。みなさん、どうもありがとう！

そして末筆ながら、友人であり、研究者であり、紳士であり、極めて優れた翻訳者である大野ロベルト氏に、心からお礼を言いたい。ただの翻訳ではなく、改良というべき仕事をしていただいた。また、それを書籍の形にする過程では、東京堂出版の小代渉氏のお世話になった。多謝。

なぜ歴史を学ぶのか。シェイクスピアは、「過去は序幕《プロローグ》だ」と言った。なるほどその通りだろう。私たちは現在を理解するために、過去を学ばなければならないのだ。歴史の物語は、ないがしろにすべきものではない。過去は私たちに警告を与えることもあれば、霊感を与えることもある。それは知識の源でもあり、行動への呼びかけでもある。日本の近代性には、他のあらゆるものと同様に、欠陥もある。あなたはどのように考えるのか？　あなたは何をすべきなのか？　私は学生に自分なりの物語を伝えながら、常にそのように問いかけている。

注

（1）"California's Pacific Destiny," *The Journal of Social Science*, vol. 29, no. 3, March 1991, pp. 101-118.

（2）"Apocalypse Now: An Alternate View of the Bakumatsu Years," *Meiji at 150 Visual Essay*, University of British Columbia online site: https://meijiat150dtr.arts.ubc.ca/essays/steele/

（3）"Edo in 1868 – The View from Below," *Monumenta Nipponica*, vol. 45, no. 2, Summer 1990, pp. 127-155.

（4）"Katsu Kaishū and the Historiography of the Meiji Restoration," in James C. Baxter and Joshua A. Fogel, eds., *Writing Histories in Japan: Texts and Their Transformations from Ancient Times through the Meiji Era*, Kyoto: International Research Center for Japanese Studies, 2007, pp. 299-315.

（5）この章はかつて「佐田介石の舶来品排斥運動――近代とノスタルジア」の題で『季刊日本思想史』第七十七号（ぺりかん社、二〇一〇年）に発表した拙稿に僅かに手を加えたものである。反近代の思想を持つ明治期の人々を取り上げた拙稿には、ほかに「文明開化とパロディ――万亭応賀の活論学問雀」（ツベタナ・クリステワ編『パロディと日本文化』笠間書院、二〇一四年、四一八―四三四頁）、「近代日本の奔放なる起源――万亭応賀と福澤諭吉」（ピーター・ノスコほか編『江戸のなかの日本、日本のなかの江戸――価値観・アイデンティティ・平等の視点から』柏書房、二〇一六年、二八五―三〇三頁）がある。

（6）Glen Norcliffe, *The Ride to Modernity: The Bicycle in Canada, 1869–1900*, Toronto: University of Toronto Press, 2001.

（7）"The Speedy Feet of the Nation: Bicycles and Everyday Mobility in Modern Japan," *The Journal of Transport History*, Third series, vol.31, no. 2 (December 2010), pp. 182-209; "The Making of a Bicycle Nation: Japan," *Transfers: International Journal of Mobility*, vol. 2, no. 2, (Summer, 2012), 70-94; "Mobility on the Move: Rickshaws in Asia," *Transfers: International Journal of Mobility*, vol. 4, no. 3 (Winter 2014), 88-107.

（8）"Nationalism and Cultural Pluralism in Modern Japan," in John Maher and Gaynor MacDonald, eds., *Diversity in Japanese Culture and Language*, Kegan Paul International, 1995, pp. 27-48.

（9）初出は「東は西、西は東――反近代主義と民芸の発見」（熊倉功夫・吉田憲司編『柳宗悦と民藝運動』思文閣出版、二〇〇五年、一一五―一三九頁）である。再録に際して若干の手を加えた。

（10）"The Great Famine of 1905-06: Two Sides of International Aid," *Asian Cultural Studies*, no. 39, (March 2013), 1-15.

(11) その成果としては、"Constructing the Construction State: Cement and Postwar Japan," *The Asia-Pacific Journal/Japan Focus*, vol. 15, issue 11, no. 5, June, 2017 (https://apjjf.org/2017/11/Steele.html); "Across the Tama: Bridges and Roads, Rivers and Rocks," in Ts'ui Jung-liu, ed., *Local Realities and Environmental Changes in the History of East Asia*, Routledge, 2016; "The History of the Tama River: Social Reconstructions," in Terje Tvedt and Eva Jakobsson, eds., *A History of Water: Water Control and River Biographies*, Palgrave, 2005, pp. 217-236 などが挙げられよう。

(12) Evan Osnos, "Japan's 3/11," *The New Yorker*, March 11, 2012 (https://www.newyorker.com/news/evan-osnos/japans-311).

(13) 「日本の文明開化の光と影——久米邦武の歴史観」(米欧亜回覧の会編『世界の中の日本の役割を考える——岩倉使節団を出発点として』慶應義塾大学出版会、二〇〇九年、一〇七—一一三頁)。

(14) 「『米欧回覧実記』の編著者・久米邦武、晩年の境地」(米欧亜回覧の会・泉三郎編『岩倉使節団の群像——日本近代化のパイオニア』ミネルヴァ書房、二〇一九年、五五—六六頁)。

第一部　〈明治維新〉再発見

第一章　いざ、西へ――カリフォルニアと日本の開国

はじめに

十九世紀に入るまで、日本は西洋世界にとってほとんど未知であった。[1] それは小さな、取るに足らない「霧に覆われた」島であり、文明の中心から遠く離れた場所であった。だが西洋諸国と関係を持とうとしなかったことは、日本にとって悪い選択ではなかっただろう。十八世紀初頭、エンゲルベルト・ケンペルは、下手に西洋と接触すれば日本の「幸福なる状態」が乱されてしまうだろうと書いている。とはいえ十八世紀も後半にさしかかると、日本や東洋に対するロマンチックな見方に変化が生じるようになる。アダム・スミスと産業革命によって、世界は巨大な市場へと姿を変えた。世界経済を掌握するという各国の野望は、異教徒を改宗させようとする動きをも加速させた。十九世紀初頭の時点で、東洋は拡大を続ける西洋にとって、手付かずの原野、新たな前線と映るようになっていたのである。

もはや日本は遥か彼方の国でもなかった。蒸気船の発明によって海路は効率化された。そして、それ以上に、日本がもたらすであろう経済効果に西洋は気づいていた。マルコ・ポーロが黄金の国として描いた日本の姿を、ケンペルは以下のように裏書きしている。「日本の国土の最大の富、すなわちこの帝国が既知の如何なる国々をも凌駕するものはといえば、あらゆる種類の鉱物と金属、なかんずく金、銀、銅である」[2]。こ

図1　「日本の都に近い、千の像を擁する寺院」、『バルーズ・ピクトリアル』紙、1856年5月3日、個人所蔵。

のような成功の予感は魅力的である。西洋の品物を売る市場としても格好だろう。しかも、どうやら日本人は、あるアメリカ人が記したところによれば、「喜びというものに欠け、礼拝をとかく稀なもの、苦行を伴うものにしがちな、あの厳格さのみの際立つ、はなはだ異教的な」信仰の徒であるらしいのだ(3)。宣教団にとって、遠く離れた国のそのような宗教を駆逐することは、やりがいのある大きな挑戦と感じられただろう。

日本を「国々の家族」に迎え入れようという意志を特に強く持っていたのが、まだ若い共和国であったアメリカである。初期のアメリカ人とは商人であった。アレクシス・ド・トクヴィルは、アメリカが「いつの日か地球上で第一の領海権を握るだろうと信じざるを得ない。彼らは、ローマ人が世界を征服すべく生まれたように、海上を支配すべく生まれたのである」と記している。[4]新しい国家として農業や工業の発展する可能性を有してはいたものの、十九世紀半ばの時点では、これらの分野はまだ未熟であった。アメリカは海外で活動する自国の商人に、経済活動の多くを頼っていたのである。アメリカの商船はヨーロッパと資源の交易を行っただけでなく、ヨーロッパの製品を遠方まで輸送することで多くの利益を上げていた。また捕鯨産業でも、アメリカは世界の市場を独占していたのである。[5]

事実、アメリカは大陸へと切り込んでゆくことを検討する以前から、太平洋の開拓を夢みていた。一八〇八年には、ある下院議員がこう述べている。「地理学は我々に、中国、ペルシャ、インド、アラビア、フェリックス、そして日本の存在を教えている」[6]。アメリカが拡大を望んだ動機は、商業的なものだけではない。そこには宗教的な情熱もあった。すでに一八一〇年の時点で、ニューイングランド地方の聖職者がアメリカン・ボードを設立し、東洋へと目を向けている。アメリカは自らを新世界の秩序の中心に据えていた。「世界の中での卓越と栄光をこの国にもたらした、自由と進取の信念を他のあらゆる人種、国民に伝える」ことこそ、アメリカの使命だったのである。[7]

建国当時から、アメリカは「拡大を続ける国家」を自負していた。ルイス・クラーク探検隊を皮切りに、アメリカ人は西へ、西へと移動した。一八二〇年代にはロッキー山脈へと続くサンタフェ・トレイルが拓かれ、一八三〇年代にはさらにオレゴンとカリフォルニアが踏破された。一八四〇年代の時点で、「西部はもはや未知の原野ではない。インドへと至る踏み石である」という言葉が飛び出すまでになっていた。[8]そして一八四八年にカリフォルニアが併合されると、アメリカは東アジアとの交易に至便な港を持てるようになった。財務長官ロバート・ウォーカーは、同年に以下のように宣言している。「アジアは突如として我々の隣人となった。我々との間に介在する穏和な大洋が、我が汽船たちを対ヨーロッパ貿易すべてを合わせたよりも大きな交易航路に招いている」[9]。

本章では、日本の開国をアメリカが主導することになったいくつかの理由について考察する。そのためには、日本に対するアメリカのイメージを分析しながら、いかに大衆の声がアメリカの太平洋上での活発な動きを後押ししたのかを検討する必要があるだろう。特に注目したいのは、「アメリカはさらに西へ、太平洋へと漕ぎ出すべきだ」というカリフォルニア州の強い主張である。また、マシュー・C・ペリー海軍代将の文書も取り上げ、十九世紀半ばのアメリカ外交政策に対するペリーの貢献についても考えてみたい。

一八五二年から翌年にかけてペリーがその任務にあたっていた頃、アメリカの西漸運動はまだ完結していなかった。ペリーが開国の約束を取り付けていたまさにその時、アメリカではカウボーイたちが「インディアン」との戦闘を繰り広げていたのである。ペリーの究極の目標は、おそらく、太平洋上でのアメリカの命運を決定的なものにすることであった。

十九世紀半ば、アメリカの拡大への希求は最高潮に達していた。合衆国は自信に溢れ、成長が続いていた。作家ハーマン・メルヴィルが「未知の島々や、閉じこもった日本のような国々」と呼んだものを手に入れよう、とアメリカは望んだのである[10]。一八四〇年代、そのような機運の中で、政治家ウィリアム・スワードは「船を倍増せよ」と呼びかけた。「そして東洋へと派遣せよ[11]」と。彼はさらにハワイ諸島の併合と日本の開国についても擁護している。また、当時ますます緊密になっていたヨーロッパとの関係については、やがてそれが衰退し、その代わりに「太平洋やその沿岸の島々、そして遥か向こうの広大な地域が、世界の偉大なる将来において、様々な出来事の主要な舞台となるであろう」と述べている[12]。その新たな舞台を主導することこそ、アメリカのマニフェスト・デスティニー（明白なる運命）であったのだ。ペリーはその理想を現実のものとするべく奮闘したのである。

ペリー以前

ペリー来航以前にも、アメリカは日本の開港を促したことがあった。早くには一八一五年に、デイヴィッド・ポーター船長がジェームズ・マディソン大統領に、日本との商取引を始めるよう進言している。日本を文明国に仲間入りさせることは、アメリカの義務だというのである。他の国が失敗を味わったとしても、大西洋と太平洋に挟まれた「偉大なる新興国家」であるアメリカは、日本の開国に成功するだろう。それはすなわち「日本の根強き偏見を打破し、我々にとっての貴重な交易を確保し、日本人を世界に知らせること」を意味する。(13)

だが、ポーターの進言は何らの反応も引き起こさなかった。アメリカがアジアでの経済活動に強い関心を示すようになるのは、一八三〇年代に入ってからのことである。一八三二年には、外交官エドモンド・ロバーツがコーチシナ、シャム、マスカット(オマーンの都市)へと派遣された。ロバーツはシャムおよびマスカットと首尾よく協定を結ぶと、一八三四年にワシントンへ帰り着いた。そして一八三五年三月、彼は日本を「世界との自由で友好的な関係」に引き入れるようにとの指示を受けたのである。「日本皇帝」に宛てたジャクソン大統領からの書簡も用意された。こうしてロバーツは一八三五年四月、ピーコック号に乗り込んでアジアへと旅立った。天皇に献上するための二頭のメリノ種の羊など、贈り物も積み込んであった。ロバーツは、まずシャムとマスカットに立ち寄り、条約の批准を確認したが、そこから日本へ向かおうとしたと

図２　「日本におけるコロンバス号とヴィンセンス号」、1848年。

このリトグラフは、初の公式の遠征を行ったビドル代将の業績を記念して制作された。停泊するアメリカの軍艦を、小さなたくさんの日本の舟が取り囲んでいる。

ころで病に倒れた。そして一八三五年六月、マカオで命を落とし、日本行きの任務は頓挫したのである。結果には結びつかなかったものの、この試みはその後二十年にわたって続く同様の試みへの序曲となった[14]。

一八三七年に日本を目指したモリソン使節団は民間による事業であり、後援したのはアメリカの宣教師や中国の商人であった。使節団にはサミュエル・ウェルズ・ウィリアムズもいた[15]。彼らの目的は「日本人との友好を求め、もし彼らが望むなら手術を施して病を癒し、そして多少の交易もする」ことであった[16]。船には七人の日本人漂流者が乗っていたため、彼らを送還することができれば、日本の支配者も謝意を示すだろうと一行は期待していた。だが、実際には沿岸から繰り返し砲撃を受け、追い払われてしまったのである。使節団の団長を務めていたチャールズ・キングは、一八三九年に *The Claims of Japan and Malaysia Upon Christendom*（『キリスト教世界における日本とマレーシアの獲得』）と題した書物を出版しているが、その中で、

図３　1850年頃のサンフランシスコの港。

当時、サンフランシスコがすでに賑やかな港であったことがわかる。1848年からのゴールドラッシュによって、この都市は西部の商業と金融の中心地となった。

国家は日本に使節団を派遣し、懲罰を与えるべきだと主張している。せっかく封建的な政府や異教の教義から彼らを救おうとしているのに、聖職者を追い払うとは、とんでもない思い上がりだと考えたからである。(17)

十九世紀半ばにアメリカで日本について書かれた文章や、交わされた意見に共通しているのは、アジアと太平洋地域におけるアメリカのマニフェスト・デスティニーという感覚である。一八四〇年代半ばには、イリノイ州の上院議員ジェームズ・センプル将軍が、「いまやアメリカの人々の関心は太平洋とアメリカ北西部沿岸に注がれている」と記している。そしてセンプルの報告書は、領土拡張論者であるウィリアム・ギルピンの述べるマニフェスト・デスティニーを強調することで締めくくられている。

大陸を征服するというアメリカ人の宿命はま

図４　「日本へ出発する艦隊の姿」、『バルーズ・ピクトリアル』紙、1852年５月15日、個人所蔵。

出帆の準備をする艦隊を描いた版画。旗艦ミシシッピ号に乗り込もうとロングボートに立ち、手を上げているのがペリーである。

だ満たされていない。我々はその広大な平野を越えて太平洋へと突入しなければならない。そして対岸の何億もの人々に生命を与え、勇気づけなければならない。自治の原則を教え、手強い彼らをして、人間生活の新たな秩序を形成せしめねばならない。彼らを隷属状態から解放し、老朽化した国家から救い出さねばならない。闇を光に変えるのだ。百世紀にもわたる眠りから彼らを呼び覚ますのだ。古い国々に新しい文明の所在を指し示すのだ。人類の宿命を決定するのだ。人類を高みへと導くのだ。淀んだ人類を生まれ変わらせるのだ。科学を完成に導くのだ。平和的な征服によって、歴史に輝きを与えるのだ。新たな、まばゆい栄光を手中にするのだ。世界を、ひとつの社会的な家族とするのだ。暴君を追放し、慈善を涵養するのだ。人類にのしかかる呪いを断ち、世界を祝福で満たすのだ。これは神の事業である！　果てしない任務である！　さあ、歩を速めて、勇んで道を切り拓こう。アメリカの人々の心を開き、愛国心が輝くにまかせよう。信仰を守り、この愛すべき国家の崇高なる大願を成就させるのだ。[18]

経済的関心と宗教上のそれとが融合した結果、アメリカは武装した探検隊を日本へ送り込み、その扉をこじ開けようとした。一八四六年に、そしてまた一八四九年にも、アメリカの軍艦が日本の港へ入っている。ジェームズ・ビドル率いる最初の一団は、合衆国大統領からの親書を携え、友好的な関係の構築と交易を持ちかけつつ、沈没した船に乗っていた船員の治療を依頼したが拒絶された。一八四九年に艦隊を率いていたジェームズ・グリンは、より好戦的に交渉に臨み、囚われの身となっていたアメリカ人水兵の釈放を取り付けている。この経験からグリンは、日本を開国させ、その「利己的な政府を自由の共和国へと改宗させる」には、暴力をちらつかせることが唯一の手段になるだろうと結論づけている。[19]かくしてペリー登場の舞台は整ったのである。

カリフォルニアのパシフィック・デスティニー

一八五一年、フィルモア大統領は「友好ならびに通商、石炭と食料の供給およびアメリカ人難破船員の保護を確保する」ことを目的に、日本へ海軍を送ると発表した。指揮官を命ぜられたのはジョン・H・オーリック代将である。一八五一年六月十日、国務長官ダニエル・ウェブスターが出航を命じた。オーリックの任務は海難事故に際しての救助協定を結ぶこと、アメリカの船が日本の港へ入れるようにすること、そして石炭の補給所を確保することであった。

ウェブスターは、この日本への派遣によって商業の世界に革命が起こるだろうと予想していた。領土拡張論者であった彼は、アメリカの将来の栄光を露ほども疑っていなかった。「いまこそ蒸気船の航行によって形作られる鎖の、最後の環を結ぶ時」であり、「太平洋から北へ、南へ、文明の及ぶ限り、各国の蒸気船が知性を、富を、数千の旅人を運ぶ」日はそう遠くないのだ[20]。だが、オーリックの任務は大失敗に終わった。オーリックと艦隊の船員の間に不和が持ち上がったところへ詐欺の疑惑も加わり、オーリックは解任されたのである。一八五二年、マシュー・C・ペリー代将が後任に選ばれた。ペリーは太平洋での経済活動がアメリカを今後ますます偉大にするだろうと考えており、この点でウェブスターと意見が一致していたのである。

日本への出航のニュースは、特にカリフォルニアで賞賛をもって迎えられた。『デイリー・アルタ・カリフォルニア』紙（以下、アルタ紙）は一八五二年六月二十一日、ペリーの任務を聞きつけて快哉を叫んだ。「ヤンキーの世界国家と、ペリー代将と、将来性ある新国家日本に、万歳！」[21]。カリフォルニアは最近（一八五〇年）アメリカの三十一番目の州になったばかりであった。一八四八年に金が発見されたことにより、カリフォルニアはアメリカの新たな前線となったのだ。しかし、カリフォルニアの人々は当初から、シエラ・ネバダの金脈よりも太平洋に将来の希望を託していた。

カリフォルニアの人々が日本の開国に寄せた関心は、一八五一年から一八五四年にかけてアルタ紙に発表された一連の記事によく表れている。サンフランシスコに拠点を置くこの地域紙は、一八五一年には十四本、一八五二年には八本、一八五三年には十五本、一八五四年には十本の日本遠征に関する記事を載せているのだ。しかもその内容は、数字から伝わってくる印象よりもさらに強烈である。ほとんどの記事が、太平洋を切り拓くというアメリカの宿命にカリフォルニアが果たす役割について、非常な興奮をもって、前向きな意見を語っているのである。ペリーの遠征は、その宿命を現実のものとするための第一歩なのであった。一八五一年三月十三日の記事を見ると、当時はまだゴールド・ラッシュから三年しか経っておらず、サンフランシスコの人口も三千人に過ぎなかったというのに、同紙はサンフランシスコこそやがて「太平洋の貴婦人」と呼ばれる世界第一の商業都市になるだろう、と予言している。

サンフランシスコに、魔法でも使ったかのように巨大な市場が誕生した。世界中の交易が我らの金門に向かっており、港には各国の船が続々と入ってくる。あらゆる気候風土の産物がもたらされている。(中略)毎月のように、サンフランシスコでは新たな事業が起こされている。我々の眼前には太平洋の全体が広がっており、我々にその市場を独占するよう誘いかけているのだ。この宿命から逃れることは不可能なのである。[22]

同紙はこの予言を確実なものとするために、アメリカ政府に対して「いまだ目に見えぬ島々の帝国と言葉を交わしてはどうか」という明確な提案まで行っている。三月四日には、アメリカの捕鯨船オークランド号によって、遭難した十七名の日本人がサンフランシスコに運ばれてきた。早くも三月十七日、アルタ紙は彼らを返還することが「国交を開く手段となるだろう」と述べている。[23] また三月二十六日の社説では、返還の際は軍艦を用い、そのまま日本政府との条約交渉を始めるべきだ、とも主張している。[24] カリフォルニアの人々は、一刻も早く日本との交易を開始したいと願っていたのである。

誰しもがアメリカとの交易を望んでおり、機会さえあればそうするということは自明の事柄であろう。だが、日本政府とこれを支える貴族たちは、その前進を阻もうとしているのだ。（中略）我々はそのような無作法で信用のおけない、我関せず焉とした日本の制度にはまるで同情できない。偏屈な彼らがその地位から転がり落ちることを我々は心待ちにしているし、そのために君主が玉座を明け渡す羽目に陥ったとしても、我々は一向に構わない。(25)

また、より純粋な好奇心から日本の開国を待ち望む声もあった。

世界の国々は互いを交易で支え合っており、思想の自由、行動の自由、商業の自由によって、兄弟の絆にも似た黄金色の紐帯を作り上げ、すさまじい速度で往来しているのである。そこに協力しようとしない日本の不快で無礼な制度や、世界に対して港を閉ざすやり方には、もはや我慢がならない。そのような国がまともであるとは思えないのである。日本は問題であり、この問題は解決されなければならない。（中略）それに、この国に対する世界の好奇心が、事態をこのままにはしておかないだろう。(26)

一八五一年に書かれたいくつかの社説も、文明が西へと波及してゆくことの必然性を説いている。大陸を横断したアメリカ人は太平洋の沿岸までたどり着いたが、前進はそこで終わるわけではないのである。「我らの冒険心、事業家としての精神はこの数世紀、西へ西へと我々を導いてきた。そしていま、我々の進むべき方向には、岩で固められた太平洋の沿岸に、次々と波が打ちつけているのである。冒険家の目は、海の彼方を見つめ始めたのだ(27)」。カリフォルニアの人々を先頭に、アメリカ人はアジアを文明化するという役割を担っているのである。

現在の西ヨーロッパの文明は、西へ西へと進んだアジア内陸の群衆によって創られた。したがってその子孫もまた、文明と交易と自由とを携えて、新世界を横断したのと同じように、今度は太平洋を渡らねばならないのである。そして、アジアの古色蒼然とした習慣を改めさせると共に、消耗しきった王朝の影響下にある思想や制度を若返らせるのだ(28)。

同じく一八五一年に書かれた社説には、太平洋の国々に蔓延る封建制度に自由と啓蒙をもたらすことも、カリフォルニアの将来的な責務となる、という意見が述べられている。四月二十四日のアルタ紙にはこうある。「あの国［日本］に、貿易と文明の新時代が訪れつつあることを願う。我々の政府が率先して自由な、啓蒙された空気を作り出せば、排外的な制度も緩み始めるだろう(29)」。さらに七月十日になると、同紙はそれこそがアメリカの宿命であるとさえ述べる。

文明が、沈む太陽を追いかけるように漸進する傾向があることはよく知られている。西洋のヤンキー国家は、いまや東洋の美しい気候に溶け込もうとしているのだ。（中略）他国にとってそれがどのような結果を招こうとも、また将来、動きの止まる時が来ようとも、いま我々は早急に押し続けなければならない。それが宿命なのだ。旗印を高く掲げ、運命を手なずけながら、これまでのように世界の至るところに自由と啓蒙をもたらすのだ。[30]

だが、特に野心あふれるカリフォルニアの人々にとって、日本の重要性はアメリカの啓蒙主義の対象としてよりも、アメリカの産業にとっての新たな市場という意味で大きかっただろう。アルタ紙は一八五一年七月八日、「日本との交易」と題した社説で、世界史に占めるアメリカの、なかんずく黄金州であるカリフォルニアの重要性を説いている。

東の海のすべての国家の中で、偉大なる文明の中心地であるアメリカ合衆国がその啓蒙主義をもって交易に従事すべき最も重要な国家は、広大かつ豊かな資源を持つ日本である。いまや世界は交易という偉大な鎖で結ばれており、その鎖の環が増えるたびに、偉大なる共和国の力と富も膨れ上がるのだ。日本を組み込むことの重要性は日増しに明らかになっている。（中略）カリフォルニアの併合によって交易の鎖には黄金色の環が加わった。もし日本との交易の道が開かれれば、そこにはさらに、東洋の花嫁が身につける宝石のような鎖の環が加わることになるだろう。[31]

カリフォルニアは、日本との交易を結ぶ役割を積極的に引き受けようとしていた。日本の鎖国政策は、同紙で繰り返し批判されている。

生産されたものを独占する権利はどの国家にもない。交易の希望を容れず、港を閉ざす権利もない。不満がすでに持ち上がっているのならなおさらである。重要な関所が、通りかかるすべての者を締め出してはならないのだ。地球は人類共通の財産であり、そこから産するものは、すべての民で分け合わねばならない。[32]

ついに実現したアメリカの日本遠征が初めてアルタ紙で言及されるのは、一八五二年三月七日である。

我々の交易は活発化しており、そこにかかっている人命や、輸送される資源の物量を考えれば、商船や捕鯨船が安全を確保できる港を確保しておくことは極めて重要である。したがって、オーリック代将が日本政府から、南側の海岸線にそのような港を確保する約束を取り付けてくることには、大きな希望が持たれている。我々の隣人が社交を望んでいない以上、それによってもたらされる商業上の利益はさほど大きなものとはならないだろうが、捕鯨船団の貯蔵所として、また蒸気船が石炭を補給する港として、あるいは遭難者を保護する場所として見れば、得るところは大きい。太平洋上で我々の上げている利益は極めて大きく、またその利益は急速に増大し続けているのである。[33]

また一八五二年五月一日には、ペリー代将の指揮のもとで「日本艦隊」が出発したことが報じられたが、そこには艦隊を構成する船の詳細な一覧と、「これほど優れた艦隊が合衆国の海岸から出航したのは実に久しぶりのことである」という評価が添えられている。[34]

アルタ紙が「隠者の国家」の門戸をこじ開けることに関する記事を次に発表したのは、一八五二年の十二月のことであった。議論は、やはりカリフォルニアの特別な宿命を中心とするものである。「地理的条件に加えて、カリフォルニアに暮らす人々が世界で最も力強い、活発な人々であるという事実は、まさにカリフォルニアが東洋との通商で莫大な利益を上げるという宿命を裏書きしている。（中略）したがって、我々の州が東洋の賑やかで豊かな地域と文明的な交易を持つことの重要性は、どんなに強調してもしすぎるということはないのである」。同紙はさらに、ペリー遠征の展望を次のようにまとめている。

我々の手元にある僅かな情報から考えても、日本の国民がそれほど因習に縛られた人々というわけではなく、むしろ血縁関係にある大陸の人々よりも印象的な民族であることは明らかである。したがって将来的には、様々な国家との交渉の中で、近代的な、文明的な国家へと近づき、生活用具や農具なども、キリスト教世界と同様のものを求めるようになるかもしれない。この隠者のような人々の好奇心を刺激するために、使節団は彼らが驚くに足るような近代的な道具類を携行している。蒸気機関、電信技術、ダゲレオタイプなどが持ち込まれ、使用方法も実演される予定である。宮廷にも様々な献上品を渡し、アメリカの技術と探究心の粋が示されることになるだろう。友好的な交渉へと繋げるために、あらゆる平和的手段が必要となるのである。[35]

とはいえ、開国のためには武力も辞さない、という姿勢が完全に放逐されたわけではなかった。右の社説の結論は以下のようなものである。「我々が望む日本との交渉を実現するために、どこまでの介入が許されるのか考えてみよう。なるほど、平和的な手段をもって説得にあたることは当然の義務である。だが、それが上手く運ばない場合には、必要に応じて最低限の弾圧も視野に入るのだ[36]」。

もちろん、サンフランシスコの一部の住民には、それでは不十分だった。翌日（十二月三日）の「日本遠征」と題された社説は、より好戦的な論調である。冒頭では、「特別な隣人」である日本人に多くの贈り物や「玩具」を与えるという方針が、すでにペリーの任務の先行きを不安なものにしている、という意見が述べられている。「日本政府を相手に買収や説得術は通用しないだろう。どのような意図で品物を献上するにせよ、相手は下心を見透かすはずである。そうであるならば、贈り物は交渉を有利にするよりも、むしろ不利にするだろう。交渉を成功させるには、堂々と要求を突きつけ、それを拒むことができないように、武力も誇示すべきなのだ」。社説の筆者はさらに、日本やアジアの人々は、「はっきりとした、決定的な」方法を取らない限り、腰を上げないだろうと続ける。

我が国の船員たちは虐待され、投獄され、殺され、この瞬間にも捕虜にされている。水を求めただけの通りすがりの商船が砲撃を受け、運悪く近海で遭難した船の乗組員には、捕らえられるか殺されるかという過酷な運命が待ち受ける。このような事情だけでも、開港し、領事を置くことを求める理由としては十分である。政府は、商業を発展させている我々に対して、力づくでもそれを実現する責任を追っている。[37]

一方、今回の遠征が形ばかりのものに終わるのではないかという不安は、ペリー艦隊の詳細について報じる一八五三年一月十一日の記事によって払拭された。完全武装の艦隊は十五艦（輸送船を含む）からなり、大砲二百三十六門、乗組員三千百二十五人という、平時の外交史上では空前の規模の編成となった[38]。日本の開国は国家的な優先事項となったのだ。そしてカリフォルニアの人々は、これを自らのマニフェスト・デスティニーと捉えた。

一八五三年二月一日の社説は、サンフランシスコを中世のヴェネツィアになぞらえ、この都市が「世界に冠たる通商の中心地」になるだろうと予言している。むろん、世界の通商の舞台となるのは地中海ではなく太平洋である。

アジアは我々の門であり、我々は目の前の利益をみすみす逃すことを好まない。（中略）中国の賑やかな市場からサンフランシスコの港まで蒸気船が鎖のように連なり、米大陸を横断して太平洋にまで繋がる時代を、我々は目撃するだろう。（中略）日本と交渉を持つための我々の努力も、間違いなく報われるだろう。あの閉ざされた列島には明らかに豊かな資源があり、貿易を行うだけの実力もある。なるほど、これは推測に過ぎないかもしれない。だが、この国の歴史を見れば、鉱物の埋蔵量が少なくないことは明らかである。地理的な条件や多様な気候を持つことから、貿易に適した様々な農作物が収穫されていることも間違いないだろう。交渉が拡大し、彼らの欲求を刺激することができれば、大量の消費を促すこともできる。そうすれば我々の製造業も潤い、文明の歩みもさらに加速することになる。（中略）快速船や蒸気船の発達によって、アジアとアメリカの距離はますます縮まるだろう。我々の通商は今後、かつての栄光の時代のそれを追い抜くことになるのだ。これは論理的な予測であるし、そう遠い将来の話でもない。[39]

カリフォルニアの人々は、ペリーの任務の進捗を伝える報道を、首を長くして待った。日本へと向かう艦隊は一八五二年十一月二十四日にノーフォークを出港すると喜望峰をまわり、一八五三年四月初頭に香港に至った。サミュエル・ウェルズ・ウィリアムズが求められて遠征隊に仲間入りをしたのは、この地である。[40]次いでペリーは、香港から小笠原諸島、琉球をまわり、七月八日に浦賀沖へ到着した。本国では、ペリーからの報せを待ちかねたアルタ紙が、一八五三年三月五日に次のような記事を発表している。

宿命の実現のために――あるいは外交のために、と言うべきかもしれないが――広大なアジアへと旅立った人々がどのような成果を上げているのか、大西洋の読者のもとへはまだ何も報せが届かない。それは太平洋沿岸にいる我々にとっても同じことであるが、我々のほうが彼らの近くに暮らしていることを思うと、いまアジアで起こっている出来事が、我々の船を運び去った波や風の彼方から伝わってきてもよさそうなものである。(中略)我々はその日を待ち続けなければならない。その夜明けは素晴らしいものになるだろう! 東洋の旧世界から、蒸気船に乗って報せが届くのだ。[41]

だが、期待とは裏腹に、五月になると、ペリーの任務もオーリックのそれと同様、打ち切られたらしいという噂が飛び交うようになる。

どうやら日本はこれからも閉ざされた書物であり続けるらしい。艦隊は呼び戻され、ペリーは解任、乾ドックでの仕事にまわされるという。日本に港が獲得されることも、日本人について学ぶことも、協定を結ぶことも、友好関係を築くことも、遭難者の保護を依頼することも、捕鯨船が立ち寄る場所を確保することも、すべて叶わないのだ。ただ神秘と、没交渉と、囚人服と牢獄と、飢えや拷問、毒物による死だけが今後も続くのだ。（中略）日本を開国させるなどというのは大言壮語に過ぎず、我々の船は帰国後には朽ち果てる。我々は世界中の文明国の笑い者になるのだ。（中略）太平洋上を漕ぎ進む我々の帆船が大きな利益を上げるには、武力による警護が絶対条件である。だが、これも難しいだろう。大西洋だけに目を向けることになるのだから！　政治家連中は、どうにか牡蠣のような硬い殻を突き破って、もう少し柔軟な考え方を持ってくれないものだろうか[42]。

アルタ紙はさらに一八五三年五月九日、大西洋にばかり注力して太平洋の未来に目を向けようとしない政府を激しく攻撃している。

ピアース大統領にとって、日本遠征を打ち切ることほど自らを貶める選択肢はないはずだ。（中略）交易、通商、文明、人類、宗教、あらゆる側面から前進を必要とする時に彼の国から手を引いてしまうのだから、人気が出るはずがない。遠征を打ち切ることは進歩の本質に抗うことであるし、我々国民の気質とも相容れないうえ、時代精神にも一致しない。十九世紀という時代は、黒い不純物を一つだけ含んだダイアモンドのようなもので、隔絶されて啓蒙を待っている日本と関係を結んで初めて、その不純物は取り除かれるのだ。誰もが望んでいることを平気で中止するなどという権利は、どこの国家にもないはずだ。それは人類にとっての権利であると共に国家の権利でもある。人権は何よりも大きいのだから、その人類が一部をなしているところの世界は、これを重視すべきであろう。日本に唾されて、我々はウォルター・ローリーのような行動に出ようとしているが、結果は当時とは大きく異なるものになるだろう。我々の偉大な国家は、武器を持ち、兜と盾で身を守り、刀を抜き、銃を構えていたというのに、あっさり踵を返すと、バンダナを取り出して顔にかかった唾を拭いたのである。好戦的なジョナサン将軍も、いつの間にか民兵の伍長か何かのように成り果て、石つぶてのように飛んでくる嘲笑を一身に引き受ける的のような有様である。(43)

噂はすぐには否定されなかった。サンフランシスコの人々が、ペリーが無事に日本との交渉に入ったことを知ったのは十月になってからである。言うまでもなく、この瞬間から日本人は知的で進歩的であると見なされるようになる。

日本の帝国政府がペリー代将を好意的に迎えたことは、現代で最も興味深い出来事であろう。この豊かで美しい、驚くべき国家が、長らく頑迷にも保持してきた鎖国政策が、早々に転換される可能性があるからだ。合衆国と日本との間に、友好条約と通商条約が速やかに結ばれることを阻む条件は何もない。実現すれば、これもまた現代の重要な出来事となるだろう。その影響には計り知れないものがある。それは、いわば強力な新帝国の誕生を告げる出来事であり、世界中の国々は、遅かれ早かれその誕生の衝

撃を目の当たりにすることになるだろう。(44)

太平洋の彼方で現実味を帯び始めた、新しい、莫大な富をもたらし得る交易への展望は、カリフォルニアの人々を大いに刺激した。彼らはサンフランシスコと日本、中国とを結ぶ蒸気船の航路をもたらす進歩的な政策を採択したワシントン政府の行動に満足した。「いま頃ペリー代将は日本で重要な任務を遂行中であろう。次に届く消息は、間違いなく完全なる成功を告げるものとなるはずである。進歩こそが時代精神であり、進歩こそが正しい方向である。商業と平和の穏健な力が、砲火と剣の力を凌駕して勝利をもたらすのである」(45)。

交渉の第一段階を終えたペリーは七月十七日に江戸湾を離れ、香港で冬季を過ごす予定であった。だが、ロシアが日本を併合し、アメリカに代わって「世界最大の海軍力」を持とうとしているという話を聞きつけると、ペリーは早急に日本へ引き返す決断をした(46)。一月十四日に香港を出港し、二月十三日に浦賀沖へ到着したペリーは、前回よりも大規模な「黒船」の艦隊を率いていた。そして三月八日から交渉に入ると、そのまま三月三十一日まで休みなく交渉を続け、日米和親条約を取り付けた。それは、ペリーが期待したほど商業に直結する条件を含む条約ではなかったが、少なくとも下田と函館という二つの港が、アメリカ船の修理や物資の補給のために利用できるようになり、また条約には日米の友好関係も明記された。変革の第一歩としては上出来である。

この報せがサンフランシスコに届いたのは一八五四年六月八日になってからであった。アルタ紙の社説によると、カリフォルニアの人々はそこに明らかな革命の足音を聞いたのだ。

図５　『デイリー・アルタ・カリフォルニア』紙の見出し、1854年６月８日。

NEWS FROM JAPAN.

ARRIVAL OF THE SLOOP OF WAR SARATOGA.

AMERICAN TREATY WITH JAPAN !

COM. PERRY'S MISSION SUCCESSFUL.

PORTS OF JAPAN TO BE OPEN TO AMERICAN COMMERCE.

「不安も大きかった試みは大成功に終わり、アメリカは日本と初めての国際協定を結ぶという栄誉を味わった！」

表面的に見れば、それが保証する特権が限定的なものである以上、今回の条約にはさほどの重要性がないように思われるかもしれない。だが、かつて何世紀にもわたって、日本が世界中の航海者にとって謎の国であったことを思えば、また、日本にとって国土を「南蛮人」たちから守ることが重要な任務であったことを思えば、そして、これまで同国の外の世界との交流が、年に一度だけ長崎に入港を許される二隻のオランダ船だけであったことを思えば、この条約の意味が大きいことは首肯されるだろう。この条約は、我が国にとってだけでなく、世界中の交易にとって重要なのである。この条約は最初の楔として、これから永く将来にわたって、これまで未知であった島々の内なる富を開陳し、我々に大きな富をもたらすだろう。新たな商機はすでに訪れているのであり、特にカリフォルニアにとって、これは重大な機会である。[47]

同日の記事には、ペリーによる日本開国の手柄を称える見出しが躍っている(図5)。

日本からの便り
アメリカ、日本と条約締結!
ペリー代将の任務成功
日本の港、アメリカとの通商に開かる

だが、見出しの下の小さな活字を追うと、そこには但し書きがある。「しかしこれは通商条約ではなく、友好関係を結ぶためのものである。友好関係を結ぶためのものであるから、内心はどうあれ、上下関係のない、平等なものとなっている」。それでも、条約が新たな時代の幕開けを告げるものであることは間違いなかった。カリフォルニアの人々の夢はさっそく膨らんだ。「日本と条約が結ばれた! 楔は打ち込まれたのだ。ゆくゆくは、かの帝国も、我々をはじめすべての国の住民に、自由な出入りや居留を許すようになるだろう。ペリー代将はその外交手腕で見事に役目をこなし、アメリカを前進せしめ、その名声を高からしめたのである」。[48]

その頃、サンフランシスコの野心ある商人、サイラス・E・バロウズが、レディー・ピアース号に品物を積み込み、希望を胸に日本を目指していた。バロウズはペリーが去った十五日後に江戸湾へ到着し、私人として日本で活動した最初の商人となった[49]。その後も多くの商人がこのカリフォルニア人にならい、太平洋上でのアメリカの命運をかけて、同様の活動に従事したのである。

結論――ペリーの予言

マシュー・C・ペリー代将は、アメリカのマニフェスト・デスティニーを強く信奉し、ただの国家間の友好というよりも遠大な理想をもって日本を目指したのであった。多くの同時代人に言えることだが、ペリーもまた、アメリカの将来は太平洋での活動にかかっていると確信していた。そして、アメリカの宿命を現実のものとするためには、日本の開国がどうしても必要だったのである。

まだ遠征を命じられる前の一八五一年の時点で、すでにペリーは海軍長官ウィリアム・アレクサンダー・グラハムに宛てて、「親展」と記した次のような文書を送っている。「今回の遠征の真の目的は、国民の目からは隠しておくべきです。表向きは、捕鯨船を保護してもらえる港を確保し、遭難者の救援や物資の補給に使用する、としておくのがよいでしょう[50]」。では、「遠征の真の目的」とは何だったのだろうか。

ペリーは軍人であり、日本行きの任務にも戦略上の意義を見出していた。ペリーは日本の開国が、アメリカ、イギリス、ロシアによる太平洋上の覇権争いに大きな意味を持つと確信していたのである[51]。したがって、日本との交渉においても、琉球や台湾、シャムなどの支配者との交渉を同時に行うことが欠かせず、小笠原諸島の併合についてもその機会を窺う必要があった。日本への遠征は、太平洋の覇権を握るための壮大な戦略の一部だったのである。だからこそペリーは、アメリカは早急に、大胆に動く必要があると考えた。

図６　1856年頃のペリー代将、マシュー・ブレイディ撮影。

今日でこそ日本を開国させた人物として称えられるペリーだが、晩年のペリーは自らの行動がどこまでアメリカに利益をもたらしたのかという不安を抱えていた。

> イギリスはすでに、インド洋や東シナ海の要衝を押さえている。（中略）だが、日本をはじめ太平洋の多くの島々は、まだこの「併合」好きな政府の手には落ちていない。しかも、それらの島々への航路は、間違いなく合衆国にとって商業的にも重要となるだろう。したがって、安全を確保するための港を一刻も早く確保する必要があるのだ。[52]

ペリーは太平洋上にアメリカの植民地を築く必要があると確信しており、浦賀で日本と交渉に入る直前の一八五三年には、次のように海軍長官へ書き送っている。「地球のこの一劃に基盤を設けておくことが急がれます。これは東洋での海軍力の維持のために欠かせない方針でしょう[53]」。

かようにペリーは太平洋を開拓するというアメリカの宿命を信奉し、その達成を自らの任務と心得ていたのである。日本から帰国して間もなく、ペリーはアメリカ地理学会で、太平洋の今後を予見するような報告を行っている。

> 火を見るより明らかな将来の展望を言い当てるのに、何も予言者となる必要はありません。「帝国の進

むべき道」はいまでも「西方」なのです。しかし、最後の一幕が開くのはこれからです。政治的な経験論を抜きにしても、アメリカ人はこれからも何らかの形で、西方へ、そして北方へ、南方へと、その勢力を拡大してゆくでしょう。それもすべて、偉大なる太平洋の島々をその胸に抱き、アジアの東沿岸にサクソン人種を立たしめるためなのです。(54)

太平洋を支配下に置くというペリーの野望は、すぐには実現されなかった。日本への遠征隊が帰国した頃には、ワシントンの政権は民主党に移っていた。フランクリン・ピアース大統領はペリーを温かく迎えたものの、そこに情熱的な態度は見られなかった。他方、アメリカの大衆は、日本と強制的に通商協定を結ぶことに失敗したとして、ペリーを強く批判した。とはいえ一八六〇年代初頭、南北戦争への動きが加速する中で、太平洋の向こうまで領土を拡大し、商業を発展させようという人々の気持ちには翳りが見え始めていたのである。ペリー代将は一八五八年、鬱憤を抱えたままこの世を去った。彼にしてみれば、アメリカ政府はせっかくペリーが切り拓いた日本との関係をろくに活用しようとしなかったのである。しかし、それでもペリーの達成によって日本は西洋へと開かれ、アメリカの(特にカリフォルニアの)運命を、間違いなく太平洋上へと導いたのであった。

注

(1) 本章は国際基督教大学アジア文化研究所の紀要に発表した拙論に加筆修正を加えたものである。初出の書誌は以下の通り。"California's

Pacific Destiny," *Journal of Social Science*, vol. 29, no. 3 (March 1991), pp. 101-118. また本章は、これに先立って発表した以下の研究ノートにも基づいている。スティール、M・ウィリアム「日米の鎖国批判論」(『思潮』新一五号、一九八四年、八五―一〇〇頁)。

(2) Charles MacFarlane, *Japan: An Account*, London: 1852, p. 271より。ケンペル自身の『日本誌』は英訳された遺稿を元に、*The History of Japan*として一七二七年に出版されている。

(3) "The Empire of Japan," *DeBow's Southern and Western Review*, XIII, (1852), p. 555. 同書XV (1852), p. 510も参照。

(4) Alexis de Tocqueville, *Democracy in America*, New York: Vintage paperback edition, 1990, vol. 1, p. 439.

(5) アメリカ捕鯨の「黄金時代」については、Lance Davis, Robert Gallman and Karin Gleiter, *In Pursuit of Leviathan: Technology, Institutions, Productivity, and Profits in American Whaling, 1816-1906*, Chicago: University of Chicago Press, 1997に詳しい。特に三七―四七頁を参照。

(6) James Elliot (Vermont) arguing on behalf of the Louisiana Purchase. October 25, 1808 (Eighth Congress, First Session), *Abridgment of the Debates of Congress*, Vol III, New York, D. Appleton & Co., 1857, p. 66.

(7) "Speech of the Hon. J. W. Miller, of New Jersey, in Favor of Sustaining the Collins Line of American Mail Steamers," Washington D.C., 1852, p. 22. アメリカのいわゆる「マニフェスト・デスティニー」に関する古典的な解釈については、Frederick Merk, *Manifest Destiny and Mission in American History*, New York: Vintage, 1966を参照。ただし同書では、太平洋におけるそれは扱われていない。

(8) Willaim H. Goetzmann, *Exploration and Empire: The Explorer and the Scientist in the Winning of the American West*, New York: Alfred A. Knopf, 1967, p. 179.

(9) "Ex. Doc. No. 7: Letter from the Secretary of the Treasury," December 11, 1848, House of Representative Documents, Thirtieth Congress—Second Session, p. 17.

(10) Herman Melville, *Moby Dick*, New York: W. W. Norton (Norton Critical Editions), 1999, p. 367.

(11) *The Works of William H. Seward*, Boston: Houghton, Mifflin and Company, 1884, vol. 3, p. 618.

(12) 同右、vol. 1, p. 250にある一八五二年七月二十九日の演説より。

(13) "Captain David Porter's Proposed Expedition to the Pacific and Japan, 1815," *Pacific Historical Review*, vol. 8 (March, 1940), pp. 64-65.

(14) ロバーツの遠征についてはHelen Humeston, "Origins of America's Japan Policy, 1790-1854," Ph.D. dissertation, University of Minnesota, 1981, pp.

88-97を参照。また、ロバーツは初回のアジア遠征について自らも以下のような記録を残している。Edmund Roberts, *Embassy to the Eastern Courts of Cochin-China, Siam, and Muscat... During the Years 1832-34*, originally published 1837 (reprint ed., Scholarly resources, 1972).

（15）ナサニエル・ウェルズ・ウィリアムズについてはFrederick Wells Williams, *The Life and Letters of Samuel Wells Williams, LL.D.: Missionary, Diplomatist, Sinologue, 1923* (reprint edition, Ulan Press, 2011) がある。特に九三―九九頁を参照。

（16）モリソン使節団と彼らの行動が招いた興味深い事態については、Humeston, Origins of America's Japan Policy, pp. 103-120を参照。

（17）Charles King, *The Claims of Japan and Malaysia upon Christendom, Exhibited in Notes on Voyages made in 1837, from Canton, in the Ship Morrison and Brig Himmaleh*, 2 vols., New York: 1839. なお同書はGoogle Booksで閲覧可能（http://books.google.co.jp/books/about/The_claims_of_Japan_and_Malaysia_upon_Ch.html?id=nwBM7cFME6QC&redir_esc=y）である。

（18）"Report of Mr. James Semple relating to the trans-Isthmian transportation of mail," 29th Congress, 1st Session, *Senate Executive Documents*, no. 306, p. 5.

（19）Glynn, February 24, 1851, Doc. C, *Senate Executive Documents*, no. 59 (32ed Congress, 1st Session), pp. 57-62.

（20）*The Writings and Speeches of Daniel Webster*, Boston: Little Brown and Co., 1903, vol. 14, pp. 427-429. *Senate Executive Documents*, no. 59も参照。

（21）*Daily Alta California*, June 21, 1852.『デイリー・アルタ・カリフォルニア』紙の複写資料はサクラメントのカリフォルニア州立図書館で閲覧した。一八四九年から一八六九年の記事のマイクロ資料は国際基督教大学図書館にも所蔵されている。また一部は、カリフォルニア・デジタル新聞コレクションという興味深い試みの一環としてオンラインでも閲覧可能（http://cdnc.ucr.edu/cdnc）である。

（22）*Daily Alta California*, "Commercial Supremacy of the Pacific Coast," March 13, 1851.

（23）*Daily Alta California*, March 17, 1851.

（24）事実、日本人漂流者は香港に移送され、オーリック代将は江戸へ行く前に彼らを回収することを命じられていた。漂流者たちは一九五二年四月二十三日、プリマス号に乗って香港に到着したが、彼らは日本への外国人の侵入を防ぐための「人間の盾」になろうとしたわけではない。オーリックは、グレアム長官に宛てた書簡で彼らの不安を次のように表現している。「もし一団の戦艦から日本に降り立つようなことがあれば、それがどこの港であろうと彼らは打ち首となるでしょう。それどころか、彼らの家族も同罪と扱われるのです」。なお、日本人のうち三名はカリフォルニアに戻ろうとした。その他の者は、中国のジャンク船に乗って日本に入国しようとした。Helen Humeston, *Origins of America's Japan Policy*, pp. 212-213も参照。

(25) *Daily Alta California*, March 26, 1851.
(26) 同右。
(27) *Daily Alta California*, October 26, 1851.
(28) *Daily Alta California*, April 17, 1851.
(29) *Daily Alta California*, April 24, 1851.
(30) *Daily Alta California*, July 10, 1851.
(31) *Daily Alta California*, July 8 1851.
(32) *Daily Alta California*, July 29, 1851.
(33) *Daily Alta California*, March 7, 1852.
(34) *Daily Alta California*, May 1, 1852.
(35) *Daily Alta California*, December 2, 1852.
(36) 同右。
(37) *Daily Alta California*, December 3, 1852. なお、十二月六日の記事はこの議論を引き継いでいる。「もしも遠征隊が無思慮な、ままごとのような気分で出発するのであれば、いっそ遠征など取りやめたほうがよい。仮に既報の通り、船が日本人を協定に誘惑するための安ピカものの宝石を満載しているのであれば、とてもではないが協定は実現しないだろう。だが、遠征隊の指揮官が我々の求めるものを手に入れるだけの力を持ち、綿密な計画を立てているのであれば、今回の任務は単なる表敬訪問以上の価値を持つことになる。我々が日本に対して求めているものが正当であるならば、日本側の了解を得られない場合、それを力ずくで取り付けることも意味のないことではないのだ」。
(38) *Daily Alta California*, January 11, 1853.
(39) *Daily Alta California*, February 1, 1853. ミラード・フィルモア大統領は、ペリー代将に託された天皇宛ての書簡の中で、将来の日米の経済的友好においてはカリフォルニアも重要な地となることを示唆した。「アメリカ合衆国は海から海までの領土を持ち、オレゴン州とカリフォルニア州は、陛下の領土とちょうど向き合っております。我々の蒸気船はカリフォルニアから日本まで、十八日間で到着します。偉大なるカリフォルニア州は年に六千万にものぼる金を産し、さらには銀、水銀、宝石など、様々なものが手に入ります。日本もまた肥沃な大地を持つ国であり、多くの貴重な資源があります。陛下の臣民は、様々な技術を持っております。私は両国の利益のために、日本とアメリカの貿易が実現することを心から望む者であります」（ミラード・フィルモア書簡、一八五二年十一月十三日付け。この書簡はSenate Executive Document no. 34 (Serial 751), pp. 9-11およびWilliam Beasley, *Select Documents on Japanese Foreign Policy 1853-1868*, Oxford: Oxford University Press, 1955に収録されている。

（40）サミュエル・ウェルズ・ウィリアムズとペリー遠征の関係については、S. Wells Williams, "A Journal of the Perry Expedition to Japan, 1853-4," in *Transactions of the Asiatic Society of Japan*, vol. XXXVII, part II, Supplement, 1910, pp. 1-263を参照。

（41）*Daily Alta California*, March 5, 1853.

（42）*Daily Alta California*, May 9, 1853.

（43）同右。なお文中の「ジョナサン将軍」とは、アメリカ国家、特にニューイングランド地方を擬人化した存在である「ブラザー・ジョナサン」のことであると思われる。その登場は、有名な「アンクル・サム」よりもさらに古い。

（44）Daily Alta California, October 18, 1853.

（45）同右。

（46）Francis Hawks, *Narrative of the Expedition of an American Squadron to the China Seas and Japan, 1852-1854*, Washington, D.C, 1856, vol. 1, pp. 78-79.

（47）*Daily Alta California*, June 8, 1854.

（48）同右。

（49）レディー・ピアース号の「平和的遠征」については、*Daily Alta California*, October 6 and 30, 1854を参照。

（50）グラハム宛てペリー書簡、一八五一年一月付け。*William A. Graham Papers*, Raleigh: State Department of Archives and History, 1957, vol. 4, p. 20.

（51）ペリーは*Narrative of the Expedition of an American Squadron*の第二巻に、二本の短い評論を書いている。"Remarks of Commodore Perry on the Expediency of the Extension of Further Encouragement to American Commerce in the East"および"Remarks of Commodore Perry upon the Probable Future Commercial Relations wıth Japan and Lew Chew"である。また、一八五六年三月六日には、「新しい通商航路開拓の成果としての地理学の拡大」という題目で、小笠原諸島をアメリカの植民地とすべきか否かという問題について、アメリカ地理学・統計学協会で報告を行っている。さらにペリーは一八五六年五月二日と三日、それぞれ『モーニング・クーリエ』紙と『ニューヨーク・エンクワイヤラー』紙に「海軍による通商の保護」と題した記事を寄稿した。

（52）Hawks, *Narrative of the Expedition of an American Squadron*, vol. 1, pp. 86-87. この宣言の下敷きとなったのは一八五三年十二月十五日にペリーが海軍長官に送った書簡である。これは *Senate Executive Documents*, no. 34（33rd Congress 2ed session）に収録されている。

（53）海軍大臣宛てペリー書簡、一八五三年十二月二十四日付け。*Senate Executive Documents*, no 34, p. 81.

（54）M. C. Perry, "The Enlargement of Geographical Science, A Consequence to the Opening of New Avenues to Commercial Enterprise," A Paper read before the American Geographical and Statistical Society, at a meeting held March 6, 1856, New York: Appleton and Co., 1856, p. 28. なお注五一に掲げたこの報告のパンフレットは、Google Booksで閲覧可能（http://books.google.co.jp/books?id=6N1SAAAAcAAJ&printsec=frontcover&dq=A+Paper+read+before+the+American+Geographical+and+Statistical+Society&source=bl&ots=ED2tE9FoWp&sig=3zrjKcftlg86VXnoq1Gs5W6fLf8&hl=ja&sa=X&ei=PM5yUPTmDaLNmAXtk4HYDA&ved=0CC8Q6AEwAA）である。

第二章　幕末黙示録——もう一つの見方

はじめに

一八六八年の半ば、徳川幕府の崩壊に至る一連の出来事を年代記風に記録した浮世絵が大坂で出版された(図1)。「嘉永年間より米相場直段并年代記書秡大新版」と銘打たれたそれは十六の場面に分けられ、一八五三年のペリー来航から一八六八年の上野での彰義隊敗北まで、一コマごとにその年の主要な出来事を伝え、さらにそのうちの一件を視覚化している。例えば一八五三年のコマには、ペリーの黒船を意味するのであろう、外国船が描かれている。しかし、この浮世絵に登場するのは、井伊直弼の暗殺(一八六〇)や将軍家茂の京都行き(一八六三)のような、政治的な出来事ばかりではない。軍事的な動乱(一八六一、一八六四、一八六八)、津波(一八五四)、地震(一八五五)、水害(一八五六)、神事(一八五七、一八六五)、疫病(一八五八、一八六二)、救民活動(一八六六)、それに一八五九年に江戸城本丸が灰燼に帰した火事などの出来事も登場する。また、事件と共に各年の米相場が添えられ、旧体制が傾くにつれて、銭貨の購買力が急速に低下していたことが示される。

この「年代記」はこれまで詳細に研究されることがなかった[1]。版元は大坂の錦沢堂である。作者はわからない。刊行は一八六八年の半ばと推定できる。おそらく、元号が慶応から明治に変わる九月八日以前であろ

図1　「嘉永年間より米相場直段并年代記書秘大新版」、署名、日付なし。おそらく1868年半ばの作と思われる。個人所蔵。巻頭の折込参照。

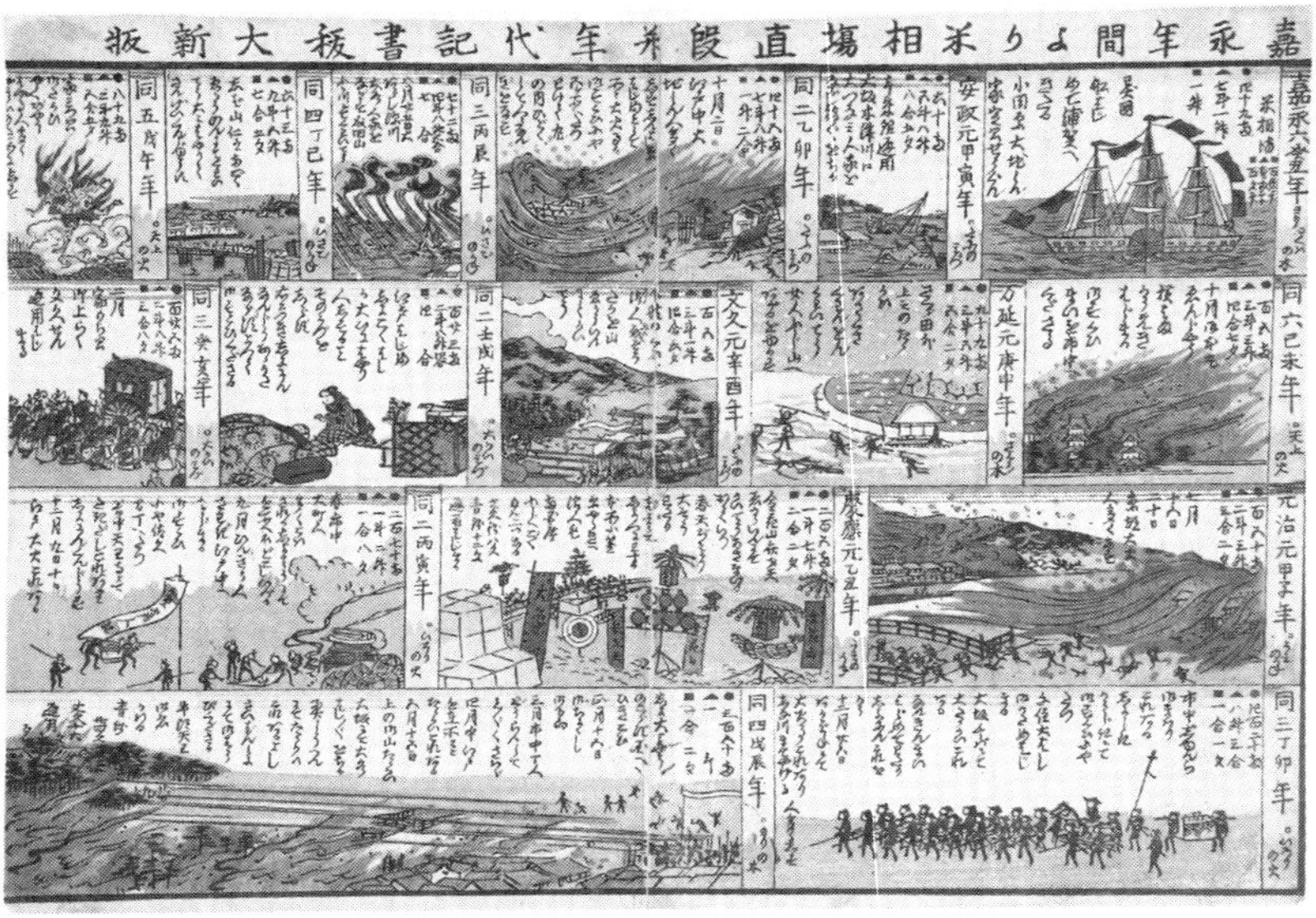

う。いずれにせよ、匿名性を帯びていることが、この作品の重要性をなおさら高めている。いわば時代の地図である本作は、今日の私たちが明治維新と呼んでいる一連の出来事を、同時代の人々がどのような流れの中で見つめていたのかを理解する助けとなるだろう。それは幕末に対するもう一つの見方である。また、本作が皇軍による新政府の支配が完全なものとなる以前に作られたものであることも注目に値するだろう。あたかも世界が崩壊を迎えようとしているかのように、多くの自然災害や人災に見舞われたこの時代、まさに「内憂外患」という言葉がふさわしいこの時代について、このような視覚的な史料は、文書による史料を通して結ばれる像に、さらなる深みを与えてくれるのである。

あらゆる絵には物語がある。(2) 本章はいわば「視覚的」な論考として、その描かれた物語を掘り下げることを目指している。主に取り上げるのは、すでに紹介した「年代記」であるが、幕末の生き生きとした歴史の姿を求めて、同時代の他の視覚的表現や文書にも言及することになる。それにより、十九世紀半ばを生きた人々の視点や経験が、実に不均質なものであったことが明らかになり、過去を見つめようとする私たちの前に、混沌としたその時代の姿がより如実に立ち現れてくると思われるからである。(3)

「年代記」の意匠が双六を彷彿とさせることは明らかである。出来事が年代順に並んでいる以上、「ふりだし」と「あがり」を置いてみることもできる。(4)すなわち一八五三年がすべての始まりであり、上野での彰義隊敗北に象徴される旧体制の終焉が、時代の到達点である。間に挟まれている各年の出来事は、特に特定の視点に基づいて選ばれているわけではなく、何らかの物語を形成しようという意図も見られない。同時代の多くの記録がそうであるように、ある出来事はこれといった理由もなしに直前の出来事に接続されているかのように見え、人災と自然災害の区別も、原因と結果というような対照関係もないようだ。(5)もっとも、それが「人々の行ったことではなく、人々に起こったこと」という基準で選ばれている、という可能性には一考の余地があるだろう。(6)「年代記」には一方で、自分たちの手ではどうしようもない事態に次々と見舞われていた当時の人々の、時間の流れをどのように知覚すればよいのかという戸惑いが感じられる。だが他方、「年代記」にはある種の陰鬱さが透けて見えてもいる。人々は自然や政治、経済や社会など様々な要因が引き起こす厄災に困惑し、時代はまさに黙示録の様相を呈していたのである。

実際、ここに描かれているものが何らかの「ごたまぜ」ではなく、ある秩序に基づいて選ばれていると考えてみることもできるのである。「年代記」には一八五三年から一八六八年までの十六年間に起こった、五十二件の出来事が記されている。このうち十七件は、主に政治的な事由から発生している。地震や火災、疫病などの災害は十二件である。経済的な変動は八件、宗教的な祭事は六件、福祉に関するものは四件、そして残りの四件は、江戸で象が見世物になったことなどを含む、社会的な出来事である。言うまでもなく、このような鷹揚な区別（政治、災害、経済、宗教、福祉、社会）では、カテゴリーの重複は避けられない。例えば一八六四年の禁門の変は、尊王派の引き起こした事件であるが、作中ではどちらかと言えば、京都の中心部を焼いた火災として示されている。いずれにせよ、以下では上記のようなカテゴリーごとに、政治的なもの（これが「普通」の歴史にいちばん近いだろう）から災害に関するもの（私たちから見れば、最も「異様」な歴史である）までを取り上げて分析することにしよう。また、幕末期の「視覚的な事典」とでも言うべき本作の独特な構造についても、可能な限り考察を加えることにする。

政治的な物語

ペリー率いる黒船の来航は、徳川による支配にとって「終わりの始まり」であった。アメリカの戦艦はすでに一八四六年にも江戸湾へやって来ているが、ジェームズ・ビドル司令官はすぐに追い払われ、人々の記憶に大した印象を残さなかった。次いで一八四九年に長崎へ入港したジェームス・グリン中佐は、武力介入をちらつかせることによって日本で捕らえられていた十三人の船員を帰還させたが、この出来事もまた、すぐに日米双方で忘れ去られたのである。(7)だがペリーと黒船は別格であった。一八五三年から翌年にかけての遠征には百五十の砲門を備えた九隻の艦隊が組織され、千六百人の兵士がそこへ乗り込んでいた。これほどの武力が、しかも平時の外交を目的として差し向けられた例はかつてない。「年代記」の「ふりだし」にあ

図2　嘉永六癸丑年ヨリ　くはの木（1853年）

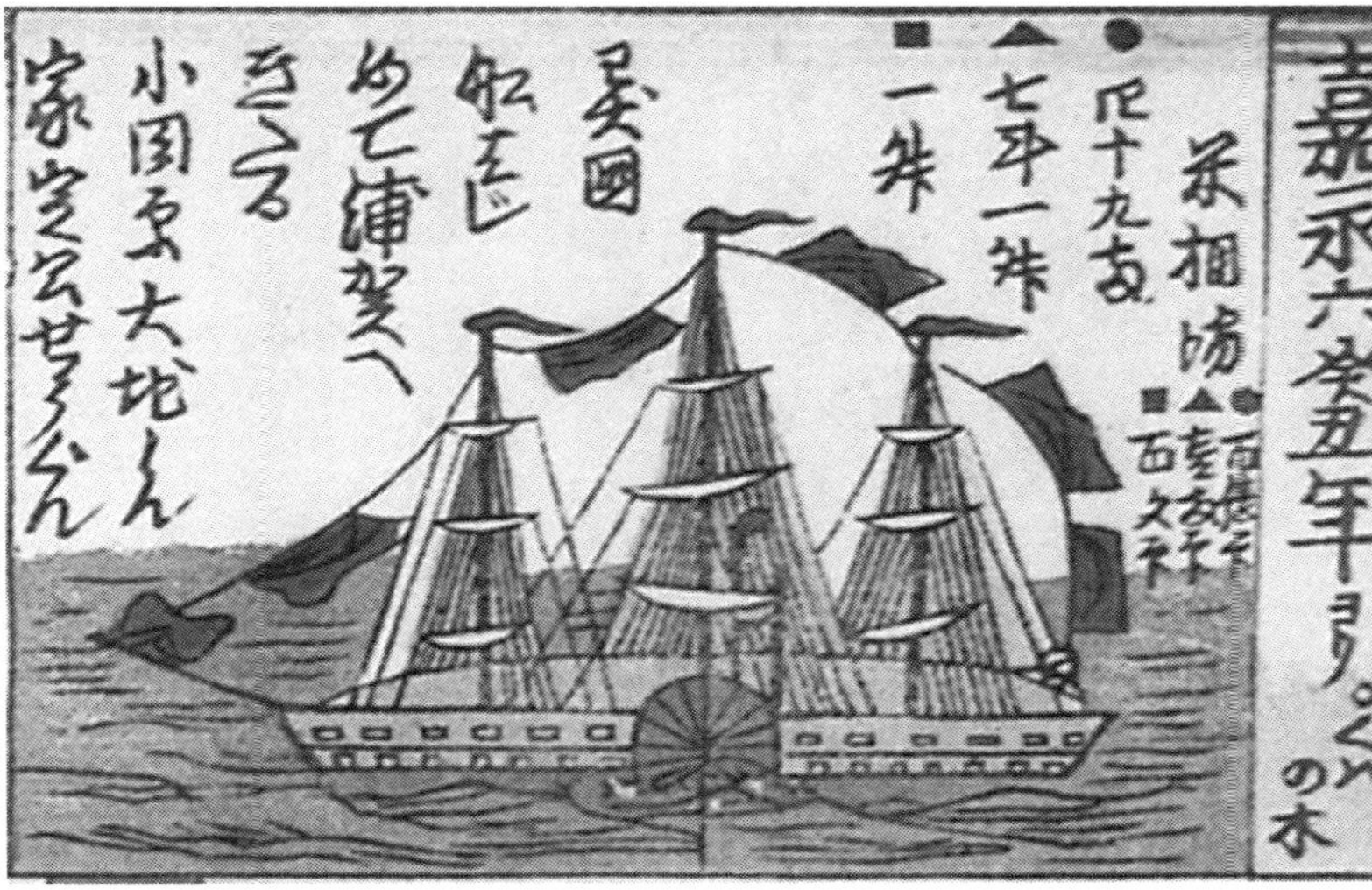

「異国船はじめて浦賀へきたる」

たる右上のコマには、外輪を備えた蒸気船が描かれている。とはいえ、この絵からは特に恐怖心は感じられない（図2）。濛々と上がる黒煙も、大砲も描かれていないし、船籍も不明瞭である。だが、それでもこの絵は、十九世紀前半から日本の政治的・知的エリートたちの頭痛の種となっていた外交問題を象徴している。絵の元となったのは、一八五三年六月三日のペリー浦賀来航の直後から巷に出回った多くの瓦版であろう（図3）。その種の世俗的な木版画は、江戸の庶民の好奇心を刺激しつつ、恐怖を煽ったのである。[8]

ペリーとその「黒船」は一八五三年の夏と一八五四年の春に江戸湾に現れ、日本の外交政策や内政が大きく変革されるきっかけを与えた。江戸の人々は、当然ながら突如として姿を見せたこの異国の人々に強い興味を抱き、白黒で刷られた瓦版が、およそ五百種も巷に出回ったのである。それらに記載された情報には誤りも多いことは言うまでもないが、それは庶民が目にする最初の「外の世界」についての資料であり、人々

図３　瓦版「黒船図　海陸御固役人附」、1854年、湯浅八郎記念館所蔵。

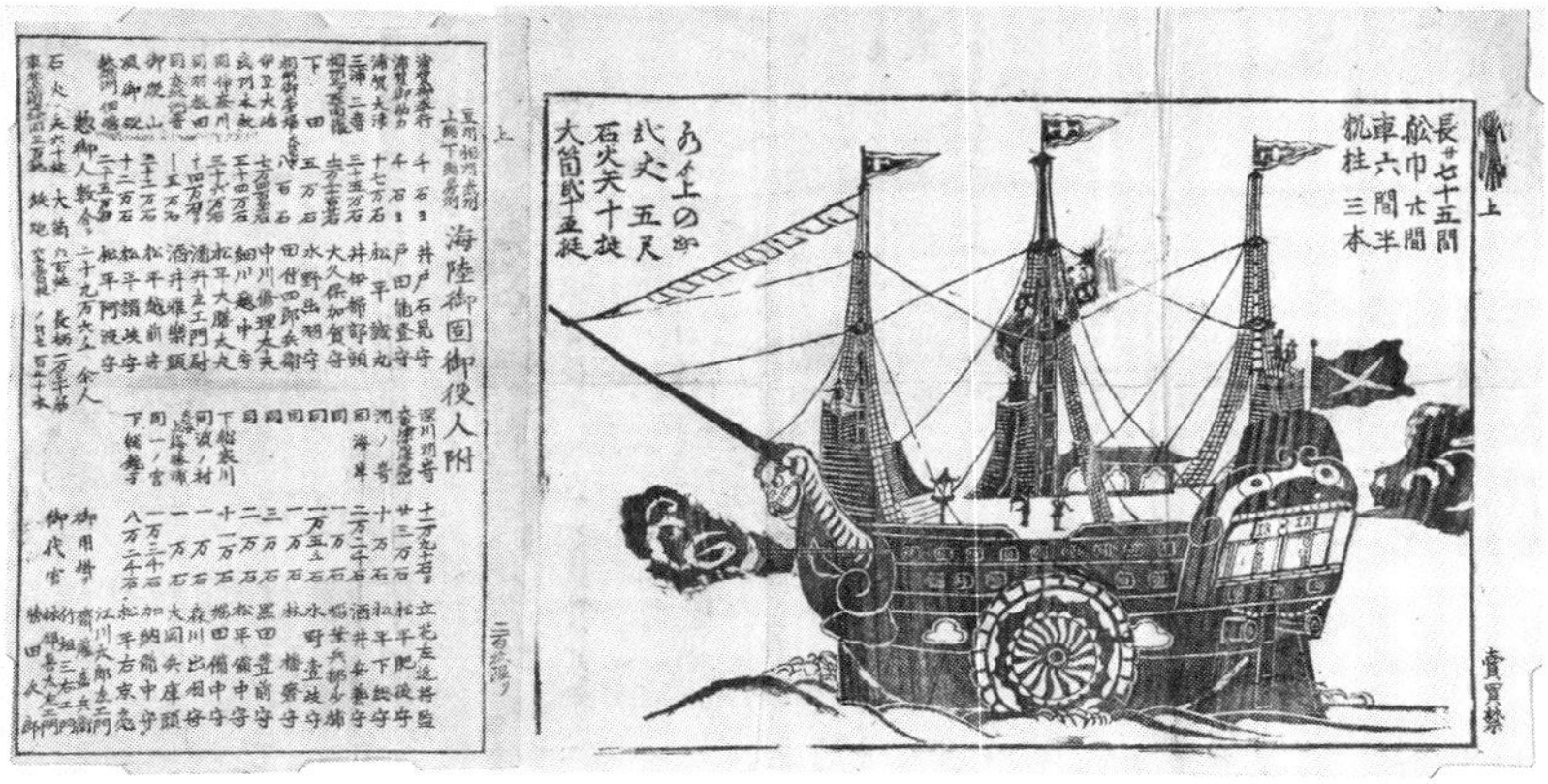

図４　「五国異人横浜上陸図」、歌川芳員、1861年、国際基督教大学図書館所蔵。

アメリカ、イギリス、フランス、オランダ、ロシアの隊列がそれぞれ国旗と共に描かれている。中央に描かれているのは二人の中国人である。他のアジアの条約港と同様、現地人との交渉には彼らのような「買弁」の存在が不可欠であった。興味深いことに、この作品では商人としてよりも軍人としての外国人の姿が強調されている。

図５　万延元庚申年　さくらの木（1860年）

「さくら田外上みのたゝかひ」

の国家意識にも刺激を与えたのである（図3）。

瓦版やその他の社会的メディアを通じて、あるいは噂話のようなものも含めて、ペリーと黒船に関する言説が日本中を飛び交うようになった。ペリー来航は、まさしく新時代の幕開けにふさわしい全国的な出来事だったのである。その数ヶ月前、一八五三年二月二日に小田原を襲った大地震や、父の急死に伴い、徳川家定が六月二十二日に急遽将軍職に就いたことなども、新時代の到来をさらに印象づけたと言えるだろう。

だが、それは何が始まる時代なのだろうか。一八五三年の外国船の到来と一八五九年の横浜の開港（図4）のほかには、「年代記」は国際的な出来事にさして言及していないのである。[5] 内政に関しても、記述は断片的だ。一八五八年については将軍家定の死こそ記されているものの、その扱いは全国を襲ったコレ

図6　文久元辛酉年　たにのみづ（1861年）

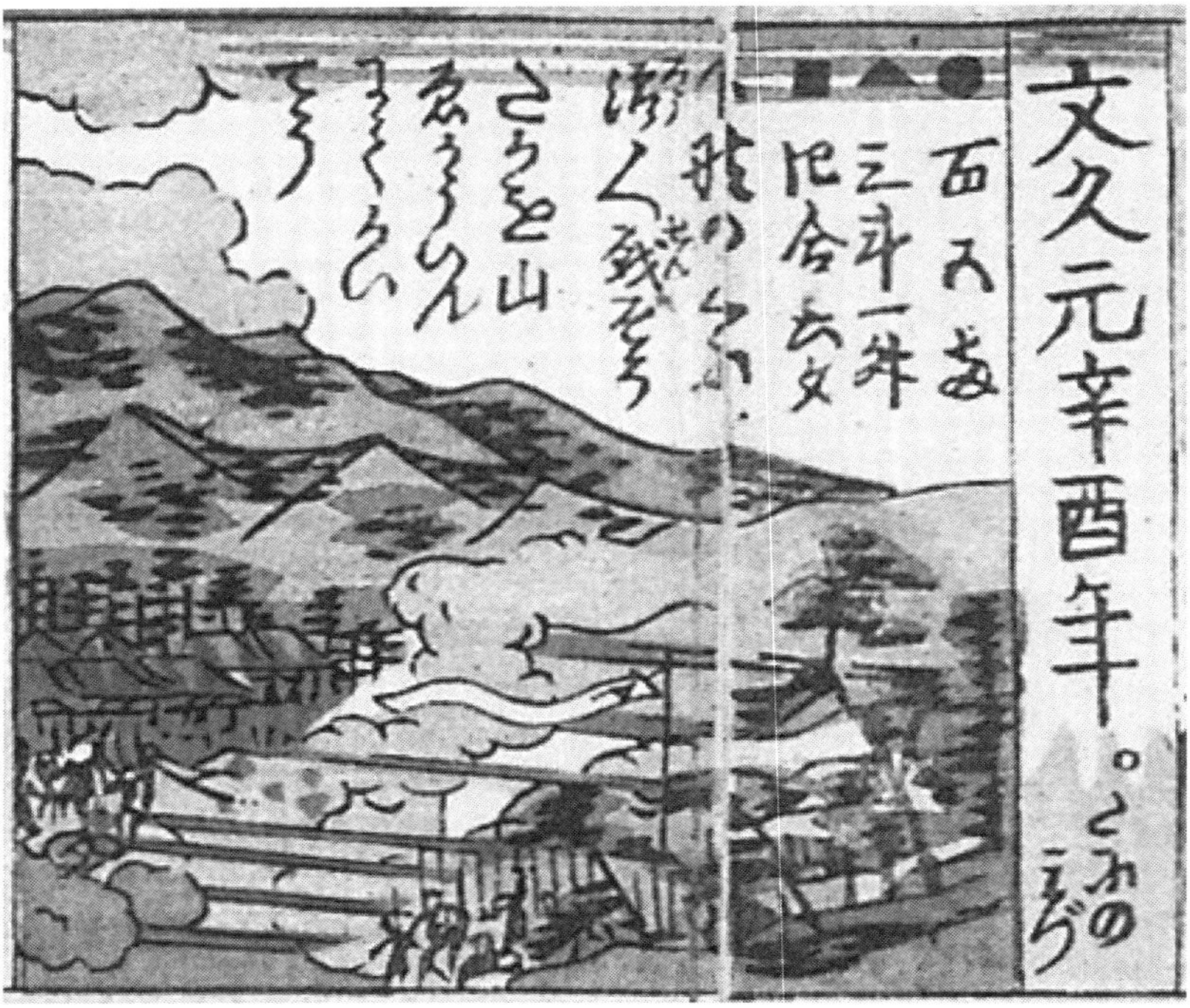

「下野のくに浪人戦そう」

ラの流行よりも小さい。また同年に始まった家定の跡目争いも、一八五九年にかけて起こった、大老井伊直弼による恐怖政治の頂点とも言える「安政の大獄」も、言及すらされていない。だが、一八六〇年三月三日に起こった井伊の暗殺は、その年の中心的な出来事として描かれているのである。そこでは十七名の水戸と薩摩の脱藩浪士たちが、雪の降りしきる江戸城のお堀端、桜田門のそばで、「暴君」を斬って捨てている（図5）。このテロ行為は江戸の人々を驚かせ、また興奮させもしたが、どうやら同年に幕府からの使節団が渡米し、日米修好通商条約の批准書を交換したことは、さほど重要とは見なされなかったらしい。「年代記」には一言も言及がないのである。

他方、一八六一年正月に水戸浪士が下総で起こした攘夷・倒幕の動きは、その年の主要な出来事として扱われている（図6）。現代の歴史書からはすっかり消え去ってしまった感のあるこの事件は、文久元（一八六一）年一月十七日に佐原で端を発した。[10] 水戸藩をはじめとする諸藩の浪人が、尊王攘夷を大義名分として、土地の裕福な商人や豪農から金品を脅し取ろうとしたのである。首謀者は井伊直弼の暗殺や、万延元（一八六〇）年暮れに起きたタウンゼント・ハリスの秘書兼通訳であったヘンリー・ヒュースケン殺害事件、さらには文久元年五月二十八日の第一次東禅寺事件でのイギリス公使館襲撃などにも関わっていたと思われる。言い換えれば、佐原での血なまぐさい騒動は、幕府と朝廷との長きにわたる内戦を予告するような事件だったのである。

図7　同三癸亥年　大かいのみづ（1863年）

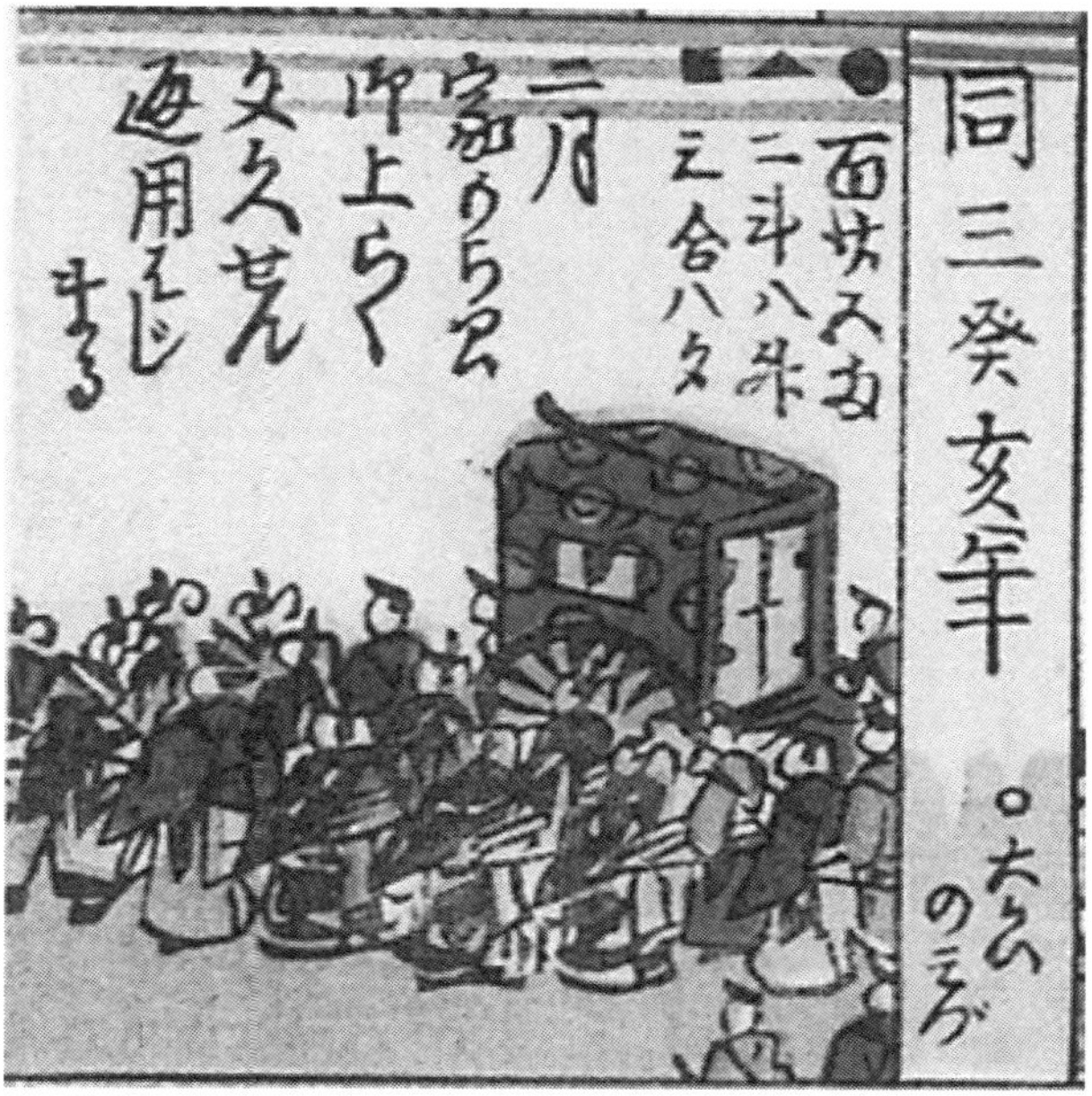

「二月家もち公御上らく」

「年代記」に登場する次の政治的事件は、一八六三年に起こった、京都へと向かう将軍家茂の三千人規模の行進である（図7）。将軍がまさに京都へ入る場面が描かれているが、将軍は貴族にのみ許された牛車に乗っている。しかし二百二十九年ぶりとなる将軍の上洛は、

図8　「世の中難ぢうりやうじ（難渋療治）」、1863年頃、湯浅八郎記念館所蔵。

この「あわて絵」は1863年に江戸の庶民が直面した問題を風刺しており、歌川国芳の有名な「きたいなめい医難病療治」（1850年）のパロディでもある。元となった作品同様、ここでも医者とその助手たちが当時の様々な問題を「治療」しようとしている。だが、この作品では本物の医者は不在で、代理の弟子たちが治療にあたっている。姿の見えない医者とは、京都へ行っていて江戸を留守にしている家茂である。そして助けを求めているのは、江戸の外で生活する車力や雲助、舟人や場末大屋など、このところの江戸からの人口流出で大きな利益を上げた人々である。例えば、車力は腹痛を訴えているが、それはにわかに金持ちになって慣れないご馳走を食べ過ぎたせいである。一方、芸人や金貸しのように、一息に貧しくなった患者もいる。唐人（外国人）も二人、診察に訪れているが、そのうちの一人は、それぞれの足が逆を向いているので前にも後ろにも進めない、と窮状を訴える。医者は処置なしの診断を下す。もう一人の外国人は、日本を追い出され、二度と戻れないのではないかと心配している。これもまた処置なしである。

図9　元治元甲子年　うみのかね（1864年）

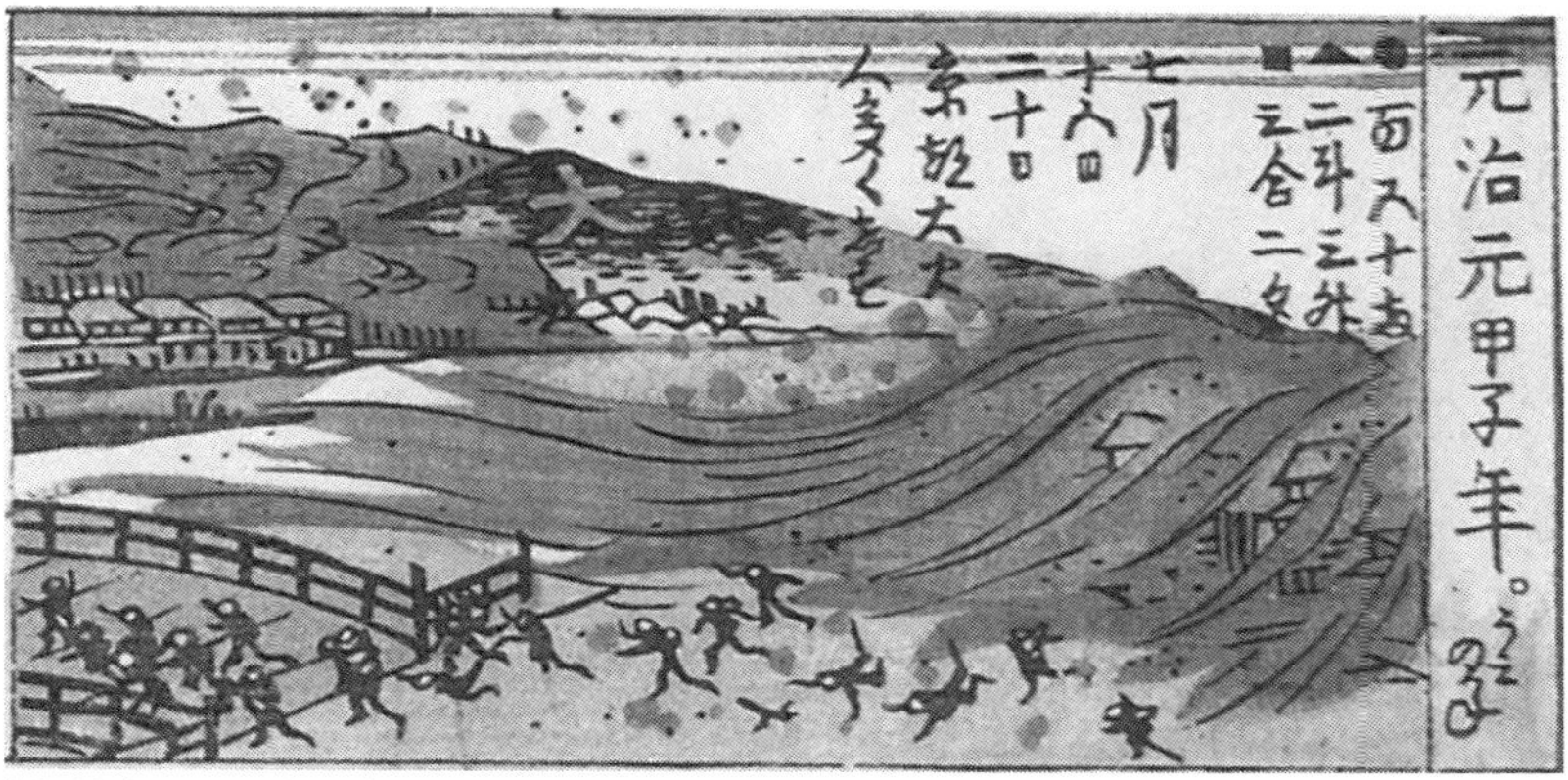

「七月十五日二十日京都大火　人多くしす」

徳川の威光を高めるどころか貶めることとなる。将軍は帝の前で首を垂れ、攘夷を実現するという、達成できるはずもない約束を結ぶ羽目になったのである。突然の将軍の不在は江戸の庶民を動揺させた。英米との戦争が囁かれた時期であればなおさらである。薩摩藩士によるチャールズ・リチャードソン殺害（生麦事件）など、外国人が犠牲になる事件も増えていた。

辛うじて御所は燃えずに済んだ一八六四年の京都の大火が、同年の主な事件である（図9）。大惨事の原因となったのは七月十八日の禁門の変であった。これにより、日本はまた一歩、内戦へと近づいたのである。将軍が上洛中であったにもかかわらず、尊王攘夷の志士たちはいよいよ勢いづいていた。一八六四年の夏には、佐幕派の勢力が京都から志士たちを追い出すことに成功したものの、長州の急進派はすぐに京都を取り戻す動きに出た。『元治夢物語』と題された同時代の記録は、視覚的な描写に優れている。「兵モノドモハ剣戟を振コト縦横無尽ニ駈廻リ此所彼所ニハ兵士等挑ミ戦ヒ炮玉頭上ヲ飛違フハ車軸ノ如ク」、「民家ノ雑具類道ニ捨テ逃失タルモ有テ道路ニ充満セリ又其中ニモ痛手ヲ負テ倒レ伏タル者モ数多有首ノナキ骸ノ道路ニ横タハリタルモ有テ目モ当ラレヌ有様ナリ」、「炎ハ天ヲ焦シテ白昼ノ如ク炮声ハ未ダヤマデ千里ノ藪ヲ焼タランニハ斯ヤ有シト思フ計リニテ其中ニハ又大炮ノ音山野ニ響キ地ヲカスメ殿舎民屋ノ焼崩ル、音混交シテ百千ノ雷電落懸ルガ如ク天地震動シ是ヤ世界ノ滅却スルカト怪シマレ」という具合である。(11)

「年代記」には徳川方と長州藩率いる反体制派との内戦が激化してゆく様子は描かれていない。一八六四年の晩夏、「禁門の変」の直後には、長州征伐の最初の動きが起こっている。第二次の攻撃は、翌年の春であった。その一八六五年、すなわち慶応元年の出来事を「年代記」で見ると、取り上げられているのは経済的な事由によって引き起こされた江戸の騒擾であった。特に人々を刺激したのは、長州征伐のための費用を町人に負担させるために課された新たな税である。(12)その中で、両国の北、隅田川の東岸で、浪人の集団が空き家となっていた小笠原邸を占拠するという事件も起こった。さらには両国広小路に二つの獄門台が設けられ、主に尊王攘夷を先導した罪に問われた刑死者の首が晒された。(13)しかしこの程度のことでは、もはや人々の幕府への信頼は回復しなかった。近年の様々な出来事のあとでは、幕府に平和維持や繁栄の望みを託すことは難しくなっていたのである。

翌一八六六年には、状況はさらに悪化する。破産する者も多く、強盗や殺人、果てには暴動が市中を不安に陥れた。人々を救うことができずにいる幕府への批判を煽る張紙も出回り、物価の上昇、物資の不足、役人の腐敗などが槍玉に上がった。(14)「年代記」には記載がないが、将軍が代替わりしても、幕府への信頼が回復することはなかったのである。一八六六年七月二十日、江戸の北側に広がる武蔵国で武州一揆が勃発して間もなく、将軍家茂は大坂で歿した。跡を継いだ慶喜は、徳川最後の将軍となる。慶応二年の暮、十二月二十五日(新暦一八六七年一月三十日)には孝明天皇が薨去し、明治天皇となる睦仁親王が即位する。こうして、

図10　同三丁卯年　いろりの火（1867年）

「市中じゆんら御まはりこれある」

いよいよ江戸時代の終焉の舞台が整ったのである。

一八六七年には江戸市中に警護の者が立ち、特別な番所も設けられて、暴徒を江戸に入れまいとした。（図10）。町人は、これを好ましく思わなかった。ある扇情的な張紙は、この平和維持のための部隊を無能と批判している。「打ちこわしの者を一人もまだ捕らえていない。捕らえたのはただの見物人ばかりである」[15]。せめてもの救いは、この年の米が数年ぶりに豊作であったことだろう。だが年末に向けて、やはりいくつかの出来事が江戸の庶民を震え上がらせた。十月十四日（新暦十一月九日）には慶喜が大政奉還を奏上し、次いで十二月九日（新暦一八六八年一月三日）には薩摩、越前、安芸、尾張、土佐の軍勢が京都御所を占拠し、将軍職を廃すると共に、天皇による親政を宣言した。すなわち王政復古の大号令である。これらの、いわば明治維新の要とも言える出来事は、「年代記」の一八六七年のコマには記載されていない。ここに登場する唯一の戦の記述は、「大坂千ば（船場）にて大たゝかいこれある」というものであるが、これは今日の維新をめぐる物語では重要な出来事とは見なされていない。「大戦ひ」が指すのは、おそらく混乱を極めた船場での豊年踊りであろう。これがきっかけとなって、一八六七年の後半には日本中で「ええじゃないか」の狂騒が起こったのである（図11）。ある囃し言葉の内容は次のようなものであった。

さりとてはおそろしき
年うちわすれて
神のおかげで踊り
ええじゃないか

日本のよなおりは
ええじゃないか
豊年おどりは
おめでたい
ええじゃないか

御かげでよいじゃないか
何んでもよいじゃないか
ええじゃないか(16)

「年代記」の最後を飾る一八六八年のコマには、徳川による支配の崩壊を示す十の出来事が記述されている。

図11　「福神まつり」、歌川芳虎、1867年、個人所蔵。

1867年の暮れには、内憂外患、不作と物価の急上昇により、深刻な社会不安が募っていた。幸福への必死な願いが、人々を「ええじゃないか」と叫び踊ることへと駆り立てた。この図では福の神が現れ、小判や神札の雨が降るという庶民の夢が具現化されている。だが不吉なことに、背景に描かれている富士山はいまにも噴火しそうなのである。

新年には早速、大砲の轟音が鳴り響いた。一月三日（新暦一月二十七日）、長州と薩摩の軍勢が、京都郊外の鳥羽・伏見で、徳川に忠義を立てる兵士と衝突したのである。これが戊辰戦争の幕開けであった。戦争は一八六九年五月十八日、旧幕府軍が箱館で敗北するまで続いた。「年代記」には砲撃は登場しないが、一月十五日、東久世通禧が外国事務総督に任命されたことは触れられている。東久世の任務は神戸に出向き、諸外国の外交官に王政復古を正式に通達することであった。この頃には、慶喜はすでに「朝敵」と呼ばれるようになっていたのである。また二月九日には、有栖川宮熾仁親王が東征大総督となり、官軍の旗印と軍刀を手に、勅命に背くものは誰であっても討ち取るという任務を課された。こうして官軍が東漸するにつれて、政体としての徳川は崩壊したのである。(17)「年代記」には、およそ二百五十名もの江戸詰の大名が、江戸に残る大義名分を失って、家族や家臣を伴ってそれぞれに帰郷したとある。その結果、江戸の人口は激減した。ヘンリー・スミスによれば、「政治の中心としての徳川幕府の崩壊によってこれほど深刻な打撃を受けた都市はなかった。わずか七年弱の間に、百万以上あった江戸の人口は半減し、一八六八年だけでも三十万人が江戸を見捨てた」のである。(18)

　次に「年代記」に記されている文言は、「三月市中丁人どうらん《（動乱）》してことぐヽくさはぐ」である。だが、当時の江戸の人々が直面していた危機を思えば、「動乱」という表現は和やかすぎるかもしれない。旧幕臣として江戸の秩序を可能な限り保つことを責務としていた勝海舟は、二月十九日の日記に次のように記している。「都下の空評、或いは官軍桑名に止まり、或いは駿府に進む、或いは箱根の険に困る等、紛々として日夜その実否を異にする。ゆえに憤激の士民、空奔雷同、実に鼎湧の如し」。(19)

　そして三月十三日と十四日、官軍の大将である西郷隆盛と面会した勝は、江戸城の無血開城の交渉を成功

図12　同四戊辰年　もりの木（1868年）

「五月十五日上の御山たゝかひ」

させる。実際に江戸城が明け渡されたのは四月十一日である。しかし「年代記」には、このことは全く触れられていない。その代わり脚光を浴びたのは、四月の間中、江戸の東部で続いていた戦闘であった。実のところ、江戸城の明け渡しが行われたその日に、多くの徳川の軍勢が脱走しているのである。およそ三百名は東北に逃げているが、日本に駐在していた外交官パークスの報告によれば、「いくつものゲリラ組織」が編成され、「江戸の周辺地域一帯に出没して天皇《ミカド》の軍隊を悩ませ」ていたのである[20]。

その次に掲載されている出来事は、五月十五日の上野戦争である[21]（図12）。戦闘とそれによって引き起こされた火災は、この視覚的な年代記にとって、一八六八年を代表する出来事たるに十分であった[22]。いくつかの風刺画は、この決定的な戦闘を児戯の類として茶化してもいるが（第三章を参照）、最後まで戦う決意を固めていた彰義隊の敗北は、旧体制が押し込められた棺桶の蓋に、最後の釘を打ち込んだようなものであった。同時代の証言を見てみよう。「嗚呼嘆くべし、悲しむべし、此日いかなる日にや、関東第一の霊場一時に焼失す、市中の老若婦女難をのがれて道路にさまよい、哀みの声街に満、是天のなす所是非もなき次第なり[23]」。

戦闘ののち、市政裁判所が新たに設立された。新政府の兵士は市中を巡回し、秩序を回復させるべく努めた。だが、彰義隊の敗北によって江戸の支配権こそ朝廷に移ったものの、日本全国で見ればまだ先行きは不透明であった。戦闘の直前、五月三日には、新政府に反対する二十五もの東北地方の藩が同盟を結んでいる。右に挙げたコマの「奥しう（州）へんにてたたかいこれあるよし」とはこれを指すのである。「年代記」の読者は、もはや将来に希望を持てなかったかもしれない。彼らには知る由もないことだが、七月には江戸は東京となり、九月には元号も明治と改められるのである。そして十月十三日には、新たな天皇が東京へと居を移す。しかし内戦が完全に終結するのは一八六九年五月十八日、榎本武揚をはじめとする旧幕派が箱館で敗北を喫した時であった。

経済的な状況

「年代記」は一八五三年のペリー来航を契機に起こった、経済的な変動にも大きな注意を払っている。それぞれのコマには、その年の米価が記録されている。それも単純なものではなく、米百俵の値、金一両で買うことのできる米の量、そして庶民にとってより身近な通貨である百文銭で買うことのできる米の量が、併記されているのだ。数字を読み解くための「鍵」も、黒船来航を描いた一八五三年のコマで提供されている（図2）。「●百俵印」は、米百俵が金何両に相当するかを示すものである。「▲壱両印」は反対に、金一両でどれだけの米が買えるか、そして「■百文印」は、同じく銭百文でどれだけの米が買えるかを示す。

さて数字を見ると、経済がまさに崩壊しつつあったことは明らかである（表1、グラフ1を参照）。日本経済の中心であった大坂で発行された「年代記」だけに、商人の関心がなおさら反映されているのかもしれないが、物価の暴騰や貨幣の暴落、そして貧困の増加は、庶民一般の経済的苦境をそれ以上に映し出していよう。特に一八五九年六月二日（新暦七月一日）に横浜が開港したことをきっかけに生活必需品の値が大幅に上昇すると、日用品を購入することさえひどく難しくなったのである（表2を参照）。幕末の人々の実感としては、武士がめぐらす様々な政治的策謀よりも、日常に影を落とす経済的不安のほうがよほど辛いものであったろう。

数字が明示するように、都市部の庶民の生活環境は、幕府が倒れようとしていた年月の間に大きく悪化していたのである。一八五三年には、金四十九両で百俵の米を買うことができた。ところが同じ量の米が、一八六八年には三百五十両になっていたのである（それでも一八六七年の四百二十両よりは下がっているが）。また一八五三年には金一両を出せば七斗一升、つまり一石に近い米が買えたが、一八六八年には同額でわずか一斗しか購入することができなくなっていた。そして、貧しい人々を襲った経済危機は、銭貨の購買力の

表1　米の市価（1853—1868）

年	●百俵印(両)	▲壱両印(石)	■百文印(石)
1853	49	0.71	0.01
1854	60	0.58	0.0085
1855	45	0.78	0.012
1856	72	0.485	0.007
1857	63	0.95	0.0075
1858	89	0.39	0.0055
1859	105	0.33	0.0047
1860	99	0.35	0.0052
1861	105	0.31	0.0046
1862	123	0.284	0.004
1863	125	0.28	0.0038
1864	150	0.23	0.0032
1865	205	0.17	0.0022
1866	270	0.12	0.0018
1867	420	0.083	0.0011
1868	350	0.1	0.0012

「年代記」記載の数値をまとめたもの。1俵あたりの米の量は、時代や地域によって異なるが、1850年代から1860年代の江戸では、ちょうど半石に満たない程度である。1石は10斗、100升、1,000合、1万勺と同量で、約180リットルに相当する。
また1850年代初頭、金1両は銭4,000文に値したが、その価値は低下を続け、1866年には1両との交換には7,000文が必要だった。

グラフ1　銭100文で買える米の量（1853—1868）

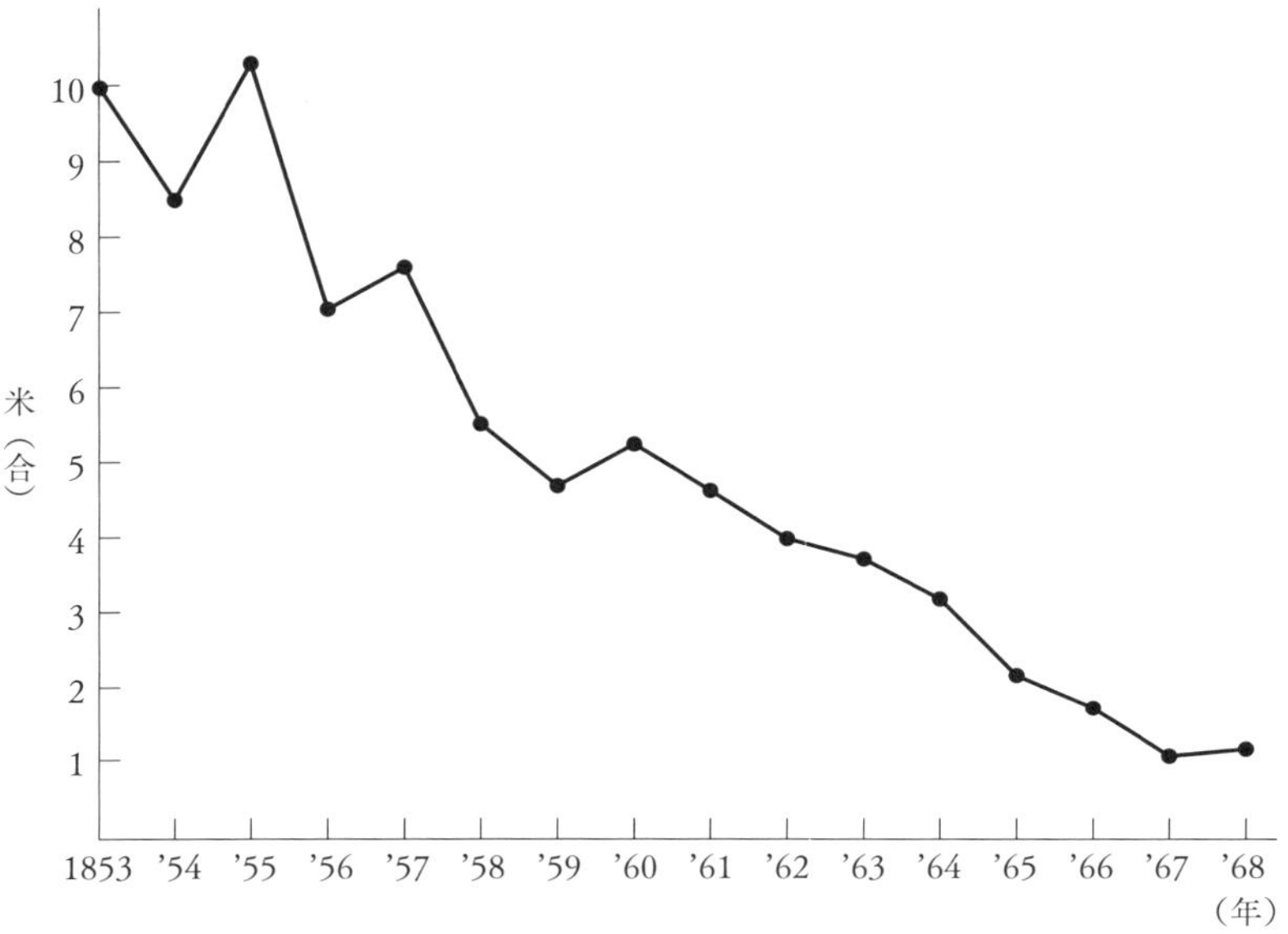

低下にも直結している。一八五三年には、百文で一升（一人であれば、二日は食べられる量である）の米を買うことができたが、一八六八年になると、同額で一・二合、つまり命を繋ぐぎりぎりの量の米しか買うことができなくなっていた。

「年代記」には、一八五三年から一八六八年にかけて起こった、経済的観点から見て重要な出来事も記載されているが、その記述は単純である。海外との貿易が始まると（一八五九年）、国内の経済は不安定になり、貨幣価値は乱高下し、日用品の価格が急騰した。これによって繁栄した商人がいる一方で、破産した商人もいる（図13）。一八六六年には、江戸の各地に貧民のための救済施設が準備されたが（図14）、幕府による救済措置が不十分であることが明らかになると、暴動をはじめとする社会的な混乱が相次いだ。経済産業の重要な拠点であった神田佐

表２　生活必需品の物価（1853—1868）

年/季節	米１石	味噌１貫	塩１石	醤油１石	酒１石	菜種油１升
1853 / 春	118	2.1	36	104	266	4.9
1853 / 秋	117	2.2	34.5	104	244	4.7
1854 / 春	114	2.1	34	103.5	255	4.7
1854 / 秋	114	2.1	34.5	104.2	253	4.7
1855 / 春	113	2.1	34	103.5	251	4.7
1855 / 秋	98.5	2	33.5	103.8	253	4.8
1856 / 春	101	2	34	102.5	252	4.7
1856 / 秋	102	2.1	35	106.5	254	4.7
1857 / 春	103	2.1	35.5	105	252	4.6
1857 / 秋	115	2.1	41	106	253	4.8
1858 / 春	135	2.2	36.6	112	254.6	4.8
1858 / 秋	123.9	2.1	41	111.8	254	4.8
1859 / 春	135	2	35.5	111.5	254	4.6
1859 / 秋	142	2.2	36.5	111	263	4.6
1860 / 春	158	2.5	38.9	118	285	5.1
1860 / 秋	—	—	—	—	—	—
1861 / 春	194.5	3.1	44	140	313	6.5
1861 / 秋	—	—	—	—	—	—
1862 / 春	145	3.1	45	146	326	6.2
1862 / 秋	—	—	50	—	—	—
1863 / 春	139	3	48	159	338	6.2
1863 / 秋	139.7	3	87	189	339	7.2
1864 / 春	139.5	3	62	190	341	8.8
1864 / 秋	167.5	3.6	68.5	191.6	381	9.2
1865 / 春	258	4.5	95	240	534	9.5
1865 / 秋	308	5.4	113	256	632	9.7
1866 / 春	404	6.8	113	256	767	9.7
1866 / 秋	585	6.7	113	285	849	11.2
1867 / 春	586	8.8	114	285	905	11.2
1867 / 秋	457	8.1	127	321	1017	13.1
1868 / 春	364.1	7.3	101	308.4	1042	12.2
1868 / 秋	502	8.1	128.8	371	981	15.4

出典：南和男『維新前夜の江戸庶民』、91頁。

図13　「家内楽金銭遊セル図」、歌川国麿、1865年、湯浅八郎記念館所蔵。

国際的な交易により国内の経済が混乱していた状況を皮肉に描き出したものである。金と銀の交換レートは国内では1対5だったが、国際レートは1対15であった。1860年代には幕府は通貨の切り下げを余儀なくされ、これが大幅なインフレをもたらした。作中には金・銀・銭貨の葛藤と、混乱に乗じて儲けようと企む姑息な商人の姿が描かれている。

久間町に御救小屋が開設されたという話題は、暗い色調の記述が多い中で例外的である。地方の共同体も同様に打撃を受けたが、その原因は開港だけではない。一八六〇年代は旱魃や冷害、台風、洪水、虫害などによって不作の続いた時期である。地方でも都市でも、暴動の数がピークに達したのは一八六六年であった。翌一八六七年にはようやく豊作に恵まれたが、経済状況を好転させるには至らなかった。「しよしき《諸色》かうじき《高直》にて御すくひ《救》小や《屋》た《建》つ」、「なんきんまい《南京米》はじめてわたりしよにん《庶人》これをかう」と「年代記」にはある。

「年代記」はまた、徳川幕府が収入を増やすためにしばしば行っていた新たな通貨の導入や既存の通貨単位の変更についても言及している。[24] 例えば一八五四年には、一朱銀が市場に出回り始めたことが報告されている。質としてはそれまでのものに劣るこの通貨は、ペリー来航を機に沿岸の警備を強化するための費用を捻出する目的で導入された。一朱銀は銭貨二百五十文の価値があり、海上からの攻撃を防ぐために設けられた品川沖の六ヶ所

図14　同二丙寅年　いろりの火（1866年）

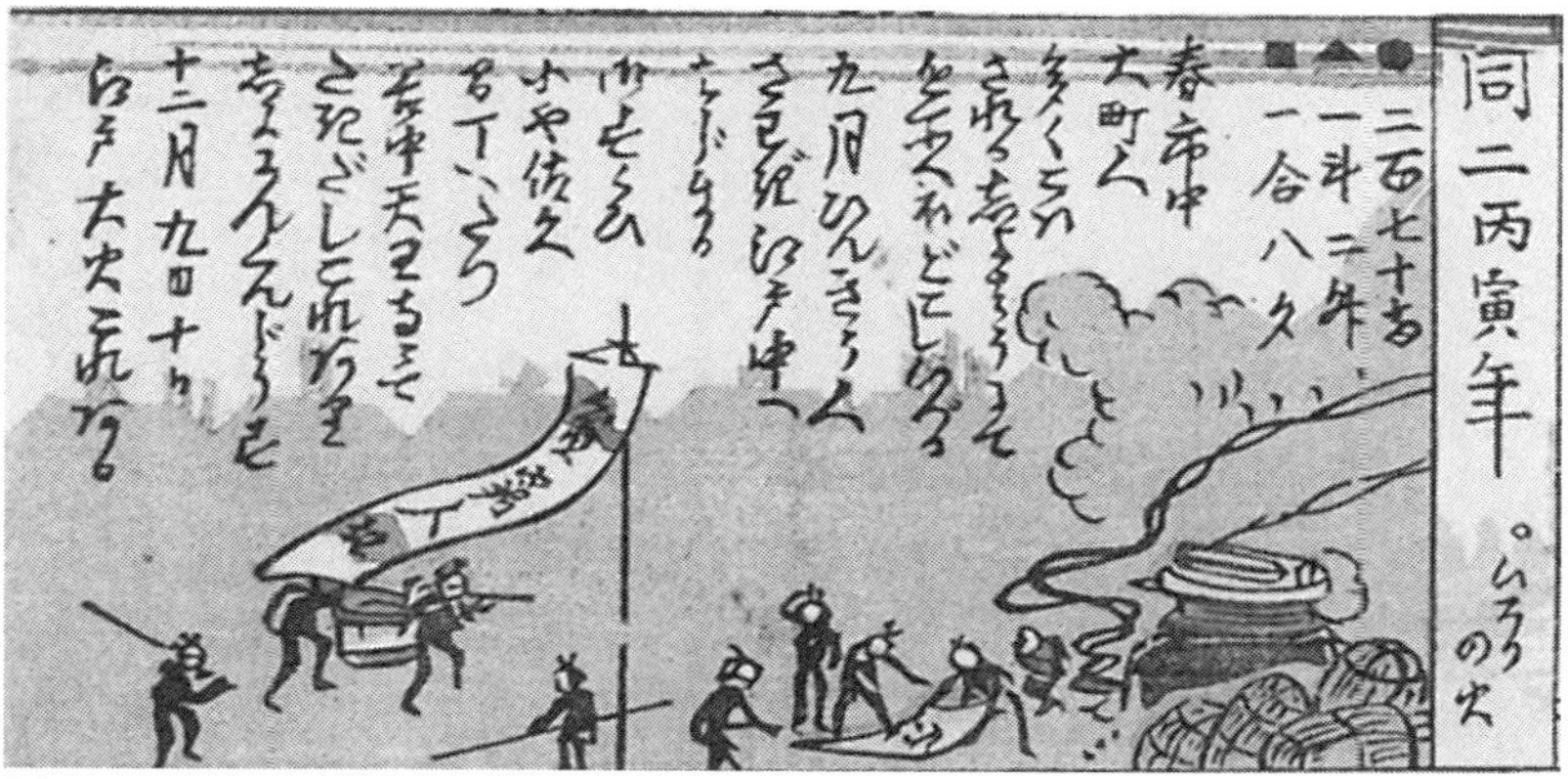

「御すくひ小や佐久間丁へたつ　谷中天王寺にてたきだしこれあり　しよにんくんじうす」

の台場の工事に携わる人々の日当として使用されたので、「お台場銀」とも呼ばれていた。また、一八六三年には四文に値する銭貨、文久銭（文久永保）が市場に入ったことが記されている。実際、幕府は三十三億枚以上の文久銭を投入しているのだ。このような通貨の混乱に加えて、一八六五年には、その時点で八文の価値であった文久銭が十二文の青銭（一八六三年以前に鋳造された銭貨）と同価値となったことが記され、これが一八六八年にはさらに十六文に引き下げられている。つまり、庶民にとって最も身近な銭貨の値が、下がり続けていたことになる。一八六七年の暮れには、日用品の物価上昇と不作が普遍的な貧困状態を作り出し、様々な擾乱の種となった。ごく普通の生活を送ること自体が、難しくなっていたのである。

救いとしての宗教

絶望した庶民は、様々な新宗教やカルト、巡礼などに関心を示し、カーニヴァルを思わせる狂騒の導くままに踊り狂った。ジョージ・ウィルソンによれば、幕末の庶民たちは夢と希望にあふれた千年王国を妄想するようになっていたのである(25)。黒住教（一八一四年成立）、天理教（一八三八年）、金光教（一八五九年）などの新宗教が乱立し、未来の仏陀たる弥勒や富士山、それに庚申信仰で重要視される、何本もの腕と青い顔を持つ鬼のような姿の青面金剛など、様々な神体が信仰を集めるようになった(26)。過去に確立された仏教や神道を否定するこれらの新宗教は、癒しや救い、再生を信者に約束したのである(27)。またこれらの新宗教が、ある程度まで男女平等を謳うものであったことも注目に値する。「年代記」では、一八六〇年のコマに「女人ふじ山へあがるをゆるす」と記されているが、女性の富士登山が全面的に解禁されたのは維新をもってである。その中で一八六〇年が例外として扱われたのは、その年が庚申であり、救いをもたらす弥勒の年と考えられていたからであった。富士講の仲間にとって、庚申の年に富士山へ登ることは極めて重要であった。だからこそ、一八六〇年には女性にも入山が許されたのである(28)。

新たな秩序、新たな世界を願う人々の思いは、一八六〇年代の都市や農村に多くの擾乱をもたらした。暴動や財産の破壊など様々な事例が、一八六六年の一年間だけをみても百以上、発生しているのである(29)。それらの事件の背景には、しばしば「世直し」という発想があった。一八六六年に武州で発生した暴動を伝える瓦版「新板打こわしくどき」は、百姓たちには暴動以外の選択肢はなかったのだ、という点を強調している。

今ハぜひなく村一同を、たく《宅》へあつめてそうだん《相談》いたし、当時しょこく《諸国》の商人共が、五こくこゑき《五国交易》するとのことよ、これがつのればわれわれ迄が、すへハうへじ《飢死》にすることなれハ、いっそ是より命ニかけて、あまたもの持ミな打こわし、諸色下直ニいたさんものと、云々そうだんとりきハまりて、（中略）先ニたてたる其おゝはたに、わん《（椀）》としゃくし《（杓子）》の拗うちちがい、下ニ世直シ大明神と、書シはた《（旗）》もてミな一《（一様）》ように、凡人ずハ三千計り、寅《（慶応二年）》の六月十一日ニ、人ず《（人数）》そろへてミなくり《（繰）》出す。[30]

抗いようのない力に揉まれながら、人々はそれぞれに、自分たちの暮らす不完全な世界を修復する術を模索した。

「年代記」にも都市部と農村部を問わず複数の暴動が取り上げられているが、暴動の動機の一つとも言える宗教や信仰についてはあまり注意が払われていない。また、朝廷派の武士たちが掲げていた、天皇を中心とした千年王国の理想についても同様である。武士たちも、古い幕府を打ち倒し、新たな秩序を導入することで世直しを図ろうとしていたのだ。一方で「年代記」は、普段は隠されている秘仏などが公開される「開帳」には関心を示す。[31] 一部の寺院ではその所在地で定期的に宝物が公開されていたが、そのような「居開帳」とは異なり、人気を集めたのは主に江戸での「出開帳」である。そこでは、普段は他の寺社に所蔵されている本尊や、神秘的な力を帯びた宝物が公開された。江戸では、特に両国橋の東側に位置する回向院や浅草寺などが、しばしば六十日ほども続く「出開帳」で知られていた。仏像などの展示のみならず、そのような場では茶屋や遊戯場、あるいは歌舞伎などの形式をとる見世物も併設され、参拝者のみならず、手軽な娯楽を求める人々の需要に応えていたのである。[32]

「年代記」には、そのような催しが五度にわたって登場する。深川の永代寺に成田山新勝寺の宝物が運び込まれた一八五六年の開帳（三月二十日より二ヶ月間）、回向院で芝山仁王尊の宝物が公開された一八五七年の開帳（四月十六日より二ヶ月間）、一八六〇年の浅草寺観音像の開帳（三月十五日より二ヶ月間）、再び回向

図15　同四丁巳年　いさごのかね（1857年）

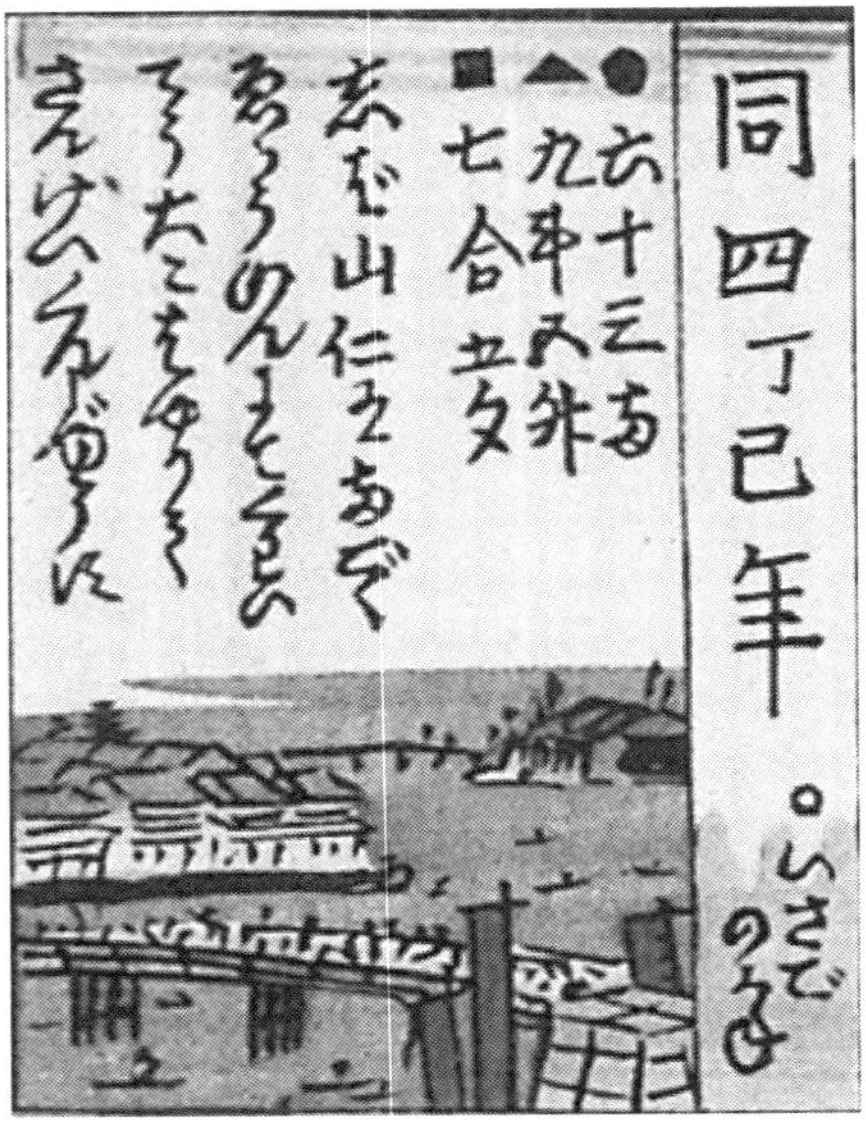

「しば山仁王両ごくゑかういんにてくわいてう大にはやりてさんけいくんじゆうす」

院に高尾山薬王院の宝物が貸し出された一八六一年の開帳（三月三日より二ヶ月間）、そして同じく回向院に、陸前の金華山大金寺より、水を司り、芸術と音楽と幸運の女神である弁財天の木像が持ち込まれた一八六五年の開帳（六月二十八日より二ヶ月間）である。[33]

「年代記」の作者は、特に一八五七年の仁王尊と一八六五年の金華山の開帳に大きな注意を払い、その年の最重要の出来事に位置づけている。それはなぜだろうか。一八五七年に至っては、その年の出来事として記されているのは、四月十六日から六十日間続いたこの開帳のみなのである（図15）。そこには隅田川の東側に設けられた祭りの場に、両国橋を渡り、群れをなして押し寄せる人々が描かれている（手前には仮設の屋台などが見える）。開帳の中心となったのは現在の成田の東にあった芝山仁王尊の宝物で、円仁の作とされる十一面観音である。円仁は平安時代初期の僧で、密教の儀式や経典、遺物を中国から日本へ持ち込んだ人物とされる。また観音像と並んで、インドから運び込まれたとされる二神一体の仁王像も展示された。この仁王像の姿を描いた、火事や泥棒を遠ざけるという札は江戸の庶民から人気を博した。一八五五年には地震と火災に見舞われ、また最近では略奪を目の当たりにしていた人々にとって（図16）、仁王を参詣し、その姿を写した札を受ける

図16　「家具はらひ」、安政年間、ブリティッシュ・コロンビア大学所蔵。

瓦版や触書などで警告がなされたにもかかわらず、地震や火災のあとには略奪を行う庶民や、暴利を貪る商人が登場することは珍しくなく、暴力事件も散見された。この無款の浮世絵では、家財道具の詰まった空家を見つけた泥棒が大喜びしている。

図17　慶応元乙丑年　海のかね（1865年）

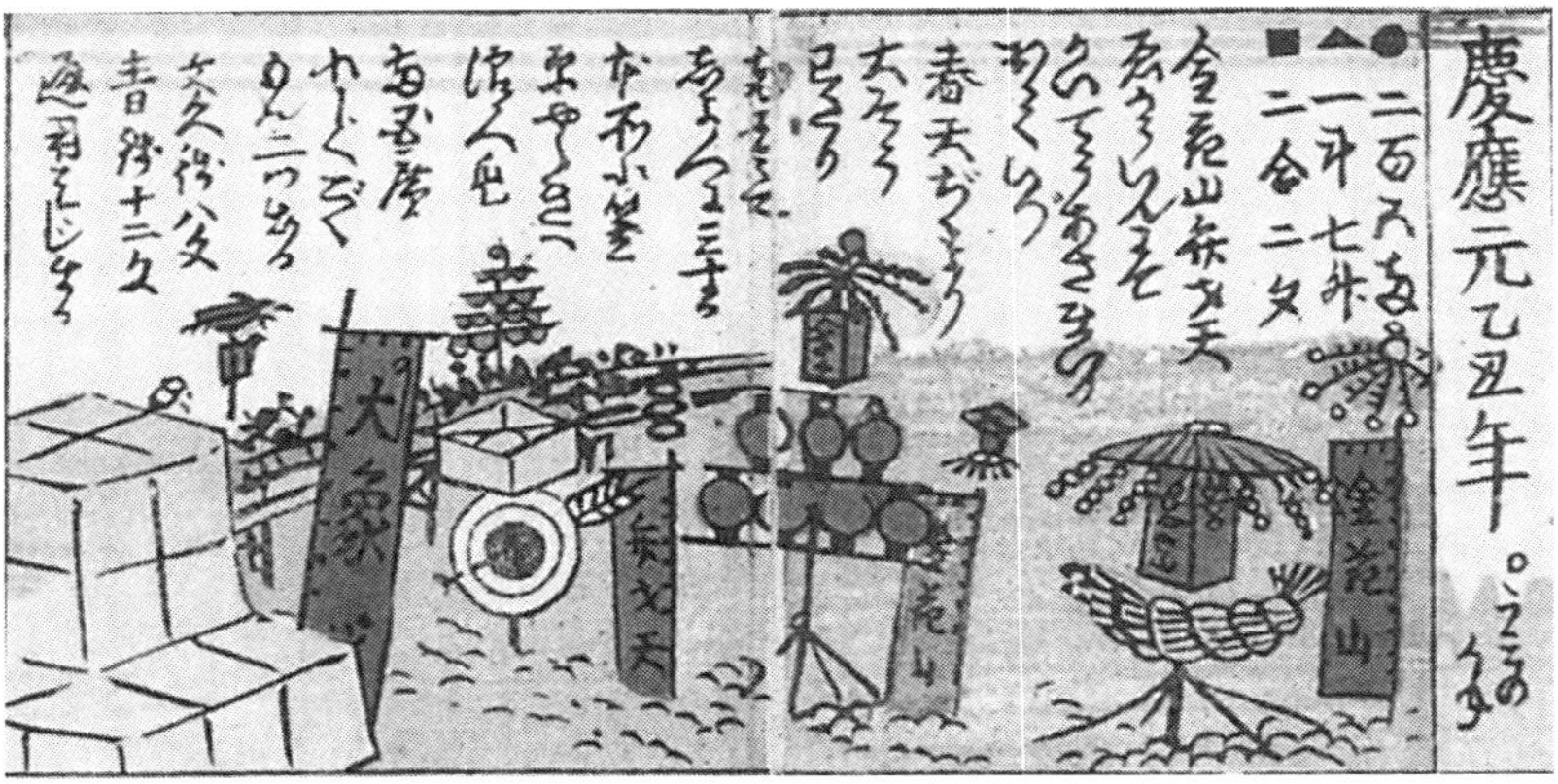

「金花山弁才天ゑかういんにて　かいてうあさまいりおゝくいづ」

ことには大きな意味があったのである。『武江年表』によれば、仁王像は仏龕に収められたまま力士の肩に担がれ、回向院に運び込まれたという。「江戸到着の日、角觝人《すもうとり》、仏龕を舁く」[34]。また、隅田川の反対側に軒を連ねた見世物小屋では、ある曲芸師のものと、生人形で著名な武田源吉のものとが最も人気を集めた。

一八六五年のコマでも、同じく回向院の開帳が主な出来事として視覚化されている（図17）。この大盤振る舞いの宗教行事では、東北の石巻の沖合にある聖なる島、金華山ゆかりの品々が並んだ。江戸時代、金華山はよく知られた霊場であり、今日でも、そこはいわゆる「パワースポット」の一つとされている。一八六五年に秘蔵の宝物が公開されたことは大きな話題となった。図を見ると、見物人の多さが特に強調されており、とても一人一人を識別できる状態ではない。サーカス小屋を思わせる仮設の小屋が手前に並び、人々は遠景に見える両国橋のほうへと向かっている。高く掲げられた棹の先には提灯がぶら下がり、弁財天の像をはじめとする金華山の宝物が展示されていることを記した幟や、矢場の看板、それに巨大な象が見られることを広告する幟も揺れている。[35]

展示の中心は大金寺の弁財天の木像で、八本の腕を持つこの女神には超越的な力があるとされた。特に人々が信奉したのは、病気平癒と金運上昇のご利益である。『武江年表』によれば、ひとめ女神を見たいと老若男女が早朝から行列を作り、祈りを捧げることを待ち望んだという。人々はまた、踊り狂う集団に飛び込み、現世か、それが叶わなければ来世には必ず救いをもたらすというお守りを奪い合った。念仏や踊りには七福神の一柱である弁財天と共に、弥勒への言及も多い。[36] むろん人々が回向院に集った最大の目的は、娯楽や遊戯を純粋に楽しむことであった。しかし、自然の猛威や貧困、絶望にさらされることの多かった当時、なかなか希望を見出すことのできない人々は、救いや癒し、再生をもまた求めてやまなかったのである。同時代の「年代記」の作者が神秘的な力に触れる機会である開帳に大きな注意を払っていることからも、それがわかるだろう。

近世を通じて伝統的な宗教の訴求力が衰え、代わって世俗的な世界観が隆盛したことは、多くの研究者によって論じられてきた。同様に、開帳に対する関心も、徐々に、よりグロテスクな見世物への関心に取って代わられたとする見方が強い。それでは、幕末期の庶民が見せた開帳への関心の高さをどのように解釈すべきだろうか。「年代記」には登場しないものも含めて、毎年のように五回から十回もの開帳が、時には同時に開催されていたのである。例えば『武江年表』を見ると、一八五七年には、回向院の開帳のほかに十二回も宗教的な宝物が展示される機会があった。確かにこのような催しには、見世物と合わせて、娯楽を提供する意味合いも強かった。それは「都市の喧騒を離れて、封建的な社会の窮屈さから解放される」貴重な機会だったのである。[37] そして幕末の文脈で言えば、それは厳しい政治経済的な現実をしばし忘れることのできる機会でもあった。しかし、これらの大規模な祭事に群がる人々の中に、深い信仰心が息づいていたことを見落とすことはできない。バーバラ・アンブロスが指摘するように、「近世の観客にとって、宗教が惹き起こす敬虔さと見世物が煽る好奇心とは、必ずしも相互に排他的なものではなかった」のである。(38)

災害の物語

「年代記」にとって災害は人々の生活史の重要な側面であり、各年のコマには地震や水害、火災や疫病が列記されている。一般的に注目されることの多い政治的、軍事的な出来事や、英雄や悪人などの人物よりも、「年代記」や同時代の記録（『武江年表』、『元治夢物語』、『藤岡屋日記』、『嘉永明治年間録』など）は自然の勢力に大きな関心を寄せている。特に都市部に生活していた庶民にとって、災害は記録し、かつ記憶すべき重要事であった。(39)気楽に見える江戸っ子の浮世での暮らしにも、繰り返す自然災害は常に影を落としていた。気分を平穏に保つためには防災の心構えだけでなく、神頼みも必要だったのである。「はじめに」でも述べたように、「年代記」には一八五三年から一八六八年にかけての五十二の出来事が登場するが、そのうち少なくとも十二件は災害であり、さらにそのうちの五つはその年の中心的な事件として絵に描かれている。

閉ざされていた日本の扉を、世界に開くことを求めた一八五三年のペリー来航でさえ、同年二月二日に小田原を襲った地震と、注目の度合いでは競り合っていたのである。当時の瓦版は、地震について以下のように記す。「夫天地不時の変動ハ陰陽混して雷雨となる地にいれバ地しんをなすアヽ神仏の慈護も是を納事かたし」(40)。マグニチュード六・七から七・〇であったと推定されるこの地震は、大久保氏の本拠地である小田原城をかなり損壊させた。「領主の居城は大打撃を受けた。内側の城壁も、第二の城壁も崩れ、外側の城壁は堀の中に崩れ落ちた。石垣の多くが水没し、見張りの櫓などの構造物もことごとく破壊された」のである。[41]外国からの介入に加え、小田原地震を皮切りに、この時期にはあまたの災害が天地の秩序を揺るがした。

一八五四年十一月二十七日、元号が嘉永から安政へと改められた。それは恐ろしい黒船の来航や将軍家定の死以上に、小田原地震に端を発する一連の甚大な災害に見舞われた人々の、安穏と平和への虚しい希望を反映している。「年代記」には一八五四年一月十六日のペリーの二度目の来航や、三月三日に結ばれることになる日米和親条約（神奈川条約）に至る交渉は登場しない。関心の対象は、むしろ地震や津波に向けられていたのである。庶民にとっては、ペリーの黒船など、自然の猛威の前には大した問題ではなかった。一八六四年に書かれた『元治夢物語』は、十年前に次々と日本を襲った災害について書き記している。

六月十三日、東海道筋及北国大地震、所々民屋を倒し、大道割、泥砂を吹出し、死傷多くあり。
七月十五日、北国筋、大雨大洪水、加州犀川、越中小矢川・手取川・日根川大洪水、浅井村流失、溢死百五十人有。
十一月四日、辰刻、諸国大地震、別して大阪甚敷、民屋を多く倒し、海岸津浪して、安治川・木津川・尻無の水尾より、逆浪、河々に登り、大船の帆柱にて橋を突崩し、大小の船千五百余艘潰、溺死其数を知不。[42]

この最後の出来事は、「年代記」の一八五四年のコマに「大坂木津川口大つなみ人家をながし橋〴〵をちる」

図18　安政元甲寅年　たにのみづ（1854年）

「大坂木津川口大つなみ　人家をながし橋々をちる」

と記されている（図18）。その翌年の一八五五年には、百四十八年前（一七〇七年）にやはり大坂を大津波が襲ったことを思い起こしながら、当地の役人が石碑を建立している。それはもちろん犠牲者を悼むためのものでもあるが、後世への警告でもあった。[43]

『元治夢物語』は、一八五四年に関する暗澹たる記述を次のように締めくくっている。

又東国筋も甚しく、富士山三ケ所に小山吹出し、三保松原流失し、駿州の洋沖に魯西亜の軍艦を沈め、地震にて、諸国山谷を崩し、海辺大津浪打上げ、民屋を侵し、諸人死傷、其数を知不、諸国の損亡、枚挙に遑あらず。[44]

元号を安政に改めたからといって、自然災害がやむわけでないことはすぐに明らかとなった。『元治夢物語』の一八五五年の箇所を見ると、「同年二月乙卯八月一日、畿内近辺、大風雨・洪水、同二日、東国筋、大地震、奥羽辺甚しく家居を多く崩し、死傷夥し。同二十日、畿内近国、大風雨・洪水、城州笠置山崩、死傷数多有。同二十六日、尾州、大津浪にて、一万八千石余の地、流失せり」とある。[45] だがこれほどの出来事も、「年代記」

図19　同二乙卯年　たにのみづ（1855年）

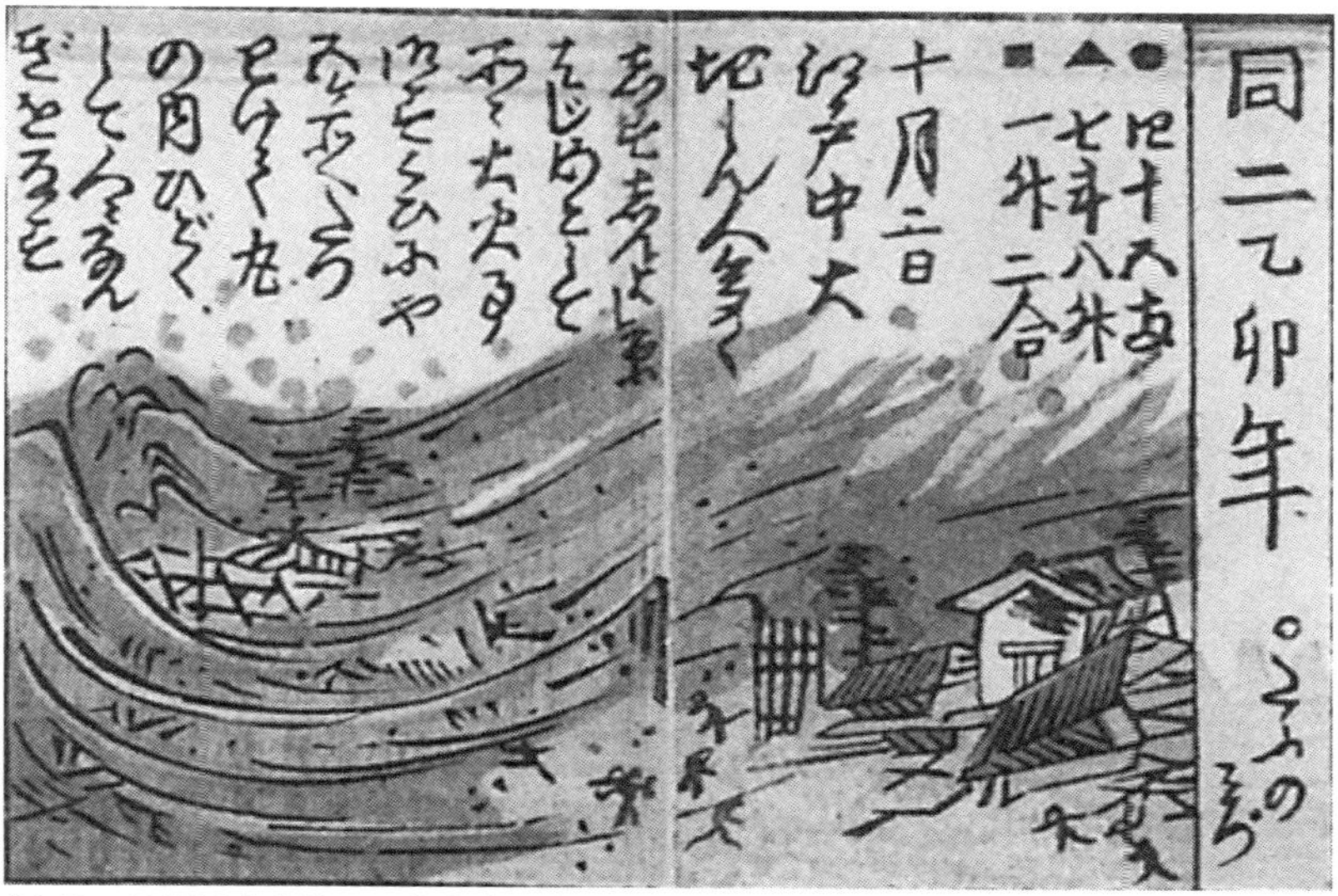

「十月二日江戸中大地しん人多くしす　しんよし原はじめとして所々大火事御すくひ小や五ヶ所へたつ　わけて丸の内ひどくして人々なんぎをなす」

の作者から見ても、また現代の私たちから見ても、一八五五年の最大の出来事である安政の大地震の前触れに過ぎなかったのである（図19）。

大地震の犠牲者は八千から一万人、すなわち江戸の人口の一％程度と見積もられている。一万四千以上の家屋が倒壊し、人々の暮らしは文字通り揺さぶられた。地震を取り上げる瓦版、特に「なまず絵」と呼ばれるものが何百種類も出回り、当時の人々の思いや恐怖を今日に伝えている[46]。ある者は死者を慰めようとした（図20）。ある者は地震の象徴である鯰に怒りをぶつけた（図21）。ある者は平和と安定の復活を祈った（図22）。そしてある者は、地震が破壊をもたらした一方で、困窮していた労働者に利益を与え、政治経済の中枢にいたエリートたちを苦しめるという効果を上げたことを指摘した（図23）。この意味で、地震は確かに富の再分配を促したのであり、それを世直しと捉えることは不可能ではない。グレゴリー・

図20　なまず絵「じしん百万遍」、安政２（1855）年頃、個人所蔵。

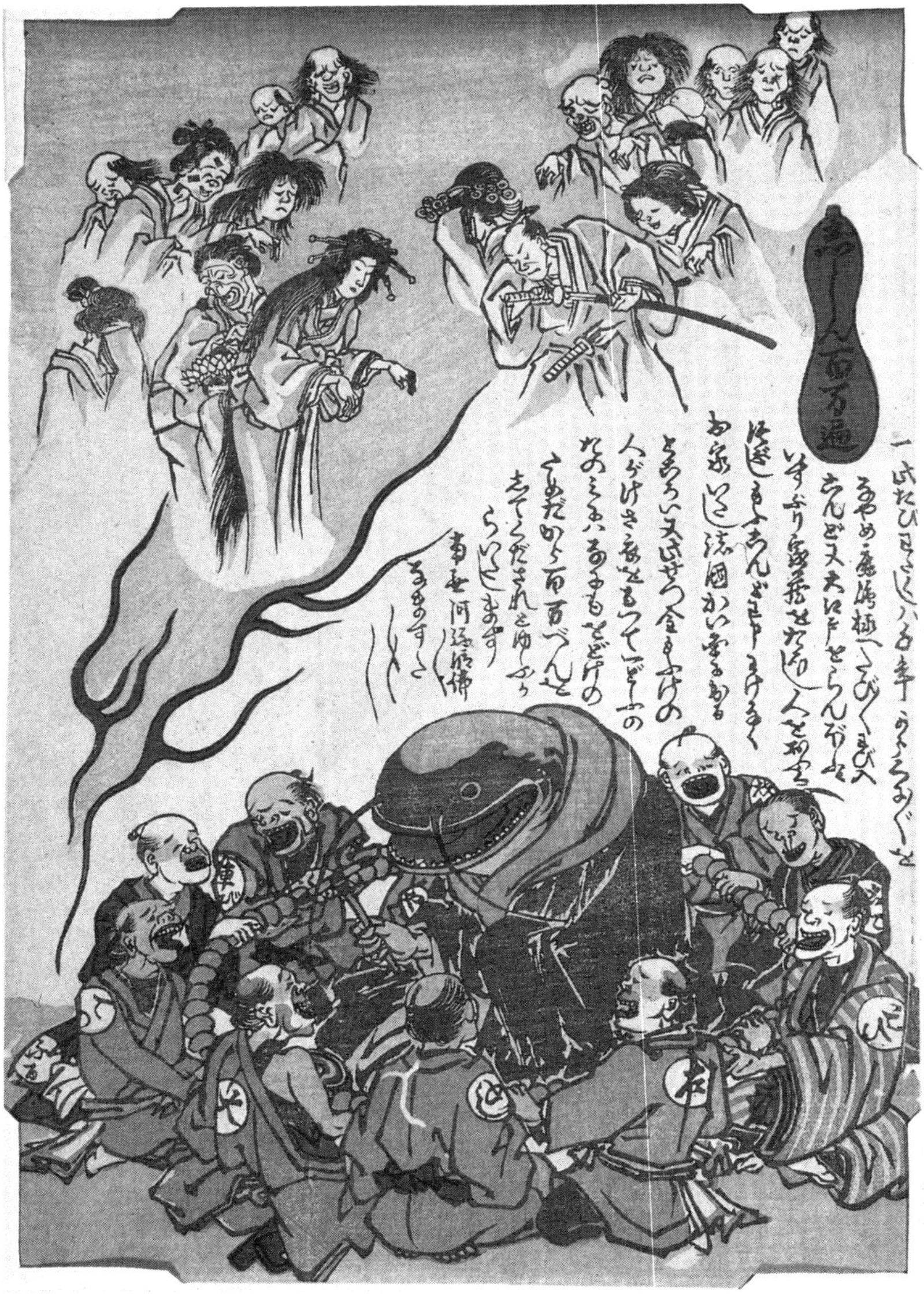

安政の大地震を機に、巷には大量の「なまず絵」が出回った。ここでは仏僧姿の鯰が、人々と共に念仏を百万回唱え、犠牲者の魂を慰めようとしている。だが、運命に納得の行かない亡霊たちの中には、鯰を睨みつけている者もいる。

図21　「鯰へのこらしめ」、ブリティッシュ・コロンビア大学所蔵。

人々は全員が地震の被害者というわけではなかった。裕福な商人や芸者、僧侶などは鯰を罰しようとするが、大工や左官、瓦職人など、地震で一儲けした人々はむしろ仲裁に入ろうとしている。

スミッツは、この地震によって富裕層は富を吐き出す羽目に陥り、また将軍の権力も著しく低下した、と分析している[47]。大地震は、徳川の支配者たちの無能を暴いたのである。幕府は一八五三年と一八五四年のペリー来航に対してうまく対応することができなかっただけでなく、自然の猛威に対してもなす術を持たなかった。幕府に失望した人々は、政治面や精神面での指導者を他に求めるようになった。一八六八年の明治維新のきっかけを与えたのはペリーであるというのが教科書的な見方だが、実際には安政の大地震も同様の社会的、政治的インパクトを与えたのである。

　伝承によれば、地震が起こるのは巨大鯰を押さえつけている鹿島神宮の要石がズレてしまうためである。鹿島神宮の主神である武甕槌《タケミカヅチ》が留守の時や、居眠りをしてしまった時、あるいは要石にヒビが入ってしまった時などにそれは起

図22　「あんしん要石」、ブリティッシュ・コロンビア大学所蔵。

要石に平穏を祈願する。

こる。ある「なまず絵」（図22）では、年寄り、新造、瀬戸物屋、大工、芸人、吉原の女、医者などが、要石に祈りを捧げている。年寄りはこう祈る。

「なむかなめ石大明神、此たびの大へんのがれまして、ありがたふぞんじまする、私ハモウとしよりのことでござりますから、ながくいる心もござりませんが、シカシゆりつぶれ、ひがうなことでもござりましてハ、人のそしりをうけるが、くやしふござります、どふぞ、モウ二三百ねんいきているうち、ぢしんのないやうに、お守り下さりませ、きめうてうらいきめうてうらい、かなめ石様かなめ石様かなめ石様」。

大工は仕事が増えすぎて、むしろ困っている。医者も手いっぱいで、とにかく患者の回復を願う。要するに、誰もが日常に戻りたいと思っているのである。だが最後に「理屈者」が神を疑うようなことを言うと、石が答えて曰く、今度少しでも動いたら「石がへし」（意趣返し）をしてやるから安心しなさい。

図23　「地震よけの歌」、ブリティッシュ・コロンビア大学所蔵。

富の再分配。

図24　同三丙辰年　いさごのかね（1856年）

「八月廿五日大あらし　深川大水人家をながす」

多くの「なまず絵」に描かれているように、富裕層や権力者の家屋や蔵が倒壊したことで、ある意味での富の再分配が実現した。修繕に雇われた大工や屋根屋、左官や種々の職人たちの懐は潤った。当時、軍備増強を急いでいた幕府にとって、地震の頻発は悩みの種だった。別の作品（図23）では武甕槌が巨大鯰を再び押さえつけ、大黒天が庶民に大判小判の雨を降らせている。つまり、ここでの鯰は破壊ではなく、世直しの象徴なのである。

一八五五年の地震のあとも、人々を安心させるような出来事はこれといってなかった。この不運はいよいよ末世が近いことの先触れだ、という見方も広まった。「年代記」で一八五六年の中心となった出来事も、やはり自然災害である。「八月廿五日大あらし深川大水人家をながす」（図24）。『武江年表』を見ると、この未曾有の風雨は先の地震をも凌駕するほどの被害をもたらしたという。[48]海岸沿いに加えて隅田川沿岸も氾濫に見舞われ、永代橋は流された。西本願寺や霊巌寺の寺社も倒壊した。ある瓦版はこの沛雨がもたらした被害を詳細に記録している（図25）。仮名垣魯文は、たくさんの挿絵を含む三巻からなる災害ドキュメンタリー、『安政風聞集』を上梓した。[49]『元治夢物語』にも「大風雨、殊に雷烈、江戸甚敷、漁士町残らず流失す。品川

図25　瓦版「江戸近在大風出水焼場附」、1856年、ブリティッシュ・コロンビア大学所蔵。

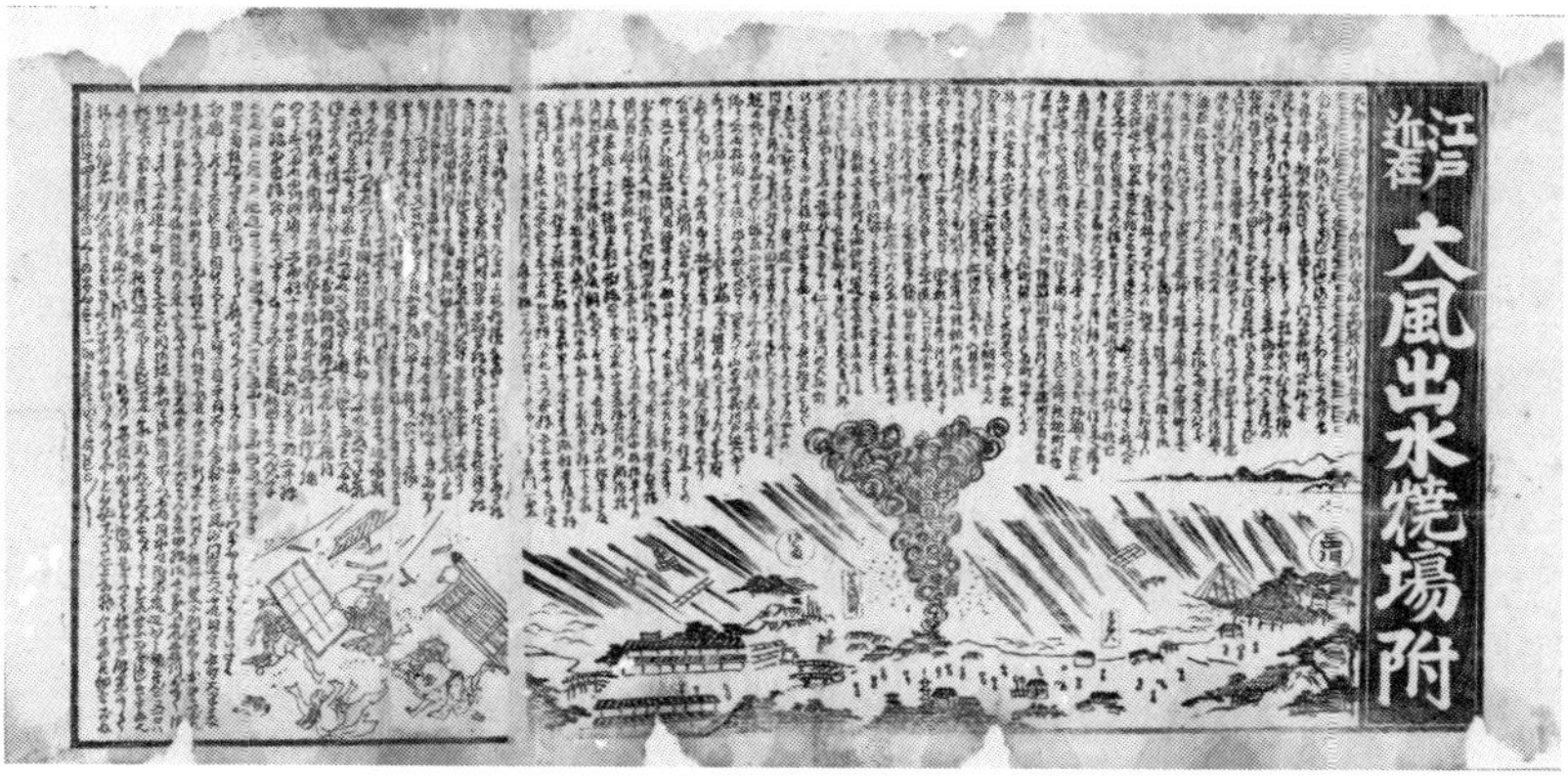

海辺、津波にて民家を多く浸し、大小数千の船、行方知れず」となり、「御城内始、寺社、諸侯邸、民屋に至るまで、直成《すぐなる》屋根は更になく、悉く損じ、死傷十万余人に及びしと云」との記載がある。[50] そこからは、当時の一般の人々が自然災害をどのように捉えていたかを窺い知ることもできよう。人々は、「近年、外夷屢《しばしば》渡来し、我国を穢せし故、神慮の怒らしむる所か」などと言い合ったのである。[51]

アメリカの「蛮人」であるタウンゼント・ハリスが江戸へやって来たことを記す「年代記」は、一八五七年については自然災害を取り上げていない。しかし翌一八五八年になると、その厄災の欠如は十分に補われることになる。「やくびやう《（疫病）》はやる人多くやまひ《（病）》のためにしす」（図26）。挿画には、江戸に降りてゆく悪神の姿が描かれている。このような神的存在は、天然痘や麻疹などの厄災と永らく結びつけられてきた。[52] 今回の疫病（コレラ）は、長崎に停泊したアメリカの船によってもたらされたという噂が流れた。[53] 疫病は六月には瞬く間に京都へ到達し、東海道を漸進して七月には江戸に入った。それは江戸湾に錨を下ろしたアメリカの商船上で日米修好通商条約が署名された直後

図26　同五戊午年　天上の火（1858年）

「やくびやうはやる　人多くやまひのためにしす」

のことである。疫病が猖獗を極めたのは八月で、九月に入ると、その勢いは少しずつ衰えた。[54]『元治夢物語』の記録を見ると、「烈しき疫病流行す。其症と謂は、急に発熱し、吐瀉甚敷、周身冷て、一両日苦しみ死す。又、一日の中に死すもある故に、世俗に三日コロリとも、又、後にはわづか一時の間に死者もある故、トンコロと云て、諸人大に恐る」とある。[55]同書では、死者は全国で三十万人にものぼると推定されているが、さすがに誇張かもしれない。江戸市内では、犠牲者は推定で二万から三万人であり、これは人口の二％から四％である。[56]犠牲者の中には浮世絵師の歌川広重のような著名人もおり、さらに不吉なことに、三十五歳の将軍家定も命を落としている。市街地ではそこここに死体が転がっていた。死者があまりに多く、火葬が追いつかなかったのである。棺桶が山と積まれ、何日も放っておかれる死体もあった。[57]江戸の庶民は期せずして、いつ果てるとも知れない葬列を目の当たりにすることとなったのである。例えば神田では、一日に五十から六十もの葬列があり、日本橋に至っては、優に百以上であった。[58]人々はあらゆるものに救いを求めたが、どれも効果はなかった。この災いにまみれた年に出版された、瓦版を集めた書物の題が『末代噺語掃寄草紙』であることは、したがって驚くに当たらないのである。[59]

コレラについての詳しい報告に次いで、『武江年表』は「八月初旬より彗星、宵は乾の方、暁は艮の方に現る事、毎夜なり。光芒北に靡て甚長し。次第にちひさくなり（中略）九月中旬に到りて見えずなりぬ」と記録している。[60] この彗星には、『元治夢物語』も言及している。「天に烟りを吐出すが如し。斯る怪異は、天下の大変、国土の災ある前表にやあらんと、諸人皆懼怖《くふ》しけり」[61]。さらに、『末代噺語掃寄草紙』には彗星の挿絵が描かれ、日本の命運は人間の力の及ぶところではない、と溜息が漏らされている。[62] この「異星」の訪れは、多くの庶民にとって、黙示録にも等しい意味合いを持っていた。少なくとも、何か信じがたいことが起ころうとしているのだ。王政復古の運動に参加した平民の女性である黒澤止幾子は、彗星を大戦争の前兆と捉えている。[63] その啓示を受けて京都へ出向いた黒澤は、天皇に直訴を求め、徳川は暴君であり、尊王攘夷はどうしても必要であると主張した。

彗星が視界から消えるのと前後して、またしても新たな災害が江戸を襲った。今度は火災である。『武江年表』によれば、火事は一八五八年十一月十二日、浅草から始まった。熱い、乾いた風が火の粉を飛ばし、遠く麻布十番のあたりまで燃え広がった。十五日には神田でも火事があった。またしても強い北西の風が吹き、武家屋敷が焼け、火は日本橋に近い馬喰町にまで広がった。翌朝には風が北東に変わったことで再び炎が燃え上がり、柳原の川岸を飛び越えた火は神田全域に広がったうえ、隅田川に至るまで東へと延焼した。[64] ようやく鎮火に向かうと思われたのも束の間、気温が上がり、風が強まると、竜巻状の炎が外堀に近い呉服橋に襲いかかり、家財を持って逃げようとしていた人々のうえには、根こそぎ抜けた樹木が倒れ込んでその命を奪ったのである[65]（図27）。「年代記」の一八五八年のコマには彗星も炎の竜巻も登場しないが、その年の四柱推命の納音の文句、すなわち「天上の火」は見事に状況と一致している。

「天上の火」という文句は一八五九年にも割り当てられているが、「年代記」がその年の中心的な出来事に挙げているのは炎に包まれる江戸城天守である（図28）。十月十七日に発生したこの火災は、明らかに支配者層に対する皮肉として読み解くことができた。外国からの介入に手を拱いて動くことができず、地震や疫病、さらには火災の処理でも遅れをとっている。『元治夢物語』は一八五九年に関する記述を安政の大獄から始めているが、そのような「直弼朝臣の我意より出たる暴政」は、幕府の「苛政」に対する人々の反感をなおさら煽るだろう、と手厳しい。次には火災が話題となるが、「江城本営より出火して、玉殿及び諸宮殿舎、一字も残らず炎上し、余炎猶も櫓に及び、焼落たり」とのことである。[66] さらに『武江年表』は、「本丸中の口辺より出火。大奥残らず」灰燼に帰す、とも付け加えているが、[67] 同書によれば、一八五九年、江戸は十四回も大火に襲われているのである。江戸城の火災のほかに、二月二十一日に出火した青山の火災では、雑司ヶ谷までの八キロの道のりにあった二十以上の大名屋敷と五十以上の寺社が焼けた。[68] 年初から容赦なく続いた「天上の火」は、支配者層にも遠慮なく襲いかかり、一八六〇年の井伊直弼の暗殺を予告するかのようであった。

一八六〇年代には政治的、経済的混乱が相次いだことは言うまでもないが、自然災害も多く、世の儚さや脆弱さがさらに浮き彫りとなったのである。「年代記」には、一八六二年八月二十一日に起こったいわゆる生麦事件に関する記述はない。この薩摩藩士によるチャールズ・リチャードソンの殺害は、徳川の支持者と反対勢力の確執がいよいよ暴力的な様相を帯びてきたことを如実に示していよう。一方、「年代記」にとっての一八六二年の「トップ記事」は、麻疹の大流行であった（図29）。麻疹は一八五九年、一八六〇年、一八六一年と毎年のように流行していたが、一八六二年の夏は一線を画しており、流行は全国規模であった。

図27　瓦版「町々焼失場所附」、安政５（1858）年11月16日、ブリティッシュ・コロンビア大学所蔵。

図28　同六己未年　天上の火（1859年）

「十月御本丸ゑんじやう」

日本の人口の実に六十三%が罹患し、その中には将軍家茂も含まれていたのである。史上最悪の流行であった。[69]『武江年表』によれば、先のコレラの場合と同じく、麻疹は二月に海外から持ち込まれ、四月には京都・大坂に、そして七月には江戸にまで広まったのである。流行病と無縁でいられる世帯は皆無であった。江戸では、死者は二万九百五十二人にのぼった。[70]南和男によれば、この数は一八五八年のコレラによる死者よりも遥かに多い。前述の通り、一八五八年には日本橋で一日におよそ百の葬列が目撃されているが、一八六二年の場合、ピーク時には一日に二百もの葬列が通り抜けているのである。[71]これほどの甚大な被害が、人々の心理に及ぼす影響については言うを俟たない。一八五五年、安政の大地震の際に大量の「なまず絵」が刷られたのと同じように、今度は大量の「はしか絵」が巷に出回り、庶民がどのようにこの厄災を捉え、かつ相次ぐ不幸にどのように対

図29　同二壬戌年　大かいのみづ（1862年）

「江戸はじめしよこくはしか大いにはやり　人しすることそのかづをしらず」

峙していたのかを伝えている。[72]

「年代記」にも記述があるように、幕府は「お救い」のための方策を立てはしたものの、効果は限られていた。麻疹に有効であるとされた薬品や食品は、いずれも死を遠ざけてはくれなかったのである。医者も匙を投げた。結局、図30にも描かれているように、麻疹の悪神を退散させるには庶民が自ら動くしかなかったのである。グレゴリー・スミッツが指摘するように、はしか絵の多くは「病を跳ね返すことは個人の力でも可能である」というメッセージを発している。[73]

「火事と喧嘩は江戸の華」という言い回しがあるように、火事や火消しは江戸市中のどこでも見られた。江戸の三大大火（一六五七年の明暦の大火、一七七二年の明和の大火、一八〇六年の文化の大火）が中でも激甚な火災であったことはもちろんだが、徳川が実権を握っていた二百六十五年間に、木造の建造物がひしめく江戸の町は実に千八百回以上も大小の火災に見舞われているのである。特に幕末の火事は手に負えないほどであった。『武江年表』をはじめとする同年代の記録には、一八五三年から一八六八年までの僅か十五年間に、五百以上もの火事への言及がある。[74] そのうちのいくつかは「年代記」にも取り上げられている。

例えば、一八六六年十二月九日と十日に江戸で発生した火災である。『武江年表』にはこの年の火災が十九件取り上げられているが、物価の上昇、都市部の暴動、貧民窟の形成、強盗や泥棒の増加、将軍の死去、台風の頻発や大嵐、夏の洪水や秋の旱魃など、すでに様々な悩みの種を抱えていた江戸の人々にとって、これらの火災はますます重苦しい気分の原因となっただろう。『武江年表』によれば、十月十二日から十二月二日まで、実に五十日にわたって江戸では雨が降らなかったのである。これは火災が最も発生しやすい気象条件である。十一月三日には四谷に近い鮫河橋の周辺から出火し、紀伊家の大名屋敷にも燃え移った。翌四日には深川でも大きな火事があり、かなりの被害が出た。[75] そして六日にも、今度は芝で火事が発生し、続く九日にはさらに大きな火災が、折からの乾いた強風に煽られて、二日にわたって燃え続けた。この火事では神田、八重洲、日比谷などの下町が焼け、大名屋敷や寺社、百以上の商店が破壊された。[76] さらにこの直後には、すでに暗澹たる雰囲気に包まれていた吉原遊廓が火災に見舞われ、ほとんどすべての待合茶屋が焼けたのである。[77]

翌一八六七年も、江戸は燃え続けた。まず一八六六年十二月二十九日に二つも火災が発生し、物理的にも精神的にも打撃を与えた。第一の火災は本郷周辺で起こり、武士の住宅を焼き、いくつかの大名屋敷も危うく燃え落ちるところであった。第二の火災は、小石川の寺や武家屋敷を襲った。このように火災が相次いだために、新年を祝う「太神楽」や「鳥おい」も中止となったのである。市中は奇妙な静けさに包まれた。[78] だ

図30　「はしか落しばなし」、文久２（1862）年頃、個人所蔵。

文久２年頃の麻疹の大流行を受けて大量に出回った「はしか絵」には、避けたほうがよい食べ物、反対に麻疹に効く食べ物など、実際的な情報が掲載されていたほか、絵そのものに魔除けのような効果があると信じられていた。疫病によって江戸の経済は大混乱を来したが、この作品では、景気の悪くなった茶屋や芸者や職人が、麻疹に罹った者を責めている。一方、麻疹が商売と直結している医者や薬屋は患者の味方である。

が火災は容赦なく続き、新年も早々、江戸城のそば、丸の内にあった岡山藩池田家の上屋敷を焼いた。[79] 一八六七年の火災としては『武江年表』に十五の記載があるが、そのうちの十件は春に起こっている。中でも「年代記」が取り上げているのは年の瀬、戊辰戦争の勃発直前に起こったものである。「あかばね《赤羽》にて大火事これあり　しな川までやける　人多くしす」とあるその記載は、同時に庄内藩士が先頭に立って芝三田の薩摩藩邸を襲った事件への示唆でもある。というのもこの二日前、十二月二十三日に薩摩藩士が西の丸を放火し、和宮（将軍家茂の未亡人で、孝明天皇の異母妹にあたる）と篤姫（将軍家定の未亡人で、薩摩藩十一代藩主島津斉彬の養女）を逃がそうとした、という噂があった。薩摩藩邸は全焼した。大坂にいた将軍慶喜は火災の報せを受けると、官軍を名乗り始めていた軍勢と対峙すべく、京都へ行進することを決めたのである。

「年代記」が最後に取り上げる災害は一八六八年のものである。「大坂にて大水はしぐ〱をちる」。血なまぐさい内戦の最中にも、人々は鉄砲や大砲よりも恐ろしい自然の猛威と向き合うことを免除されたわけではない。大坂の洪水が起こったのは五月だが、これは「年代記」が最後のコマで描出している上野の山での彰義隊への攻撃と近い時期である。市街での戦闘と大坂城への放火を経て包囲された大坂は、洪水によってさらなる打撃を受けた。五月八日に始まった水害は十九日に最悪の状態に達し、氾濫した淀川が沿岸部の人々に襲いかかったのである。[80] かつての為政者たちが敗北するのを目の当たりにした江戸の人々と同様に、大坂の人々もまた、炎と水に包まれる大都市の姿を、ただ呆然と見つめることしかできなかった。[81]

結論

歴史とは何だろうか。それは誰によって作られるのだろうか。根拠はどこにあるのだろうか。ある出来事が記憶するにふさわしいものであるかどうかを、誰が決めるのだろうか。歴史家は常にこれらの問いに苦しめられている。日本史の場合も、他国の歴史の場合と同様、将軍や天皇の治世による政治的な出来事が、過去や新たな始まりを区切るものとして認識されることが多い。新たな日本の誕生を示唆する一八六八年の明治維新は、同時に幕藩体制の終焉と、より中央集権的な天皇制の開始を意味する。だが、近代日本を物語るためのアプローチはほかにもある。一八六八年の中頃に出版された木版刷の「年代記」は、徳川の時代の末期を、より同時代的な視点から、生き生きと伝えているのである。

この視覚的な史料は、政治的、経済的な事情のみならず、宗教的（祈りのみならず、遊戯も含めて）な勢力や、特に災害という形をとる自然の勢力などが、歴史の転換期に果たした役割を明らかにしているだろう。地震や疫病、洪水や火災は、人々の苦しみや死を通して旧体制の信頼を失墜させ、復興や再生にかかる経済的なコストに加え、不幸を未然に防いだり、困窮する人々を救ったりという対処に遅れが出れば、人々の幻滅や不信といった心理的なコストをも発生させるのである。

あらゆる物語において重要なのは、その文脈と幕切れである。「年代記」は内戦の最中に出版された。旧幕の支持者に対して、官軍はまだ勝利を収めてはいなかった。特に江戸や大坂などの大都市に暮らす人々にとって、将来の行く末は不透明であった。政治、経済、宗教、自然などに関連する諸要素は、安定した生活と確立された道徳を求める人々に希望を与えるようなものではなかった。世の中はあたかも引っくり返り、しかも、行き止まりに来ているかのような状態であった。『元治夢物語』は一八六四年に、炎に包まれた場面で幕を閉じる。「天地震動シ是ヤ世界ノ滅却スルカト怪シマレ[82]」。その四年後に襲いかかった内戦という現実は、黙示録ともいうべき状況をいやがうえにも強調した。「是天のなす所是非もなき次第なり[83]」。だが一八七一年になると、物語の調子に変化が見られるようになる。江戸は東京となり、天皇は救世主であるかのように思われた。天皇制は平和をもたらしただけではなく、未来への希望さえ取り戻したのである。明治維新に関する最初の歴史書の一つである、一八七一年に出版された『近世史略』は、王政復古によって現実となった望ましい変化の列挙をもって結論としている。封建制は過去となったのだ。「新ニ府藩県三治一致ノ政度ヲ立テ従前ノ諸藩主ヲ以テ仮ニ知藩事ニ充テ封建ノ制ヲ一変ス是ヨリ政令全ク王室ニ帰シ天下方ニ太平ヲ仰クト云[84]」。

だが、そのような幸福な結果は、必然的にもたらされたわけではない。「年代記」のような視覚的な史料をひもとくと、一八五三年から一八六八年にかけての人々の生活が、極めて浮沈の激しい、幸福とは呼び難いものであったことがわかる。豊かになった者がいる一方で、辛うじて命を繋いでいる者もいた。そのような者の中には千年王国を夢想する者もいたが、世の中がどんづまりに来ていると感じる者も多かった。政権が平和と安穏を保証してくれない以上、人々は自力でそれを手に入れざるを得なかった。しかも、内憂外患だけでも手に負えないというのに、天災がひっきりなしにやって来るのだ。そのような悪夢じみた現実と向き合うことを強いられた庶民の姿を知ろうと思うならば、「年代記」のような視覚的な記録はこのうえなく重要なのである。

注

（1）本章で主な分析対象としている「嘉永年間より米相場直段并年代記書秡大新版」は国際基督教大学博物館湯浅八郎記念館の寄託資料である。これを含む幕末の浮世絵・瓦版はM・ウィリアム・スティール監修『幕末から明治の諷刺画』（国際基督教大学博物館湯浅八郎記念館、二〇一二年）でも取り上げている。なお「年代記」は、ほかにもボストン美術館（https://www.mfa.org/collections/object/newly-published-record-of-prices-on-the-rice-futures-market-together-with-extracts-from-the-chronicles-since-1853-kaei-nenkan-yori-kome-sôba-nedan-narabi-ni-nendaiki-kakinuki-dai-shinpan-533656）や東京大学総合図書館石本コレクション（http://rarebook.dl.itc.u-tokyo.ac.jp/ishimoto/4/04-007/00001.jpg）に所蔵されている（no. 230）。また、『明治文化全集』二十一巻（社会篇、日本評論社、一九二九年）には本作の口絵があるが、尾佐竹猛は同書の四〇—四一頁でこれに言及し、この浮世絵は社会的・経済的変革と市場の変動との間に関連が見出された初期の例であることを指摘しているほか、『明治文化研究』第三年第四号（三省堂、一九二七年）にも「年代記」への言及がある。

（2）視覚的史料の利用については、Peter Burke, *Eyewitnessing: The Uses of Images as Historical Evidence*, Ithaca: Cornell University Press, 2001（邦訳バーク『時代の目撃者——資料としての視覚イメージを利用した歴史研究』中央公論美術出版、二〇〇七年）を参照。バークは、歴史を語るものとしての視覚的資料の最大の強みは、それが「まさに起こっている出来事を視覚化し、なおかつその出来事の記憶が新鮮なうちに販売されていたこと」であると述べている（一四一頁）。

（3）本章では、湯浅八郎記念館所蔵の作品に加えて、ブリティッシュ・コロンビア大学所蔵の“Meiji at 150 Digital Resources”（http://meiji150projects.sites.olt.ubc.ca/resources/）を積極的に利用している。

（4）様々な双六の例やその解説は、Rebecca Salter, *Japanese Popular Prints: From Votive Slips to Playing Cards*, Honolulu: University of Hawai'i Press, 2006, pp. 164-182 や、ブリティッシュ・コロンビア大学の“Meiji at 150 Digital Resources”にある金谷匡高の論考“Reading Edo Urban Space in the Tōkyō Gōshō Sugoroku”を参照（https://meijiat150dtr.arts.ubc.ca/essays/kanaya/）。

（5）一般的な年代記や時代をめぐる視覚的表現については、Daniel Rosenberg and Anthony Grafton, *Cartographies of Time: A History of the Timeline*, Princeton: Princeton Architectural Press, 2012 を参照。

（6）Rosenberg and Grafton, quoting Hayden White, p. 12.

（7）Michael P. Onorato, "The Opening of Japan, 1849-1854: America 'Finds the Key,'" *Asian Studies*, 6:3 (1968), pp. 286-296.

（8）瓦版についての概論は、Sepp Linhart, "Kawaraban—Enjoying the News when News was Forbidden," in Susanne Formanek and Sepp Linhart, eds., *Written Texts – Visual Texts: Woodblock-printed Media in Early Modern Japan*, Amsterdam: Hotei Publishing, 2005, pp. 231-250 を参照。一八五三年および一八五四年の黒船を描いた瓦版については、拙著『もう一つの近代——側面からみた幕末明治』（ぺりかん社、一九九八年）所収「庶民と開国——新たな対外世界像と自国像」を参照。ほかにも、MIT Visualizing Cultures のウェブサイトにある John Dower による視覚的な論考 "Black Ships & Samurai: Commodore Perry and the Opening of Japan (1853-1854)" (https://ocw.mit.edu/ans7870/21f/21f.027/black_ships_and_samurai/bss_essay01.html) や、"Perry in Japan, A Visual History," Brown University Library Center for Digital Scholarship (https://library.brown.edu/cds/perry/about.html) も参考になる。最後に、徳川時代後期の瓦版は、東京大学の小野秀雄コレクション (http://www.lib.iii.u-tokyo.ac.jp/collection/ono.html) でも閲覧可能である。ここには政治や国際情勢のみならず、火事や地震、洪水など、社会史、文化史の観点からも重要な資料が含まれている。

（9）日本の開港に関する視覚的資料については、MIT Visualizing Cultures にある John Dower "Yokohama Boomtown: Foreigners in Treaty Port Japan" (https://ocw.mit.edu/ans7870/21f/21f.027/yokohama/index.html) が参考になる。

（10）この出来事は多くの同時代の記録に残っている。その一つが『近世史略』である。「文久元年辛酉正月常総蜂起ノ徒日に蔓延終ニ両野ノ間ニ至リ攘夷ノ軍須ト号シ他方ノ農商ニ逼リ金ヲ募ル幕府水戸家ニ命シ之ヲ捕ヘシム」。また『嘉永明治年間録』には佐原での事件や、水戸浪人によって引き起こされたその後の騒擾の記録がある。下巻の七三六、七四二、七四五、七四七（水戸浪人の声明文）、七六七、七七〇、七七三、七七八、七八三（英国公使館の襲撃）の各頁を参照。なお『近世史略』の本文は、早稲田大学図書館のウェブサイト (http://www.wul.waseda.ac.jp/kotenseki/html/bunko08/bunko08_c0308/index.html) から閲覧できる他、一八七二年版は国立国会図書館のウェブサイトでも公開されている。

（11）『元治夢物語』（鈴鹿文庫本）五巻六丁裏、七丁表、六十八丁表裏より。なお同書からのこれ以降の引用については、すべて馬場文英著、徳田武校注『元治夢物語　幕末同時代史』（岩波文庫、二〇〇八年）による。

（12）公共の秩序の混乱を受けて広まった落書きや俗謡、猥歌などは、Motoyama Yukihiko, "Patterns of Thought and Action of the Common People during the Bakumatsu and Restoration Epoch," in *Proliferating Talent: Essays on Politics, Thought and Education in the Meiji Era*, (J.S.A. Elisonas and Richard Rubinger, eds.,) Honolulu: Hawai'i University Press, 1997, pp. 63-81 で取り上げられている。同論文の原文は本山幸彦「幕末における民衆の意識と

行動」（『京都大学教育学部紀要』第三十号、一九八四年三月、五一―七九頁）である。南和男『維新前夜の江戸庶民』（教育者歴史新書、一九八〇年）も参照。

（13）ボツマンによれば、一八六二年から一八六五年という短い期間に、晒された首は百二十三にものぼる。Daniel Botsman, *Punishment and Power in the Making of Modern Japan*, Princeton: Princeton University Press, 2013, p. 20を参照。

（14）南和男『維新前夜の江戸庶民』、一五五―一五七頁。

（15）同右。

（16）「ええじゃないか」の狂乱については、西垣晴次『ええじゃないか――民衆運動の系譜』（新人物往来社、一九七三年）、山口吉一『阿波ええじゃないか』（徳島土俗芸術研究所、一九三一年）、渡辺和敏『ええじゃないか』（あるむ、二〇〇一年）などを参照。英語の文献としては、George Wilson, *Patriots and Redeemers in Japan: Motives in the Meiji Restoration*, Chicago: University of Chicago Press, 1992 が挙げられる。

（17）この運命的な年に江戸庶民が強いられた経験については、拙著『もう一つの近代――側面からみた幕末明治』所収「一八六八年の江戸――庶民の視点から」を参照。

（18）Henry Smith II, "The Edo-Tokyo Transition: In Search of Common Ground," in Marius Jansen and Gilbert Rozman, eds., *Japan in Transition: From Tokugawa to Meiji*, Princeton: Princeton University Press, 1986, p. 347.

（19）『勝海舟全集』第十九巻（勁草書房、一九七三年）、二五頁。

（20）Dispatch from Harry S. Parks to the Foreign Office, Yokohama, June 13, 1863, no. 139 (F.O. 46/94).

（21）彰義隊と上野戦争については、M. William Steele, "The Rise and Fall of the Shōgitai: A Social Drama," in Tetsuo Najita and J. Victor Koschmann, eds., *Conflict in Modern Japanese History*, Princeton: Princeton University Press, 1982, pp. 128-144 を参照。

（22）官軍と彰義隊の戦いによって発生した江戸東北部の火災を報じる瓦版については、東京大学小野秀雄コレクション（http://www.lib.iii.u-tokyo.ac.jp/collection/explanation/item.39.N064.html）を参照。

（23）「そよふく風」第七号（日付なし）より。『幕末明治新聞全集』第三巻、四〇八頁。

（24）徳川の貨幣政策については、Takehiko Ohkura and Hiroshi Shimbo, "The Tokugawa Monetary Policy in the Eighteenth and Nineteenth Centuries," in Michael Smika, ed., *The Japanese Economy in the Tokugawa Era, 1600-1868*, London: Routledge, 2012, pp. 241-264を参照。

（25）Wilson, *Patriots and Redeemers*, p. 82.

（26）日本の民間信仰については、Hori Ichiro, *Folk Religion in Japan*, Chicago: University of Chicago Press, 1994 (reprint) を、特に庚申信仰やその他の地域的な宗教については、同書六六—六八頁を参照。また、桂島宣弘『幕末民衆思想の研究——幕末国学と民衆宗教』（文理閣、一九九二年）も参照。

（27）Helen Hardacre, "Conflict between Shugendō and the New Religions of Bakumatsu Japan," *Japanese Journal of Religious Studies*, vol. 21, No. 2/3 (1994), pp. 137-166.

（28）富士登山の歴史については、国立国会図書館の作成したウェブサイト (http://www.ndl.go.jp/kaleido/entry/18/1.html) が参考になる。同じサイトには一八六〇年に富士へ登り、翌年にかけてその体験を綴った仮名垣魯文の『滑稽富士詣』という、広く読まれた作品への言及もある。同書には、富士山に登る男女の姿を描いた挿絵もある (http://dl.ndl.go.jp/info:ndljp/pid/2554721/11)。

（29）近世の百姓一揆については、Stephen Vlastos, *Peasant Protests and Uprisings in Tokugawa Japan*, Berkeley: University of California Press, 1990 および Herbert Bix, *Peasant Protest in Japan, 1690-1884*, New Haven: Yale University Press, 1986 を参照。また一八六八年の地方の騒乱については、Patricia Sippel, "Poplular Protest in Early Modern Japan: The Bushū Outburst," *Harvard Journal of Asiatic Studies*, 37.2, 1977, 273-322 を、都市部の騒乱については Anne Walthall, "Edo Riots," in James McClain and John Merriman, and Ugawa Kaoru, eds., *Edo and Paris: Urban Life and the State in the Early Modern Era*, Ithaca: Cornell University Press, 1994, 407-428 を参照。なお南和男『維新前夜の江戸庶民』第三章、一三九—一九四頁も参考になる。

（30）Walthall and Steele, *Politics and Society in Japan's Meiji Restoration*, "Outbursts of Popular Discontent," pp. 110-113. 埼玉県立歴史と民俗の博物館所蔵。

（31）開帳については比留間尚『江戸の開帳』（吉川弘文館、一九八〇年）がある。英語の文献としては、Barbara Ambros, "The Display of Hidden Treasures: Zenkōji's Kaichō at Ekōin in Edo," *Asian Cultural Studies*, 30, 2004, 1-26 を参照。ほかに Nam-lin Hur, *Prayer and Play in Late Tokugawa Japan*, Cambridge: Harvard University Press, 2000 の結論部分、Nishiyama Matsunosuke, *Edo Culture: Daily Life and Diversions in Urban Japan, 1600-1868*, Honolulu: University of Hawai'i Press, 1997 も参考になる。

（32）見世物については、Andrew Markus, "The Carnival of Edo: Misemono Spectacles from Contemporary Accounts," *Harvard Journal of Asiatic Studies* vol. 45, no.2 (Dec. 1985), pp. 499-541 を参照。なお五〇九頁には、同時代の筆者による回向院での開帳の記録が紹介されている。

（33）「年代記」で言及される開帳は、斎藤月岑（一八〇四—七八）による記憶すべき出来事の同時代的な記録である『武江年表』にもすべて詳細に取り上げられており、展示の内容や祭りの様子が伝えられている。同書のうち、幕末の時期は今井金吾（校注）『底本　武江年表』下巻（ちくま学芸文庫、二〇〇四年）に収録されている。

（34）『武江年表』下巻、九三頁。

（35）方々を歩いてまわった白象など、一八六五年に人気を博した見世物の様子は、以下のウェブサイトで取り上げられている。http://blog.livedoor.jp/misemono/archives/cat_50049188.html

（36）弥勒菩薩と来世への希望の関わりについては、宮田登『ミロク信仰の研究』（未来社、一九七〇年）や、同じく宮田の後期の研究で、日本の民間信仰における終末論を扱った『終末観の民俗学』（弘文堂、一九八七年）を参照。

（37）Nam-lin Hur, *Prayer and Play*, p. 220.

（38）Ambros, "Display of Hidden Treasures," p. 4.

（39）近世の、特に幕末の災害に対する意味づけについては、Stephan Köhn, "Between Fiction and Non-fiction: Documentary Literature in the Late Edo Period," in Formanek and Linhart, eds., *Written Texts – Visual Texts*, pp. 283-310を参照。

（40）一八五三年の「相模国大地震之図」より。木下直之・吉見俊哉編『ニュースの誕生——かわら版と新聞錦絵の情報世界』（東京大学出版会、一九九九）三一頁に図版と解説がある。地震を陰陽説で説明しようとする姿勢については、Gregory Smits, *Seismic Japan: The Long History and Continuing Legacy of the Ansei Edo Earthquake*, Honolulu: University of Hawai'i Press, 2013, pp. 31-34を参照。

（41）Smits, *Seismic Japan*, p. 14.

（42）『元治夢物語』、二三頁。アーネスト・サトウによる英訳は、オンラインで閲覧可能（https://archive.org/stream/japanorgenjiyum00satogoog#page/n4）である。

（43）この石碑については、長尾武「『大地震両川口津浪記』にみる大阪の津波とその教訓」（『京都歴史災害研究』第一三号、二〇一二年、一七—二六頁）を参照（http://r-dmuch.jp/jp/results/disaster/dl files/13go/13_3.pdf）。石碑の文字の現代語訳は、オンラインで閲覧可能（http://www.city.osaka.lg.jp/naniwa/page/0000000848.html）である。また、大坂の津波を報じる瓦版は、『太陽コレクション　かわら版新聞——江戸・明治三百事件』Ⅱ（平凡社、一九七八年）、二六—二七頁を参照。

（44）『元治夢物語』、二三—二四頁。

（45）『元治夢物語』、二四―二五頁。早稲田大学図書館所蔵の、多くの挿絵に彩られた『安政見聞誌』（http://archive.wul.waseda.ac.jp/kosho/wo01/wo01_03754/）も参照されたい。

（46）「なまず絵」については、北原糸子『地震の社会史――安政大地震と民衆』（講談社学術文庫、二〇〇〇年）、Cornellis Ouwehand, *Namazu-e and Their Themes*, Leiden: E. J. Brill, 1964のほか、Gregory Smits, "Shaking up Japan: Edo Society and the 1855 Catfish Picture Prints," *Journal of Social History*, 39.4 (summer 2004), pp. 1045-1077などを参照。またブリティッシュ・コロンビア大学"Meiji at 150 Digital Resources"にあるGregory Smits "The Ansei Earthquake and Catfish Prints"（https://meijiat150dtr.arts.ubc.ca/essays/smits/）も参考になる。

（47）一八五五年の大地震の革命的（?）側面については、Smits, *Seismic Japan*, Chapter 5 "Meanings," pp. 139-170を参照。

（48）『武江年表』下巻、八五頁。

（49）仮名垣魯文『安政風聞誌』全三巻、一八五六年。早稲田大学図書館のウェブサイトなどで閲覧可能（http://archive.wul.waseda.ac.jp/kosho/ni08/ni08_00996/）である。

（50）『元治夢物語』、二七頁。

（51）同右。

（52）一八五八年のコレラ、一八六二年の麻疹の流行に関する瓦版は、吉田豊『江戸のマスコミ「かわら版」――「寺子屋式」で原文から読んでみる』（光文社新書、二〇〇三年）、一七九―二三七頁を参照。「はしか絵」には、麻疹の魔物（図29に登場する疫病の魔物とそっくりである）に豆をぶつけて追い払おうとする人々の姿が描かれている（二三二―二三三頁）。

（53）コレラの流行を、特に庶民の目から見た研究としては、Bettina Gramlich-Oka, "The Body Economic: Japan's Cholera Epidemic of 1858 in Popular Discourse," *East Asian Science, Technology, and Medicine*, no. 30, Special Issue: Society and Illness in Early Modern Japan (continued), 2009, pp. 32-73、ならびにAnn Bowman Jannetta, *Epidemics and Mortality in Early Modern Japan*, Princeton: Princeton University Press, 2014, pp. 164-169を参照。

（54）『武江年表』では疫病の元がたどられ、コレラが日本へ入ったのは一八一九年であることが説かれる（実際には一八二二年である）。下巻一〇三―一〇六頁を参照。

（55）『元治夢物語』、四四頁。

（56）Gramlich-Oka, p. 37.

（57）仮名垣魯文は金屯道人の名で、挿絵つきの「疫病ドキュメンタリー」である『安政箇労痢流行記』を天寿堂から出版している。

（58）Gramlich-Oka, pp. 48-49. 南和男『維新前夜の江戸庶民』、七六―八六頁も参照。

（59）『末代噺語掃寄草紙』、一八五八年刊。国立国会図書館のウェブサイトで閲覧可能。

（60）『武江年表』下巻、一〇六頁。これはいわゆる「ドナティ彗星」のことである。コレラの流行や地震、水害、経済破綻や海外からの圧力など問題山積の当時、この「異星」の出現はすぐさまさらなる困難を告げる凶兆とされ、それどころか世の終わりさえ囁かれたのである。Laura Nenzi, "Caught in the Spotlight: The 1858 Comet and Late Tokugawa Japan," *Japan Forum*, vol. 23, no. 1, 2011, pp. 1-23 を参照。彗星と疫病の繋がりについては、同論の三―四頁で取り上げられているが、ネンツィはそこで以下の水戸藩史料を引いている。「物情騒然たるに剰さへ是の月中旬より稀代の彗星現れ光芒青冷長く半空に靡き物象自ら凄愴たり故に巷説喧伝して或は之を禍乱の兆と唱導せるものありき」。

（61）『元治夢物語』、四六頁。同書はその後、一八六一年と一八六二年に現れた二つの「異星」にも言及している。一八六一年のそれは、将軍家茂と和宮の婚姻が発表された直後に飛来している。「長さ数十丈、一天を薄靡く事、単に銀河の如し」というその彗星を見て、人々は「近年夷人渡来してより、内憂外患、日々に募り、近く兵革とならん兆なりと評して怖れ」たのである（六一頁）。次いで一八六二年の彗星（スイフト・タットル彗星が現在の名だが、審判の彗星、などとも呼ばれていた）が訪れると、やはり不安が募った。「近年、度々、異星出現の度毎に一大事件起りしが、此度、又異星出現せしかば、重ねて天下大変の凶兆か、西国の浪士蜂起して、皇威を奮い発し、益国威盛んなる吉瑞か、何れにもあれ、天下の動静近きに有と区々評論」が繰り広げられたのである（八三頁）。

（62）『末代噺語掃寄草紙』第二巻、二十丁裏。Gramlich-Oka, p. 57 も参照。

（63）Laura Nenzi, *The Chaos and Cosmos of Kurosawa Tokiko: One Woman's Transit from Tokugawa to Meiji Japan*, Honolulu: University of Hawai'i Press, 2015. ドナティ彗星のもたらした衝撃については、五四―五五頁を参照。

（64）『武江年表』下巻、一〇八―一〇九頁。当時の地図上から見た火災の発生現場は、東京大学附属図書館石本コレクション（http://rarebook.dl.itc.u-tokyo.ac.jp/ishimoto/1/01 010/00001.jpg）を参照。

（65）画像と概説は、『太陽コレクション　かわら版新聞』II、六八頁を参照。また、国立天文台天文情報センター（編）『第五〇回常設展示　姿勢の天候資料』図録（http://library.nao.ac.jp/kichou/open/050/50.pdf）も参照。

（66）『元治夢物語』、五五―五六頁。

(67)『武江年表』下巻、一二〇頁。

(68) 同右、一一一―一一三頁。青山における火災の被害の詳細については、小野秀雄コレクション所収の瓦版（http://www.lib.iii.u-tokyo.ac.jp/collection/image/big/51063_00.jpg）で参照可能である。

(69) 一八六二年の麻疹の流行については、Ann Bowman Jannetta, *Epidemics and Mortality in Early Modern Japan*, Princeton University Press, 2014 の、特に一二四―一三九頁を参照。

(70)『武江年表』下巻、一四三―一四五頁。

(71) 南和男『維新前夜の江戸庶民』、八三―八六頁。

(72) 疫病の視覚的な記録については、Gregory Smits, "Warding off Calamity in Japan: A Comparison of the 1855 Measles Prints and the 1852 Measles Prints," *East Asia Science, Technology and Medicine*, vol. 30, 2009, pp. 9-31 を参照。また、Harmut O. Rotermund, "Illness Illustrated: Socio-Historical Dimensions of Late Edo Measles Pictures (Hashika-e,)" in Susanne Formanek and Sepp Linhart, eds., *Written Texts—Visual Texts: Woodblock-printed Media in Early Modern Japan*, Amsterdam: Hotei, 2005, pp. 251-277 も参照。

(73) Smits, "Warding off Calamity," p. 16.

(74) 黒木喬『江戸の火事』（同成社、一九九九年）、四頁。

(75)『武江年表』下巻、一七八―一七九頁。瓦版に出た四月十一日の現場地図とその翻刻は、小野秀雄コレクションで参照可能（http://www.lib.iii.u-tokyo.ac.jp/collection/explanation/item.46.N075.html）である。

(76) 同右、一七九―一八〇頁。瓦版で出た九月十日および十一日の火災の現場地図とその翻刻は、小野秀雄コレクションで参照可能（http://www.lib.iii.u-tokyo.ac.jp/collection/explanation/item.46. N076.html）である。

(77) 同右、一八〇頁。

(78) 同右、一八二頁。

(79) 同右、一八三頁。

(80) 一八六八年の大坂の洪水を報じる瓦版とその翻刻は、小野秀雄コレクションで参照可能（http://www.lib.iii.u-tokyo.ac.jp/collection/explanation/item.31.N013.html）である。

(81) "Tokugawa Infrastructure in Decline and Crisis," in Carl Mosk, *Japanese Industrial History: Technology, Urbanization and Economic Growth*, London: Routledge, 2016.
(82)『元治夢物語』(鈴鹿文庫本)六十八丁裏より。
(83)「そよふく風」第七号(日付なし)より。
(84)『近世史略』、一四八頁。

第三章 恐ろしき一八六八年——風刺画から見る明治維新

はじめに

一八六八年に、何が起こったのだろうか。その年に近代日本が誕生した、ということがよく言われる。薩長を中心とする南西諸藩出身の、強い決意を持った、先見の明ある改革者たちが、徳川幕府との争いに勝利し、旧体制を打ち倒すと、親政を行う天皇を頂点に戴く中央集権の新政府を樹立したというのである。それまでの時代から隔絶されたこの新しい世の中では、新政府によって西洋化の政策が次々と打ち出され、富国強兵が目指された。と、このように単純化された見方は、その出来事から百五十年後を生きる私たちの目には自然なものと映るだろう。だが、当時を生きた人々から見ればどうだろうか。

本章では、一八六八年を実際に生きた人々が、一連の出来事をどのように理解していたのかを探る。彼らの経験とは、どのようなものだったのだろうか。彼らの語る一八六八年は、私たちが教科書で読むそれと、どのように異なるのだろうか。光り輝く新たな時代が誕生した、などとはとんでもない話で、彼らから見れば、一八六八年は世界が引っくり返った年なのである。年が明けた週に早くも舞い込んだ、鳥羽・伏見の戦いでの旧幕府軍の敗北というニュースは、彼らをさぞかし混乱させただろう。春になり、官軍が江戸城を占拠した時には、さぞかし恐ろしかったことだろう。五月十五日、上野の山で彰義隊が敗れた際には、胸を痛めもしただろう。そして晩夏になると、江戸は東京になるという決定が伝えられ、秋には、少年天皇の前に頭を垂れることを強制されたのである。この時点で、江戸の人口の半分程度が市外に逃げ出していた。江戸の未来、ひいては日本の未来が、江戸っ子にはまるで読めなくなっており、彼らは後世の歴史家が「明治維新」と呼ぶことになる動乱の本質を、どうにか理解しようと努めたのである。そこで本章では、同時代の風刺画を頼りに、人々が一八六八年という *annus horribilis*（恐ろしき年）[1] とどのように対峙したのかを解き明かしてみたい[2]。

政治風刺画と歴史資料

かつて私は、勝海舟と明治維新という題目で博士論文を書いた。当初は私も、多くの研究者と同じく、勝海舟や西郷隆盛のような、先見の明を持った人物に関心を寄せていたのである。何しろ彼らは、農業に支えられた、世界に門戸を閉ざした封建的社会を、わずか四十年足らずで世界有数の工業力を持つ軍事国家に変革するという、ほとんど奇跡的とも言える事業を成し遂げたのだ！　だが研究を続けるうちに、私の歴史の捉え方には変化が生じた。私は（富裕層でも権力者でもない）いわば「普通の」人々の歴史に関心を持つようになった。地方の歴史や、女性の歴史や、現代に残る近世の遺産や、西洋化に対する（受容ではなく）反抗などといったものに、興味が湧いてきたのである。また、前章でお目にかけたような、視覚的な史料というものにも、強い思い入れがある。私の方法とは、歴史のもう一つの「見方」を探ることなのだ。本章の主題で言えば、私は風刺画を利用して、「もう一つの明治維新」の姿を明らかにしてみたいのだ。

江戸庶民の精神世界を、これほど直截に開示してくれる史料は稀である。識字率こそ高い江戸ではあったが、身分も低く、質素な生活を強いられていた人々の多くは、自らの政治的、経済的状況について多くを書き残そうとはしなかった。重宝このうえない日記や個人の書簡が手に入らない以上、社会史を描こうとする者は請願書や檄文、張紙、狂歌、はやり歌、落書、そして瓦版をはじめとする視覚史料を用いて、想像力を働かせながら、幕末の激動期を生きた人々の態度を再現するしかないのである。私が特に注目する政治的な風刺画は、多色刷りの木版画であり、中には芸術品として絵師の署名が入っているものもある。だが、署名のない、江戸や大坂などの大都市で安く売られていた作品のほうが、質的には劣るものの、しばしば痛烈に社会や政治を批判しているものである。そもそも、これらは江戸の商人や職人たちが利益を得る目的で販売していた商品であるから、ある程度まで消費者の政治的まなざしを代弁しているはずである。また、無署名の風刺画の多くは認可を受けていない「改印なし」の作品であり、版元も記されていないから、厳密には違法出版であった。その生産がピークに達したのは一八六八年の戊辰戦争の時期、特に江戸城が開城した四月十一日の前後である。この時期、検閲を含む徳川の官僚機構は混乱を極めており、結果として比較的自由な言論や出版が実現したのだ。この束の間の自由は、官軍が江戸の実権を握り、江戸が東京となり、秋に慶応四年が明治元年に改元されるまで続いた。

風刺画の大半は匿名ではあるが、三代目歌川広重のように、活動に関わった芸術家で名前の明らかになっている者もいる。三代目広重は歌重の名前でも創作を行った。そのほかにも歌川芳虎、歌川芳盛、歌川国広、歌川国周、歌川国芳、隅田了古、河鍋暁斎ら著名な浮世絵師が、地下出版に関わっていた。一八六八年の二月に書かれたある史料は、その時点ですでに三百を超える風刺画が流通していたと報告している。(3) だが、これには若干の誇張があるかもしれない。奈倉哲三は、(二〇〇七年の時点で)百四十四種類の戊辰戦争関連の風刺画を特定している。[4] それぞれが千部流通したとすれば、総数は十五万部にのぼることになる。実際は、おそらくそれ以上であっただろう。風刺画は安く、面白く、報道としての側面もあった。都市部の江戸っ子のみならず、郊外に暮らした富裕な農家でも、これらの風刺画を蒐集する者は多かった。例えば、現在の町田市にあった野津田村の小島家では、蔵に二十種ほどの政治的な風刺画を所有していた。[5] 戊辰戦争に関する風刺画はまだ十分に研究されているとは言えないが、南和男と奈倉哲三は優れた業績を上げている。[6]

浮世絵師と版元は、当時の政治的な論争を作中に取り込みつつ、検閲の目をかわすための手段を編み出した。描かれたのは「遊戯」に耽る子供たちや、かつての戦場跡、それに歌舞伎や民話などである。また、鳥や獣の群、食物や名産品などが、敵味方に分かれて一種の合戦に臨んでいる図もよく描かれた。事実、合戦は頻繁に選ばれた主題である。子供たちの「遊戯」も合戦の形をとることが多く、おもちゃの鉄砲や大砲、泥団子の投げ合い、水の掛け合い、竹馬での合戦、相撲、綱引きなどが繰り広げられている。だが、なぜ子供なのか。一つには習慣がある。一八四〇年代の国芳以来、新たな出版統制に応える形で、遊ぶ子供の図が量産されたのである。政情に関する知識を持つ大人の行動としては許されないものも、無邪気な子供であれば危険とは見なされなかった。また、一八六八年の明治維新で中心的な役割を演じた人々の若さも無関係ではないだろう。明治天皇は十六歳の少年であった。将軍慶喜は三十一歳である。旧幕府と官軍に分かれて戦った人々も、多くは二十代から三十代であった。また、これらの風刺画の消費者の立場からも説明がつくかもしれない。平穏や繁栄を願う江戸っ子にしてみれば、戦いに明け暮れる武士たちの姿は野蛮で子供じみたものと映っただろう。

図１a 「幼童遊び 子をとろ子をとろ」、三代目歌川広重、1868年２月、湯浅八郎記念館所蔵。

図１b 「幼童遊び 子をとろ子をとろ」で表現されている人物とその台詞。

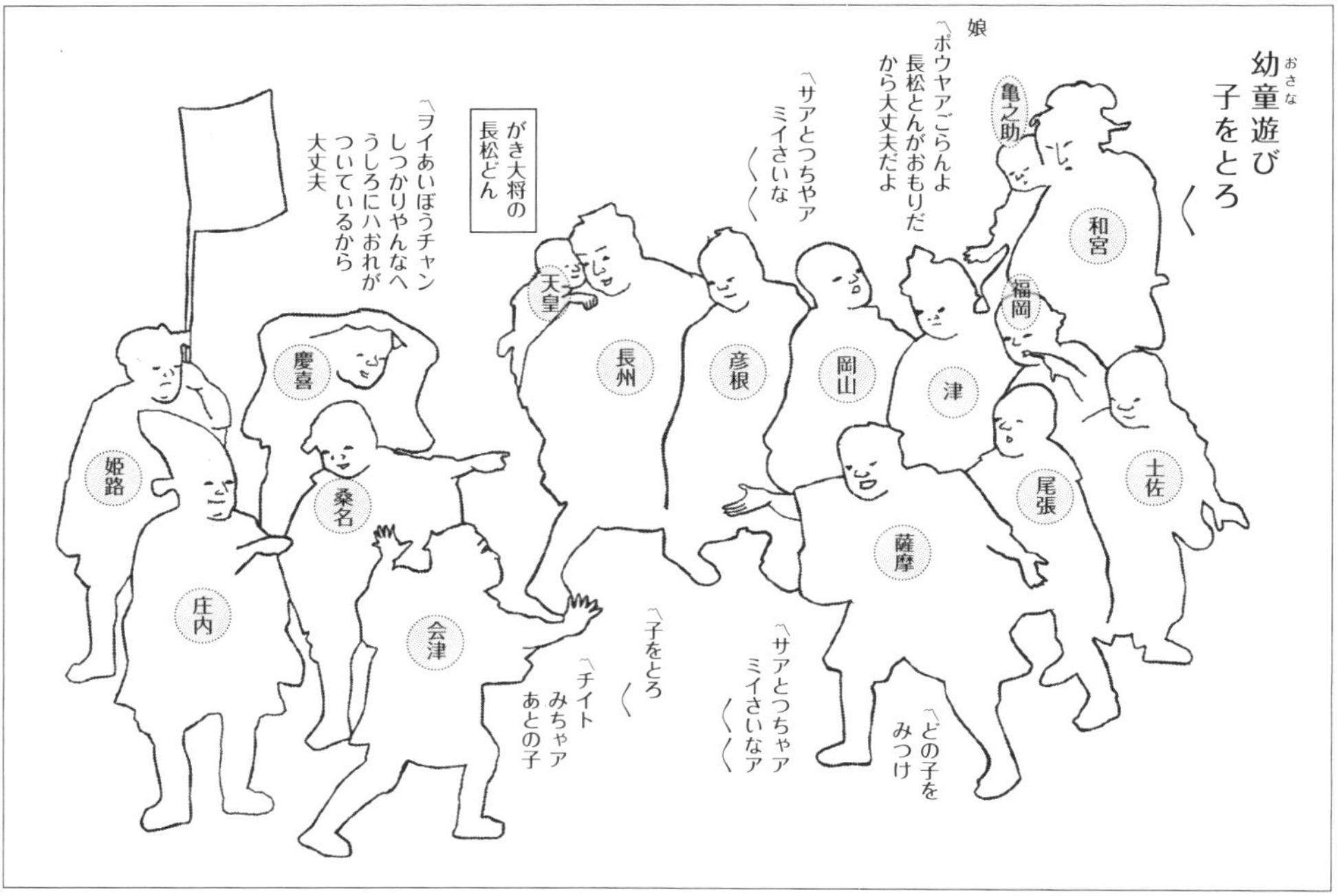

幕末から明治期にかけての風刺画は、今日の新聞に掲載される政治漫画と同様、特定の象徴から複数の意味を読み解く能力を読者の側に要請する。登場人物の政治的立場が旗印や詞書によって明示されていることもあったが、たいていは読者が謎解きを行う必要があった。例えば、ヒントとなるのは着物の柄である。一橋家出身の徳川慶喜であれば、「一」の字を組み合わせた、梯子のような模様の着物が描かれる。同じく旧幕府側では、会津藩は土地の名産である蠟燭の模様、仙台藩なら竹、桑名藩なら蛤、といった具合である。官軍側に目を移せば、菊の紋は少年天皇を象徴する。「金」の字もよく使われたが、これは「禁中」の「禁」との響き合いのためである。ほかに、薩摩藩は藍色の絣、長州藩は萩や蝶の模様、そして土佐藩は柏の葉や鰹、尾張藩は大根、などなどである。(7)

混乱を極める世の中と、市井の人々が美術を通してどのように向き合っていたのかを探るために、二つの浮世絵を詳細に見てみることにしよう。まずは一八六八年二月に出版された、三代目広重の「幼童《おさな》遊び 子をとろ子をとろ」である(図1)。これは、同時代の混乱を描くために子供を用いた初期の例である。「子をとる」遊びは今日の日本にも残っている。子供たちは二組に分かれ、親の列の一番後ろにいる子を鬼が捕えようとする。右側の列の先頭に立つのは薩摩藩を象徴する子供で、その背中には少年天皇が負われている。これは徳川と反対勢力との戦いが、要するに天皇の奪い合いであると理解されていたことを示しているだろう。「勝てば官軍」の言葉通りである。劣勢の左側の子供たちは、次の手を案じているところだ。

もう一つの作品、「万民おどろ木」は、一八六八年の春、官軍に市中を占領された際の人々の思いを知る上で有益である(図2)。作品は無記名であり、版元も不明、検閲を受けた形跡もないが、文脈を見れば、それが四月十一日の江戸城の開城直後に描かれたものであることは間違いない。桜の樹の下に座り込んでい

図２a　「万民おどろ木」、1868年、個人所蔵。

図２b　「万民おどろ木」の枝を逆さにすると……。

るごろつきたちは、薩摩（絣）、長州（萩の葉）など官軍を表している。彼らは酒と女性を手に入れて陽気に歌っているところだ。樹の幹は文字の組み合わせであり、「世の中に金のちる木がふつとでき市中のなん木《難儀》」と書かれている。一方、官軍に対抗しようとしているのが会津藩の人間であることは、その着物の蠟燭の模様から知れる。枝を構成する小さな文字は江戸の人々が直面している「なん木」であり、「あきなひもな木」「かねもちむねがどきど木」「江戸っ子いなかへにげてゆ木」「ぜに《銭》やすでだん〱あがるしよし《諸色》木」などと書かれている。政治的な衝突の影響を受けて苦しみを強いられている庶民の声に耳を傾けるために、ここではそれぞれの台詞も示しておこう。

風刺画に見る江戸と戊辰戦争

ここではまず一八六七年の後半、権力が慶喜から朝廷に移された大政奉還の前後に出版された作品を取り上げよう。大政奉還は慶応三年十月十四日に上表され、十二月九日には王政復古の大号令が出て、徳川幕府は終焉を迎えた。「流行諸願請取所」と題されたこの作品は、歌川芳盛によって描かれ、十月に刊行されている（図3）。そこでは江戸の庶民が、戦乱の世が去り幸福な時代が訪れることを神々に祈っている。第二章でも見たように、幕末とはすなわち恐怖と不安の高まった時期であった。庶民はひたすらに平穏と安定を願った。つまり、美味いものを食べ、生活を楽しみたい、という素朴な願いを抱いていたのである。右手の女性は「どうぞわたくしにはてん《天》ぷらをたんとたべさすように御願ひ申します」と祈り、中央の遊女は「いきやくしん《客人》がやまのように」つき、「おかねをたくさん」手に入れることを願う。また年老いた女性は、

図３　「流行諸願請取所」、歌川芳盛、1867年10月、個人所蔵。

明治維新前夜、善悪それぞれの勢力の衝突がやみ、もとのような暮しに戻ることを祈願する庶民の姿を描いている。

丈夫な歯で甘いものを食べ、長生きしたいというのが望みである。「わたくしのは《歯》が生へまして、うまいものゝたべあき《食べ飽》をして、そして百ねんも二百ねんも千も二千も三千もいきるやうにおねがひ申します」というのだ！　だが翌一八六八年も、残念ながら平穏や繁栄とは程遠い一年となるのである。

　一八六八年には、さらなる貧困、不安、変動、流血がもたらされた。一月三日、鳥羽・伏見の戦いを契機に内戦が勃発する[8]。幕府の敗北は、風刺画によっていち早く庶民の知るところとなった。匿名の「鳥羽画巻物之内屁合戦」（図4）では、右手に薩長の軍勢（旗印に見えるふかした薩摩芋は、もちろん薩摩を象徴している）が、左手に徳川の軍勢が描かれ、なんと官軍は屁の力で幕府を圧倒するのである！　そのこころは、「兵力」に「屁力」をかけた洒落である。また、この戦いを「屁合

図４　「鳥羽画巻物之内屁合戦」、1868年、個人所蔵。

前将軍、新政府軍の「屁力」に打ち負かされる。

戦」として描いた意図としては、官軍の勝利が長続きしないものと考えられていた事情があるのかもしれない。旧幕府は敗北を喫したが、それを「屁とも思わない」可能性があるからだ。また、屁を満杯に詰め込んだ袋には、恐れ多くも錦の御旗が記されている。新政府が出版界に権力を及ぼすようになって以後は、当然このような朝廷への当てこすりは許されなかった。

風刺画の中でも初期のものは、慶喜が薩摩や長州から江戸を守ってくれる英雄として描かれている例もある。好例は「子供遊水合戦」であろう（図5）。ここでは内戦が、子供のグループ間の戦いに置き換えられている。右手にいるのが徳川の忠臣たちで、その筆頭を務める会津藩が、絣の着物を着た薩摩藩を相手に、水合戦では満足できずに肉弾戦を挑んでいる。優勢なのは左手の官軍で、彼らにはより強力な龍吐水という武器がある。萩の葉の模様を身に纏う長

図５　「子供遊水合戦」、1868年、湯浅八郎記念館所蔵。

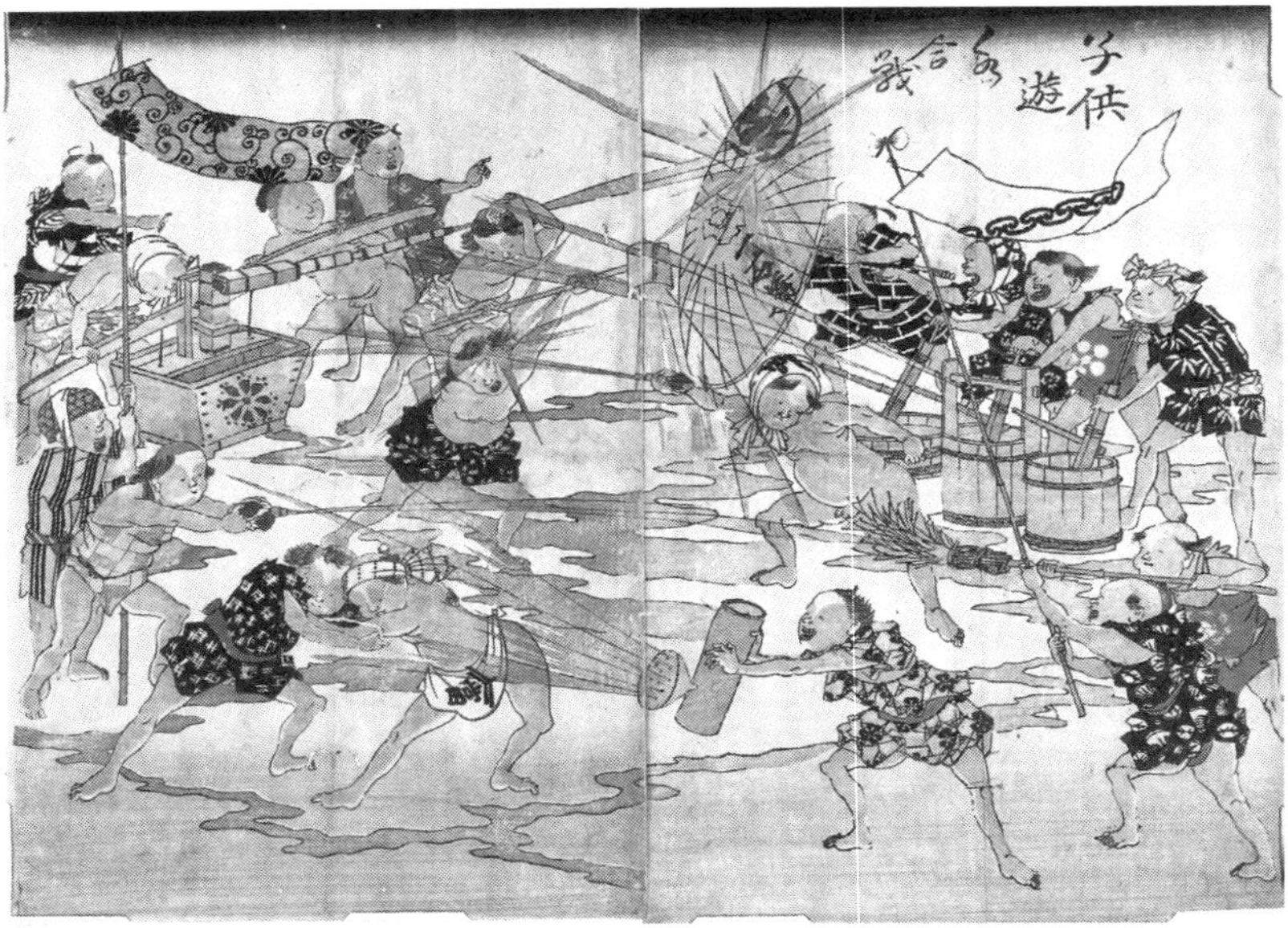

慶喜の活躍は、庶民の願望の表れ。

州は、中央で率先して攻撃している。また、左上の御旗に菊の御紋が見えることにも注目されたい。慶喜は、傘で皆を守りながら、水合戦でなかなかの活躍を見せている。これこそ、江戸の庶民が最後の将軍に期待した姿なのであろう。作品は匿名で出版年月の記載もないが、おそらく官軍が近づいていることが明らかになっていた二月頃のものであると思われる。

だが、官軍の足音がいよいよ大きくなって来ると、慶喜は救世主とは言い難い存在であることが明らかになった。早くも二月十二日に慶喜は江戸城を出て、上野寛永寺に閑居することで朝廷への恭順を示したのである。そもそも在位期間の大部分を京都で過ごしていた慶喜は、江戸っ子にとっては他人も同然であり、前将軍に同調する向きは少なかった。だからこそ風刺画は、遠慮なく慶喜の優柔不断かつ臆病な態度を嘲笑したのである。例えば、「子供遊竹馬尽し」

図６　「子供遊竹馬尽し」、1868年、湯浅八郎記念館所蔵。

期待を裏切り逃走する慶喜。

という作品がある（図6）。竹馬に乗った子供たちが左右に分かれて争っているが、右手が薩摩をはじめとする官軍側、左手が徳川方である。上部では和宮（孝明天皇の異母妹で、将軍家茂の未亡人）が少年天皇の手を引いている。慶喜は明らかに臆病者として描かれており、「逃げるが勝て〳〵」と言いながらその場を去ろうとしている。一般的に当時の風刺画で江戸っ子のために仲介役を買って出るのは和宮と篤姫（将軍家定の未亡人で、薩摩大名島津斉彬の養女）という二人の女性である。

慶喜が江戸の庶民を裏切る姿は、ほかの作品にも見られる。例えば「当世三筋のたのしみ」では、江戸が三味線の稽古場として描かれている（図7）。師匠は二人の将軍の寡婦、和宮と篤姫である。唄の修行に訪れている生徒の中で、最も熱心に見えるのは会津藩（蠟燭の模様）だ。庄内藩（酢漿草《かたばみ》の模様）は見学中だろうか。外には弟子入り志願者が並んでいる。薩摩や長州（少年天皇を抱いて

図７　「当世三筋のたのしみ」、1868年、個人所蔵。

慶喜は背を向けて知らぬ顔。

いる）、土佐である。ところが前の将軍、慶喜は、この様子に背を向けている。そして「をれは今やるとそうぐ〱しいからよく見てあとでやるよ」と書かれた帳面を片手に、「さきは大ぜい《（勢）》、わたしはひとり。おもふおかたはふたごころ」とつぶやき、天皇の優柔不断を恨む始末である。慶喜の下方には徳川家に近い立場の紀伊（蜜柑の模様）と尾張（大根の模様）がいる。尾張は、官軍の方向を好もしそうに見ている。手前で寝そべる猫にはその意図がお見通しだ。「おまへの心はふたまた大根どちらがまことの本根やら」。慶喜の右手には影が伸びているが、それはまだ忠義のほどが不明瞭な仙台のものである。仙台藩は官軍に味方したものの、その後、列藩同盟に入っている。

　官軍による江戸への総攻撃がいよいよ間近となると、緊張感はいやがうえにも高まった。三月の半ばになると、すでに江戸の郊外に官軍が野営していた。総攻撃は三月十五日の予定であった。だが十三日と十四日、勝海舟は西郷隆盛と会談し、降伏の条件について話し合う。そのような交渉が行われていることを知らない江戸の庶民は、最悪の事態を想定した。パニックに陥り、持てるだけの荷物を抱えて逃げる者も多かった。勝海舟の日記を引こう。

此比、都下の諸藩邸、旗本よりして、市街の者ども、貨物を輸して近郊に運ぶ、日夜を分たず。是が為に人夫数千、市街出火の如く、令頻り出ずれども、更に聞く者なし。大抵旗本は知行所へ蟄し、或いは近郊に潜居す。ゆえに強盗是を知って四方に起こり、貨物を掠奪し、婦女を犯す。(9)

南和男によれば、かつて生麦事件が戦争に発展することが恐れられていた一八六三年に出回った「あわて絵」と同じものが、一八六八年の春にも再発行されたという。(10) かつても、江戸での戦争、という予感に怯え、多くの者が田舎を目指したのである。再利用された「あわて絵」の一枚に「新作浮世道中」がある（図8）。そこでは分かれ道に人々が立ち尽くし、どちらに進めばよいのか考えあぐねている。あるグループは進むのを諦め、心配を吹き飛ばすために酒と踊りに夢中になっている。また、あるグループは荷物を担いで山に向かい、別のグループは橋の中程で進むべきか退くべきかを決めかねている。ここに、当時の江戸の人々の混乱と困惑が反映されていることは言うまでもない。破壊と死は、現実のものとして目前にあったのだ。文字通りの世界の終わりである。いま少し、作品の詳細を見てみよう。

右手の道標には、「このところどきやうが原《（度胸）》」とある。頃は早春、桜は満開で、草のうえには「やけのやん八、へいき平左衛門、大の酒盛」と男たちの飲みっぷりが記され、さらに枠内の説明に目を向ければ、「此

図８　「新作浮世道中」、1868年、個人所蔵。

先の見えない浮世の縮図。

原にて酒もりしておどりさわぐ人ある中に、女房参り酒をとめせけん《世間》のはなしをすれど一向きゝいれず、女房一人にて内をかたづけ引こし坂へおもむく也」という状況が明かされる。浮かれ騒ぐ男たちの頭上には、「闇雲」が垂れ込めている。その左方、二人の人物が「どちらへゆかふか」迷いながら佇立するのは「思案橋」のうえである。中央の札には「これより左り　あわて野」とある。大きな籐籠を背負った男性は妻の手を引き、車力は重い大八車を押して坂道を登ってゆく。そのうえには「おどろ木の森」が広がり、以下のような説明がある。「此辺を通る人々はどきやうが原の人々とちがひきんたまのちいさきおくびやうの人なり」。そして「引越坂」には駕籠昇きや荷物を背負った男、杖をつく老人が描かれる。説明書きによれば、「此坂は人々すみなれし」地から「なんじう《難渋》峠をこへて」孤独の境へと赴く道であり、「安泰山」

図9　「三国妖狐伝」、1868年、個人所蔵。

場面の元になっているのは中国の同名の歴史小説である。

にたどり着けるかどうかはわからない。おそらく無理だろう。それは夢の中でしかたどり着けない浮世なのだ。文字の部分には、さらにこうある。「金のなる木」で有名なこの山の麓には「長者村」「米有村」「豊年寺」がある、と。

　江戸とその住民にとって幸運なことに、勝と西郷は平和裡に江戸城の明け渡しを交渉した。三月半ばに行われた交渉は非公開であり、受け渡しの条件も秘匿された。したがって、開城の噂が市中に流れるようになる三週間後まで江戸の人々は混乱状態にあったが、情報が入ると、一部の人々が怒りを露わにした一方で、多くの人々が胸を撫で下ろしたのである。降伏を描く風刺画「三国妖狐伝」（無記名、日付なし）も早速出回った（図9）。そこでは旧幕府をめぐる状況が、漢王朝の崩壊とそれを食い止めようとした十四世紀の中国の人々の姿を借りて描かれており、一八六八年四月十一日の官軍への江戸城の明け渡しは、碁の対局として表現されている。左手が天皇（装束に菊の紋章が入っている）であり、その周りを薩摩、長州、土佐などの官軍側が囲んでいる。右手の、中国風の衣装を着ているのが慶喜である。中国風の衣装は、ただ中国の歴史を想起させるというだけでなく、西洋人、すなわち「唐人」に寄り添った価値観を持ち、西洋の習慣（慶喜は豚肉を好んで食べる、という噂があった）を取り入れていることへの当てこすりでもあった。負けを悟った慶喜は、おとなしく白い石を相手に渡して降参の意を示している。つまり「シロを渡している」のである。審判は篤姫で、仙台や会津など、慶喜の支持者たちは、納得しかねて「もうひと勝負」と懇願している。[11]

ところで四月十一日の無血開城は、新政府にこれといって経済的、軍事的、政治的な利益をもたらさなかった。むしろ、市中の秩序を保つことは非常に骨の折れる作業であったため、すぐに勝海舟をはじめとする徳川方の旧幕臣がこれに当たることとなった。同時に、徳川方の脱走兵が東北で佐幕派と徒党を組んで軍事行動に出、僅かではあるが戦果を上げつつあった。市中では、若い徳川の忠臣たちによって組織された彰義隊が、上野の山の寛永寺に本拠を設けている。彰義隊の当初の任務は、江戸城の開城に伴って慶喜が水戸へ去ったあとに江戸の平和を維持することであったが、むしろ彼らが擾乱の原因となっていったのである。彰義隊の構成員は増え続け、原田左之助のように新撰組にいた者も加わり、官軍による江戸の支配に抵抗した。新政府の幹部であった前福井藩主の松平慶永は、すっかり弱った官軍の様子を以下のように描出している。

総督宮怯懦無断不可為形勢之由用金一万両ならでは無之実に難支勢ひ彰義隊之勢焔盛にして官軍は東海道筋日本橋近辺ならでは往来致兼候由市中取締り等惣而旧幕吏御頼と申越に而旧法によつて及政治候由宮は入城と申迄に而孤立之体少も威権無之由西郷も不参勝に而不動之由[12]

勝海舟も、江戸城の明け渡しから一ヶ月後、江戸の状況を案じて以下のように記している。

都下の人心、危懼を抱き、空評彼此を雷同す。浮躁の輩等、是が為に奪掠人殺等を以って、士の本意とし、更に沈着して御所置を持たず。富商は戸を閉じ、貧民は生産を失す。市街夜は寂たり。衰世の風か。無道の故か。[13]

江戸の法と秩序が混乱し、彰義隊の規模が膨らみ続ける（すでに隊員は三千人を超えていた）中で、新政府は正統性を担保しかねていた。行動の必要があったことは明らかだ。勅令によって江戸に人員と資源が投じられた。五月、江戸は「府」として再編成され、その指揮官となった長州の大村益次郎は、同月十五日に彰義隊を攻撃する決定を下した。軍事衝突が近づいていることは、すぐに瓦版などによって江戸中に周知された。

旗下末々脱走之輩、上野山内其外所々屯集、屢官軍之兵士ヲ暗殺シ、無辜之民財ヲ略奪シ、益暴虐ヲ逞シ、官軍ニ抗衡ス、実ニ大罪不可赦之国賊也、最早　朝廷寛仁之道モ絶果、断然誅伐被　仰出候ニ付テハ、勇闘激戦、奮テ国賊ヲ鏖殺シ、億兆蒼生之塗炭ヲ救ヒ、速ニ平定之功ヲ奏シ、可奉安　宸襟旨、御沙汰候事。[14]

図10　「山の大将花火の戯」、1868年、湯浅八郎記念館所蔵。

銃声と砲火が他愛のない花火に擬される。

そしてその日の朝、官軍は上野の山の頂上にいる彰義隊をめがけて発砲した。夜までに寛永寺は灰燼に帰し、江戸の東北部は炎上していた。この上野戦争は戊辰戦争の明らかな転換点であり、新政府はこれによって江戸を完全に掌握したのである。

この彰義隊への攻撃も、いくつかの風刺画の素材となっている。その一つが「山の大将花火の戯」である（図10）。旧幕府の忠臣に対する勝利は、「お山の大将」という子供の遊びに結びついた言葉で簡単に言い表すことができた。作者の名前も日付も記されていないこの風刺画は、彰義隊を壊滅させて官軍の勝利を決定的にした戦闘の直後に出版されたものであろう。画中には薩摩（絣の模様）や長州（蝶と萩の模様）らが中心となり、山頂に陣取る姿が描かれている。長州が少年天皇を抱き上げ、「お山の大将」と宣言するのだ。会津（蠟燭の模様）やその仲間たちはまだ諦めていない

図11　「一流浮世欲阿加」、1868年、個人所蔵。

武勇伝を語る男たちと、うんざり気味の慶喜。

ようだが、アームストロング式の大砲まで導入され、火力の差は歴然であった。画中の癇癪玉は、その夏の日の砲火や銃声、そして江戸の東北部を包み込んだ炎を、見る者に思い起こさせただろう。

彰義隊が敗北し、官軍による支配が決定的になったからといって、すぐに人々の気が晴れたわけではなかった。「闇雲」はまだ頭上にかかっていたのである。ある風刺画は、内戦に巻き込まれた人々のそのような不安を見事に要約している。「一流浮世欲阿加」に描かれた風呂屋は、人々が裸になって率直な意見を言える場所である（図11）。主人は最後の将軍、慶喜であり、画面の右上でうなだれているように見える。「此頃ハそふ〴〵しくつていけねへ　みせ《（店）》をしまつてゐなか《（田舎）》へでもひッこまふかしらん」と、混乱の中で商売は上がったりのようだ。風呂場では幕府側と官軍側の男たちが、それぞれに力を誇

図12 「友喧嘩」、1868年。

江戸の華たる喧嘩も、度重なれば迷惑になる。

示している。一方、番台に座る和宮は、「いくさ《（戦）》のはなし《（話）》でいけませんねへ」と辟易した様子である。画面の上部には様々な張り紙があり、「多ク有ル」ものは「段袋」（兵士用の袴）、「安イ物」は「ぜに」、「高直」（高値）は「諸色」（物価）、「勢ひ」に乗っているのは「東国」、などのメッセージが織り込まれている。

江戸っ子から見れば、この戦は無意味であった。外国人を相手取ったものでもなく、日本人が、日本人と戦っているのである。誰が何のために戦っているのか。会津、仙台、米沢、庄内、長岡など、薩摩・長州率いる官軍と敵対する諸藩は五月六日に奥羽越列藩同盟を結成した。血なまぐさい戦いに関する報告が矢継ぎ早に江戸にもたらされた。だが何を信じればよいのだろうか。いわゆるフェイクニュースも少なくなかった。ある風刺画は、戦を盲人同士の喧嘩になぞらえている（図12）。「友喧嘩」（無記名、日付なし）は、おそらく官軍が東北地方での軍事行動を激化させた夏の暑い時期に出版されたものであろう。画面の中央では薩摩（絣の模様）が四方から攻撃を受け、次のように叫んでいる。「おれが、しうぎ《（祝儀）》をとつて、出世のたねにするじやまをしやあがる、うちやてをかれるものか」。

戦が長引くにつれ、江戸の人口は減り、都市として衰退していった。上野戦争から十日も経たない五月二十四日、新政府は徳川家がわずか七万石に減封され、家臣たちも駿河に追放されることに決まったと発表した。これに先立って、多くの大名やその家族はすでに江戸から退去しており、屋敷は空き家となったか、さもなくば解体されていた。庶民も、戦を恐れて次々と荷物をまとめた。さらに七月以降、かつての徳川の家臣である十万もの老若男女が、家財を山と積んだ荷車と共に、徒歩で市外へ向かった。商人たちや職人たちもあとを追った。百万人を超えていた江戸の人口は、いまや六十万人程度まで減っていた。ある海外の新聞が報じたように、「花の都パリにも等しい街が、いまでは盗人の巣窟と化していた」のである。(15)

とはいうものの、江戸が誇る歴史や潜在的な発展性、さらには地理的な条件を考慮して、大久保利通の指揮する新政府は、やはり江戸こそ本拠地にふさわしいと判断した。七月十七日、天皇を戴く新政府は江戸の名称を東京、すなわち東の京と改めることを決定した。東京という名前がいつ頃までにその都市に住む人々に周知されたのかは定かではないが、強い反発があったことは想像に難くない。八月には、「上からは明治だなどというけれど、治明《おさまるめい》と下からは読む」という川柳も流行している。その背景には、旧幕府に対する同情もあっただろう。勅令に従うということは、野蛮な薩摩や長州の命令を聞くということである。そのような状況をもたらしたという点では、徳川家への恨みも高まっていた。「誰にも命令されたくない」というのが、江戸の庶民の本音ではなかったか。

図13　「当世長ッ尻な客しん」、三代目歌川広重、1868年８月、個人所蔵。

江戸に居座る新政府軍に、庶民の不満は募る。

江戸の改称には軍事的な理由もある。七月二十九日、官軍は長岡城を落とした。九月四日には米沢藩が降伏、八月二十三日からは会津若松城が攻撃を受け、相当な流血の後で、ついに九月二十二日に陥落した。つまり夏の間中、東京にはかなりの人数の兵士が駐在しており、人々を不安にさせた。八月に出回った三代目広重の風刺画「当世長ッ尻な客しん」には、官軍に街を占拠された人々の不満がはっきりと現れている（図13）。「東京」に通じる「東楼」と名づけられた料亭を切り盛りする和宮と篤姫は、箒と草履を手に、客人（薩摩、長州、土佐）が帰るよう念じている。和宮は「ほんに〳〵　なかつちり《（長尻）》なきさアナ客しん《（人）》。はやくかへるよふに　まちない《（呪い）》をしてやりませふ」と言い、篤姫が「このくらいまちないをしたら　いかなこつても　かいるだろふね」と答えると、和宮は「左様さ　御客の多いので　わたしたちの居とこに困ります」と

図14　「むつの花　子供の戯」、三代目歌川広重、1868年10月、湯浅八郎記念館所蔵。

すでに世は明治だが、東北での戦は互角に継続中である、と庶民は夢想した。

続ける。薩摩は特に不作法に描かれている。泥酔し、「トコトンヤレ節」の歌をがなると、仲間たちもこれに和す。「みやさん　御馬のお先に　ちら〳〵　みへるは　何じゃいナにしきの御はたを　しらないか　トコトンやれナ」。芸者（田安慶頼を表す「田」の字の着物）は仕方なしに伴奏をつける。「此げい者も　よんどころなく　てうし《調子》を　合している」のである。外では前の将軍慶喜が、会津、庄内、仙台、米沢と一緒に店に入ろうと並んでいる。八月の時点で、東北の諸藩はすでに敗色が濃かったが、江戸の庶民はまだ僅かな希望を持ち続けていたようである。

　生まれ変わった東京の人々が、戦争の結果が変わることを願っていた証拠はほかの風刺画にも見出せる。同じく広重による、十月に刊行された「むつの花　子供の戯《あそび》」は、戊辰戦争を描いた最後の風刺画の一枚である（図14）。東北はすでに冬になっている。米沢、仙台、会津の諸藩は降伏した。そして九月二十四日、本州北端の盛岡藩がついに白旗を上げると、官軍は全国の——ただし榎本武揚が箱館戦争で敗北を喫する一八六九年五月まで固守した北海道は除き——支配権を

図15　「東京江戸品川高輪風景」、二代目歌川国輝、1868年８月、江戸東京博物館所蔵。

想像された行事の記念品がプロパガンダとなる。

握ることになった。ところが、この風刺画に描かれた光景は、現実のそれとは大きく異なっている。東北諸藩はこの「雪合戦」で戦況を引っくり返しつつあるのだ。彼らを指揮するのは孝明天皇の義弟で、いわゆる「北朝」の天皇として正統な支配権を主張する輪王寺宮である。この作品では慶喜でさえ勇敢に反抗し、半年ほど前に出回った風刺画に描かれていた水合戦（図5）での活躍を彷彿とさせている。そして中央の雪だるまは、徳川方の願いを聞き入れてくれたようだ。このように、風刺画は単に情報源として利用されたわけではなかった。多くの場合、そこには天地が逆さになったような混乱の世を生きる江戸の人々の希望が反映されているのである。

東京への改称に踏み切った理由の一つとして大久保利通は、天皇の存在をうまく利用し、新政府に対する抵抗を乗り越える契機としたかった、としている。つまり皇居を江戸へ移し、東京という名に変え、さらに新政府の本拠地もそこに置くことを考えついたのである。こうして若い明治天皇は、およそ二千三百名の臣下と共に、九月二十日に京を発ち、二十二日後の十月十二日に品川へ到着した。翌日には新たな首都で盛

図16　「ありがたき御代万代を寿く　御酒下されを祝ふ万民」、三代目歌川広重、1868年、浅井コレクション。

縁起物の酒で不安を払拭する。

大な行進が行われ、かつての将軍の居城、いまや新たな皇居となった建物に、天皇一行は吸い込まれた。天皇をその目で見ることのできなかった者たちは、すぐにその様子を記念する浮世絵を手に入れた。例えば、歌川国輝の「東京江戸品川高輪風景」は一八六八年十月に発行され、正式な検閲も受けている（図15）。だが、ここに描かれている品川の行列の様子は、あくまで想像されたものである。というのもこの作品は記念品というだけでなく宣伝を兼ねて、実際の行進の前に発売されたからだ。この作品には一種のプロパガンダとして、江戸＝東京の人々と天皇との最初の、劇的な邂逅が、描かれていると言えよう。

　十月二十三日、東京入りをして十日後、天皇は十一月六日と七日を祝日とすることを宣し、なおかつ市中に酒を配ることを決

図17　「聖徳皇太子尊諸職人立願之図」、1868年、浅井コレクション。

希望は新しい天皇に託された。

定した。この希な戦略は、江戸の庶民の心を摑むうえで効果的であった（図16）。準備は念入りに行われ、まず十一月四日、東京の各町の代表者が宮城に参集し、御酒を賜った。千五百九十二の地区に、計二千五百六十三樽が配布されたのである。「またとないことぢや　遠慮なく頂戴」「こんな有難いことは　この世にあろか」とは率直な感想である。届けられた酒樽は台に載せられ、神輿のようにして運ばれた。天皇から贈られた御酒であることを示す、大書の幟が飾られた。商店も戸を閉ざし、この一年頭上に垂れ込めていた「闇雲」を払うかのような祭りが始まった。通りは松や竹で彩られ、歌う者、踊る者が練り歩く。そして八日には、空になった樽が、最敬礼と共に宮城に返却された。江戸の住民にとって、これこそ暗鬱な時の終わりであった。突如として、平和と繁栄の希望が甦ってきたのだ。

いまや東京となった都市の人々は、どうにか苦労の多かった一年を乗り切った。そして過去にもそうしてきたように、新年、すなわち明治二（一八六九）年に向けて幸福を祈った。その願い事の内容は、「聖徳皇太子尊諸職人立願之図」を見るとよくわかる（図17）。そこでは市井の人々が集まり、文字通り雲のうえにいる新しい天皇（聖徳太子の姿で描かれている）に向かって祈りを捧げている。政治的、経済的な混乱がようやく収まりつつあったその時、彼らは何を祈ったのだろうか。

板木屋の小僧は、「てんぷらやだんごをはら《（腹）》一ツぱいたべとうござります」と願い、瓦職人の女房は「つれあいのなまけもの」が働き者になり、ついでに新しい着物も欲しいと願う。彫物師は「左甚五郎のように上手になり」たいと職人技の向上を願うことを忘れないが、旨いものを飲み食いしたいという欲求も隠さない。一方、石屋は、息子の飲み過ぎを心配しており、「せがれはとかくせうばい《（商売）》がきらいでそのうへさけ《（酒）》がすきでのみすごすとけんくわ《（喧嘩）》をいたし」困るので、「さけのきらいになります」ようにと、もっと仕事に精を出してくれることを願う。ほかにも、屋根屋は「やねからおちませぬやうに、かつまたしごとがめのまはる」ほど忙しくなりますようにと単純な願い事をする。中央にいる大工も仕事が欲しいのは同じである。その左手の左官も、たくさんの仕事が舞い込み、「人をつかい大くらし」ができるようになることを願う。材木屋は「のこぎりがよくきれましてちからいらずにしごとができますやう」では飽き足らず、さらに「女房」を「くれ〴〵も願ひます」と欲張りだが、この女房についてもよく稼ぐ女性を望んでいるところから、収入の向上は万民に共通の願いのようだ。最後に「下女」は、「おさつやとうなす《（南瓜）》がたんと」食べられますように、ともう一つの典型的な願望、すなわち食に関する願いを捧げている。

要するに、将軍の下で生活していた時と同じように、天皇を戴くようになったいまも、人々は安定した仕事と、それによる繁栄、そして愉快な人生を願ってやまなかったのである。

結論

一八六八年に出版された風刺画の多くは子供を描いたものであった。いま一度、その理由を考えてみよう。いきなり問われれば、子供が可愛いからとか、親がそれを子供に買い与えたから、というふうに答えたくなるかもしれない。だが違うのだ。これらの作品はいずれも大人向けである。描かれているのは子供の合戦ごっこだが、本当に描写されているのは現実の戦争で、その背景には流血や死、苦悩や暴力が渦巻いていた。むろん、大っぴらに目に見えていたのはその一部に過ぎないが、一八六八年を生きた「普通の」人々にとって、血を流すことや苦しむこと、破壊を目の当たりにすること、家を失うこと、貧困に陥ることなどは、決して珍しいことではなかった。なるほど、中央集権的な、統一的な国家を誕生させた明治維新が、日本史において極めて重要な出来事であることは間違いない。だが、特に江戸周辺に暮していた庶民にとって、それは決して幸福な時期とは言えないのである。これらの浮世絵を見れば、何の気なしに江戸城の「無血」開城などと言うのは、やや不穏当であることがわかるだろう。戊辰戦争は、同じく一八六〇年代に起こったアメリカの南北戦争や、イタリアやドイツでの統一戦争と選ぶところのない、兵士と、鉄砲と、大砲と、殺戮と破壊によって終結を迎えた戦闘である。戊辰戦争の戦歿者は、およそ一万人であった。それは苦しく、危険な時代であった。したがって、無邪気な子供たちの戯れも、粗暴な殺人行為に満ちた悲劇的な争いの図として読み解かれなければならないのだ。

子供たちを主人公とするこれらの作品を読み解くうえでもう一つ重要なのは、それが主要な消費者であった商人（武士ではない）を念頭に置いて制作されたものであることを忘れないようにする、ということである。江戸っ子は、彼らの「主人」であるはずの武士たちの戦争に疲弊していた。そうであるからこそ、これらの作品は単純に戦の恐怖を描いているのではなく、武士の子供じみた振る舞いを批判している、とも取れるのである。江戸の町人たちは、戦争が長引けば経済が打撃を受けることはもちろん、自分たちの生活や平穏が乱されることを恐れていた。庶民の中で、ある一方にイデオロギー的に肩入れしてた者は一部に過ぎない。むしろ、彼らは平和と安定が回復し、安心して商売を営み、生活を続けられるようになることを願ったのである。江戸の庶民にとって、一八六八年はどのような年であったのか。それは「恐ろしき年」であった。だが浮世絵からは、庶民の打たれ強さや柔軟さ、生きたいという意志の強さなどが伝わってくる。近代日本を作ったものは何か。もちろんそれは金と権力を持ったエリート層の思惑でもあり、天皇制の確立でもあろう。だが、ごく普通の人々である江戸っ子の対応力、あるいは回復力もまた、近代日本の誕生に欠かせない要素だったのである。

注

（1）この句は、反対の意味を持つ *annus mirabilis*（素晴らしき年）のもじりである。イギリス女王エリザベス二世が、様々なスキャンダルに見舞われた戴冠四十週年のスピーチで用い、一気に市民権を獲得した。

（2）江戸の庶民の視点に関するより一般的な考察は、拙稿「一八六八年の江戸——庶民の視点から」（M・ウイリアム・スティール『もう一つの近代——側面からみた幕末明治』ぺりかん社、一九九八年、六二—一〇五頁）も参照。また、前章に引き続き、本章でもM・ウィリアム・スティール監修『幕末から明治の諷刺画』（国際基督教大学博物館湯浅八郎記念館、二〇一二年）所収の図版を多く紹介している。
（3）南和男『幕末維新の風刺画』（吉川弘文館、一九九九年）、一三一頁。
（4）奈倉哲三『絵解き幕末諷刺画と天皇』（柏書房、二〇〇七年）、二五頁。
（5）小島資料館については、公式ウェブサイト（http://www.kojishir.com/index.html）を参照されたい。
（6）南和男には前掲書の他、風刺画をより一般的に論じた『江戸の風刺画』（吉川弘文館、一九九七年）があり、また奈倉哲三の前掲書は、戊辰戦争に関係する四〇の風刺画を、詳しい背景と共に取り上げ、様々な形で分類している。奈倉にはまた、民衆の天皇理解を分析することを主眼とした風刺画の研究書、『諷刺眼維新変革――民衆は天皇をどう見ていたか』（校倉書房、二〇〇四年）もある。町田市立図書館が主催した展覧会の図録である『幕末の風刺画』（一九九五年）も参考になるだろう。風刺画の受容については、小泉雅弘「幕末風刺画とその受容層――近代的「世論」形成の一前提として」（『駒澤史学』第五三号、一九九三年、一〇〇―一二二頁）がある。
（7）風刺画につきものの「符号」の読み解きについては、佐幕派に関するものは奈倉『諷刺眼維新変革』二九七頁、ならびに『絵解き幕末諷刺画と天皇』四一頁を、王党派については同五七頁を参照。スティール『幕末から明治の諷刺画』、四頁も参照。
（8）戊辰戦争を一般的に取り上げたものとしては、佐々木克『戊辰戦争――敗者の明治維新』（中公新書、一九七七年）、深谷徹『戊辰戦争』（吉川弘文館、二〇〇七年）、奈倉哲三ほか編『戊辰戦争の新視点』上巻（吉川弘文館、二〇一八年）などがある。
（9）『勝海舟全集』（全二十一巻、別巻二、勁草書房、一九七二―一九八二年）第十九巻、三六頁。
（10）南和男『幕末維新の風刺画』、一三九頁。
（11）南前掲書には本作の詳細な分析がある。一五五―一五六頁を参照。
（12）松平慶永『戊辰日記』（日本史籍協会、一九二五年）、三八八頁。
（13）『勝海舟全集』第十九巻、五七頁。
（14）東京大学史料編纂所編『復古記』第五冊（東京大学出版会、一九七四年）、四一七頁。
（15）*Hyogo and Osaka Herald*, 17 October, 1868.

第四章　「歴史学者・勝海舟」の明治維新

はじめに

歴史とは事実ではなく解釈である。本章では、一八八〇年代に登場してきた維新期に関する〈公式〉な見解に対し、戊辰戦争に敗れた側である旧幕府の家臣たちが、どのように反論を試み、修正を加えようとしたのか、という点について検討する。中心的な素材となるのは、幕末期に焦点を当てた勝海舟（一八二三—一八九九）による歴史書である。一八八〇年代から一八九〇年代にかけて、勝は旧体制の文書や記録を整理する役目を負い、徳川家の軍事、外交、経済状況についての記録をまとめている。だが自身も維新の立役者であった勝は、そのような組織的な視座に立った歴史書のみならず、より個人的な立場から一八六〇年代を振り返った書物も上梓しているのである。勝の明治維新へのまなざしと、徳川家の遺産に対する評価は、近代日本誕生についてのもう一つの解釈を与えてくれるだろう。

問うべきは以下の三点である。第一に、一八六八年の一連の出来事において中心的な役割を演じ、なおかつ「敗者」の側にいた勝海舟は、明治維新をどのように「歴史」として捉えたのだろうか？　第二に、勝をはじめとする数人は、なぜ一八八〇年代後半から一八九〇年代前半にかけて、にわかに歴史記述を行うようになったのだろうか？　そして第三に、そのようにしてなされた過去についての歴史記述は、それが行われた時点の内政や外交とどのように関係しているのだろうか？ 例えば、勝海舟と福澤諭吉は維新に関して異なる見方をしていたが、その差異は、日清戦争へと向かう時期の日本の外交政策をめぐる両者の意見の差異と、重なるように思われるのである。旧体制を代表する勝は、江戸城の無血開城を交渉した時と同様の態度で、日本はアジアに参戦するのではなく、調停役に徹するべきであると説いていた。一方、西洋化を擁護する福澤は、奇妙にも武士道を引き合いに出しながら、アジアにおける日本の優位を確立するために武力の使用を主張した。維新から百五十年を迎えた現在でも、当時と同じように、明治維新をめぐる様々な解釈が唱えられている。それは、現代の人々が自国や世界をどのように見ているのか、という問題と密接に結びついているのである。

明治維新の「正当な理解」はどのように創られたか

明治維新とは何だったのか？ それはいつ始まり、いつ終わったのか？ いったい何がそれほど重要なのだろうか？ 第二章で見たように、幕末期の人々は多くの自然災害に見舞われ、経済も混乱を極めていた。それはあたかも、世界が終わりに近づいているかのような印象を与えた。一八六〇年代末、庶民は数え切れないほど様々な形で維新を解釈していた。王政復古は、新たな千年王国の幕開けとも捉えられたし、神である天皇による世直しだ、という見方もあった。国学の信奉者は、皇室による支配によって古代日本の美徳が復活し、中国や西洋の影響から国が守られると夢想した。それに比べると、一八六七年にクーデターを目論んだ薩摩・長州の藩士たちは、より現実的である。彼らは錦の御旗を象徴として利用し、国家の統一を図ることで日本の独立を守るための制度を作ろうとしたのだ。一方、維新に関する海外からの評価も、実に様々であった。イギリスの記者は、この改革によって日本が文明国の仲間入りをすることを祝福したが、アメリカの記者はより冷笑的であった。『ニューヨーク・タイムズ』紙は、新たな皇室の開始を告げる明治天皇の即位を次のように報じている。「数世紀にわたる隔離状態からゆっくりと、痛みをこらえるように外の世界へ出てきたミカドは、蛹から出てくる蝶のようであった。ミカドはこの即位の日を迎えるために、薩摩藩主と長らく計画を立てていたのだ。帝都である京都で、一八六八年十月十二日午前八時、素晴らしき茶番の幕が開いた。坊主として生まれ、女として教育された哀れな少年は、南方の大名を楽しませるために、これから王の役を演じなければならない[1]」。最後まで新体制に抵抗していた榎本武揚らの評価は、さらに厳しい。新しい帝国政府はペテンなのだ。「今唱フル所王政ナル者ハ、真ニ天下ノ輿論ヲ尽セシ者ナラズシテ、纔カニ一二強藩ノ独見私意ニ出テ成レル者ナレバ、素ヨリ真正ノ維一王政ニ非ズ[2]」。榎本は自ら、北海道に抵抗勢力としての共和国を立ち上げることになる。

一八六九年の春になると内戦は終わり、新政府が全国を掌握していた。こうして一八六八年の一連の出来事に対する見方も、徐々に〈公式〉のそれに収斂されるようになった。すなわち、一八六八年に起こったのは革命ではなく、王政復古であるということになったのである。歴史は一から出発しなければならなくなった。維新は新たな出発であり、それは神武天皇の即位にさえ重なるのである。明治天皇とその支援者が、伝統の力に打ち勝ったのだ。汚職にまみれ、弱く、独善的な徳川家は過去のものとなり、自らを犠牲にすることも厭わない啓蒙主義的な明治天皇が権力の座に就いたのである。天皇の支配により、日本は強く、豊かな独立国家としての基礎を築き始めたのだ[3]。

新政権にとって、歴史は優先すべき問題であった。早くも一八六九年の時点で、明治天皇は「君臣の間に正しい関係を築き、文明国と蛮国の違いをはっきりとさせ、帝国中に徳をゆきわたらせる」ために史料編纂を行うよう命じている。(4) 早速、のちに東京大学史料編纂所となる史料編輯国史校正局が設置され、様々な史料編纂事業の一環として、明治維新をめぐる史料収集が開始された。こうして一八八九年、『復古記』と『明治史要』が完成する。(5) どちらものちに復刻されているが、特に前者は分厚い十五巻からなる巨大な史料集である。研究においては高度な実証性が求められたものの、描かれた歴史は明らかに帝国政府を正当化するものとなっている。文書の積み重ねによって、徳川による支配の衰退期に、いかに忠臣である大名と「志士」たちが天皇のために闘ったかが明らかにされるのである。(6)

明治時代にはいくつかの歴史学派が登場している。特に興味深いのは西洋の歴史学の潮流に影響を受けた「文明史論」を掲げる一派であろう。バックルの『英国文明史』とギゾーの『欧羅巴文明史』はいずれも一八七〇年代前半に邦訳されている。(7) 進歩や発展を旨とするこの一派にとっては、旧体制は日本の文明化への歩みにとって足枷でしかなかった。一八七七年に出版された田口卯吉の『日本開化小史』の結論は、まさにその点を強調している。(8) そして、啓蒙的歴史観のもう一人の支持者といえば福澤諭吉である。福澤の『文明論之概略』にある、何が明治維新をもたらしたのかという原因の分析は示唆に富む。福澤によれば、維新の前には「我国の人民積年専制の暴政に窘められ、門閥を以て権力の源と為し、才智ある者と雖ども門閥に藉《よっ》て其才を用るに非ざれば事を為す可らず。(中略)全国に智力の働く所を見ず、事々物々皆停滞不流の有様に在るが如く」状態だったのである。(9) だが、そのような停滞の中にもある程度の進歩があり、徳川時代の末期には人々に行動を起こさせるほどの鬱憤が溜まっていたということは、福澤も認めざるを得ない。一八五〇年代のペリー来航は改革の好機であった。「世人始て政府の処置を見て其愚にして弱きを知り、又一方には外国人に接して其言を聞き、或は洋書を読み或は訳書を見て益規模を大にし、鬼神の如き政府と雖ども人力を以ってこれを倒す可きを悟るに至れり[10]」。福澤にとって、明治維新は「明るい治世」の確かなきっかけとなり、日本人を永く暗黒の世界に閉じ込めていた時代の終焉をもたらすものであった。田中彰が指摘するように、福澤をはじめとする啓蒙の思想家は、維新の体制的な解釈に易々と順応することができたのである[11]。世界の文明諸国の中で立場を強めてゆこうと喘ぐ日本の若い国家としての姿は、若い天皇の健気な姿と相俟って健全な印象を与えずにはいられなかった。

異なる歴史記述

明治初期、過去をめぐる右のような〈公式〉見解に異議を唱える者は少数派だった。明治維新を牽引したのは薩摩・長州を中心とする南西部の藩の、愛国的な若者たちであった。彼らは天皇を本来の立場に復古させ、その指揮のもと、新たな日本を創ろうとしていた。しかし、一八七〇年代の後半から一八八〇年代にかけて、日本の過去について異なる見方をする人々が出てきた。例えば植木枝盛をはじめとする、自由民権運動に関わった思想家たちにとっては、明治維新は封建制の終焉ではなく新たな幕開けだったのである[12]。一八七〇年代末、専制的な支配ではなく議会制を願う植木らは「第二の明治維新」を呼びかけた。その流れで、彼らは幕末に隆盛した「公論」の言説にも強い関心を持っていた。一八八〇年代の大同団結運動の指導者であった後藤象二郎は、維新という物語の中心から天皇の表象を取り除き、一八六〇年代の後半に起こったのは人権と国際社会の中での独立をかけた改革であったと捉えた[13]。

明治維新に関する〈公式〉見解の批判者として最も影響力を持ったのは、勝海舟のように、かつての幕府に愛着のある家臣たちであった[14]。特に「江戸会」の創立者たちは、徳川の社会の優れた面を強調する歴史観を確立しようとした。会誌である『江戸会誌』の創刊号は一八八九年八月二十六日に発行されたが（それは彼らに言わせれば家康の江戸入府から三百年の節目である）、そこでは国内の平穏や安定した生活、それに道徳観念をはじめ、近代日本にとって重要な要素がいかに幕府の功績で得られたものであるかが説かれている。彼らによれば、徳川時代とは「日本の文明が最も高度に進歩し、発展をみた時代」なのである[15]。江戸会のメンバーたちが懼れたのは、維新によって日本は進歩したのではなく、誤った方向に進むようになったのではないか、ということであった[16]。

ほかにも、過去にノスタルジックなまなざしを向け、明治維新の物語の中心に徳川家を据えようする論客はいた。かつての幕臣で、明治期には『東京日日新聞』の編集者として名を馳せた福地源一郎（桜痴）は、幕府やその指導者たちを主人公に、徳川の側から明治維新を語る記事を連載したのである。最もよく知られているのは、一八九二年に発表された『幕府衰亡論』であろう。福地は自らの手法に新味があることをよく理解しており、既存のものは「みな明治維新の偉業を叙述するを主とし、幕府の事はこれを客位に置き、否々、むしろ敵位に置いて筆を下せるを以て、明治維新史と云うべきも幕府衰亡史とは云うべからざるなり」と言い放つ[17]。福地は、徳川家は天皇を裏切ったのではないと擁護し、その衰亡が窮屈な封建制ゆえであることは認めつつ、幕府には改革を実行する力もあったと指摘する。事実、一八五〇年代に開国を決めたのは幕府であり、一八六〇年代に入って政情が不安定になったのは、ひとえに長州・薩摩の攘夷思想によるものではなかったか、というのが福地の主張である。[18]

勝海舟

勝海舟は、何よりも幕府最後の日々に調停役を務めた人物として知られている。[19] 一八六八年の春、江戸城の開城について西郷隆盛と交渉したのが勝であった。勝は一八二三年、徳川家の貧しい家臣の子として生まれた。西洋の軍事技術を学んでいた勝の資質は、一八五三年にペリーが軍艦を引き連れて来航すると、にわかに高官の注目を浴びるようになる。勝は海軍の改革に尽力し、徳川使節団の初めての米国視察の際は、太平洋を横断する咸臨丸の艦長を務めた。だが一八六〇年代、日本に本式の海軍を創ろうという勝の計画は頓挫する。勝は、諸大名に軍事増強の費用を捻出させる幕府の方針を批判した。その姿勢が、反幕府を掲げる薩摩や長州からも好意的に評価されたのである。一八六八年、勝は徳川方の軍事総裁となり、なるべく徳川家に条件のよい降伏の道を探ったが叶わなかった。[20]

図1　晩年の勝海舟

明治に入ると、勝は新政府の顧問となり、一八七二年から一八七五年にかけて海軍卿を務めた。新政府の一員となっても、勝は徳川家への忠誠を捨てなかった。旧幕臣やその家族を援助するための銀行制度の設立にも尽力し、徳川家ゆかりの寺社を維持するための募金活動も指揮している。例えば一八八〇年には、日光東

照宮を修繕するために保晃会を立ち上げた。そして、皇室と徳川家の和解にも最後まで気を揉み、一八六八年以来徳川家に背負わされていた「朝敵」の不名誉を雪ごうとした。

一八九八年三月二日、勝は明治天皇および皇后と最後の将軍徳川慶喜の会談を実現させる。その日の日記に、勝は震える筆跡で次のように記している。「我が若心三十年、少しも貫く処あるか」[21]。おそらく勝にとっての明治維新は、一八六七年十二月九日の「王政復古」によって始まったのだろうが、それは江戸城の開城や、奥羽越列藩同盟および榎本率いる蝦夷共和国への勝利をもって終わったわけではなかった。勝の中でようやく明治維新が決着したのは、一八九八年に徳川家の名誉が回復を見た時だったのである。そして、勝が七十七歳で生涯を閉じたのは、それから一年も経たない一八九九年の一月であった[22]。

勝の一八八〇年代の活動には、特に幕末のものを中心に徳川家の史料を集めて編纂するということも含まれていた。幕府の経済史料を集めた『吹塵録』（五巻）と『吹塵余録』（一巻）は一八八七年に刊行されている[23]。また、幕府の海軍の歴史は一八八八年の『海軍歴史』（二巻）に[24]、次いで『陸軍歴史』（三巻）が一八九〇年に刊行された[25]。そして幕末の外交史を扱う『開国起源』（五巻）の刊行は一八九三年である[26]。ほかに江戸城をめぐる史料の編纂も企画されたが実現しなかった。これらの歴史書の幅の広さと分量を考えれば（勁草書房版『勝海舟全集』のうち十五巻を占めている）、これまでそれがほとんど研究対象とならなかったことは奇妙なほどである。勝海舟についての研究は大量にあるものの、その大部分は一八六八年の内戦のあたりで擱筆されている。一八七三年の朝鮮をめぐる議論など、明治時代の外交政策に勝が果たした役割（例えば、勝は一八九〇年代に清国との戦争に反対した数少ない政治家だった）に注目する研究は僅かにあるが、勝を歴史家として評価する研究はほとんど見当たらない。同様に、明治の歴史記述を扱う研究においても、勝による歴史編纂は見落とされがちである。幕府の側から明治維新を論ずる田中彰の優れた論考でさえ、勝の歴史編纂の問題には言及しない[27]。同様に、大久保利謙の『日本近代史学の成立』においても、維新期における各藩の役割には注意が向けられるものの、勝をはじめとする旧幕臣たちの業績は取り上げられていないのである[28]。その後、火災や自然災害等で多くの史料が散逸したことを考えれば、勝の編纂になる歴史書が重要であることは言うまでもない。それは、特に明治維新に対する〈公式〉でない見方を構築するうえで不可欠である。

幕府経済史『吹塵録』

勝の編纂になる最初の歴史書は、一八八七年に刊行された幕府の経済史『吹塵録』である。その典拠となっているのは、現在は散逸している幕府勘定奉行の史料であり、この点だけから見ても、『吹塵録』五巻は近世の人口、税金、河川の整備、通貨、俸禄などに関心のある社会史、経済史の研究者にとって貴重な書である。「吹き飛ばされた塵の記録」という題には奇妙な印象を受ける向きもあるかもしれないが、そこには勝がこの歴史書に込めた意図が透けて見えている。題のもとになっているのは伝説的な黄帝の夢である。黄帝は、古代の聖人の多くがそうであったように、常によりよい政治を模索していた。彼の理想とする国家には「恐怖も、怒りも、緊張も、不満もない。人は皆平等で、他者より優ることも劣ることもない。すべてが豊かで、誰もが天と地の恵みを享受することができる」のである。その黄帝は、夢の中で天の塵が吹き払われるのを見た。言語学的な解釈を重ねると、その夢の意味するところとは、間もなく有能な政治家が現れ、黄帝を助けて改革を実現させるだろう、ということなのである[29]。勝による『吹塵録』序文にも、この伝説が踏まえられている。「人の世は一長夜なり。（中略）皆これ夢なり。この書、夢中に夢を説くのみ[30]」。勝は一方で、あるいは役に立たないかもしれない古文書の塵を払ったのであるが、他方では、その古文書から現代の政治経済にも有益な教訓が得られるかもしれない、と期待した。事実、勝は完成したばかりの『吹塵録』を、時の大蔵卿であった松方正義に手ずから届けている。

松方正義は一八八一年に大蔵卿となると、すぐに通貨収縮の政策をとった。この「松方デフレ」は、裕福な地主や実業家には利益をもたらしたが、農家や都市部の貧困層には打撃を与えることになった。政府は富と権力の正当な分配を訴える地方の暴動を武力で押さえつけた。一八八五年になると、自由民権運動も勢いを失い、政府は天皇に「犯しがたい聖性」を与える憲法の整備を急いだ。同時期には教育も急速に国家主義的なものへと傾き、一八九〇年の教育勅語の成立をもって一つの極点に達した。日清戦争（一八九四―九五）が勃発すると、明治の天皇制はその潜在能力をすべて発揮する。ある意味で、天皇に絶対的な力を与えるという明治維新の目的は、この時になって達せられたとも言えよう。

先に述べたように、一八八九年に完成した『復古記』や『明治史要』のような〈公式〉な歴史記述も、同様の点を強調している。勝をはじめとする旧幕臣の歴史家たちが、それに反対したことは言うまでもない。福地源一郎と同じように、勝も京都側の勢力を高く評価することはしなかった。内戦の原因は、あくまでも幕府が限界を超えてその勢力を拡大しようとしたことなのだ。勝は、「牧民」をなおざりにした幕府の指導者たちにその責任を帰している。また、勝も福地も、天皇の「復古」よりも「倒幕」のほうに重きを置いている。

『吹塵録』は、松方正義による一八八〇年代の経済政策に対する批判とも読める。一八八七年五月八日、『吹塵録』の刊行と同年に、勝は伯爵に叙された。この栄誉を拒絶しようとした勝は、病を理由に叙爵式を欠席する。代わりに五月二十五日、時の総理大臣伊藤博文を訪ねた勝は、叙爵に感謝を述べながらも、経済、政治、外交、文化をめぐる政策の問題点を二十にわたって連ねた文書を提出している(31)。特に問題視されたのは、政府の要職を薩摩・長州の出身者が独占する傾向であった。依怙贔屓や派閥争いよりも、一般国民の福利をこそ優先するべきである。「年々下民貧困に陥入り候様に及べば、（中略）府政の欠乏を生じ候」と勝は警告する。減税政策や、兵役に代わる選択肢の整備も必要である。例えば、その労働力を鉄道の建設に振り分けることも火急の課題である。専制政治は放逐し、改革は緩やかに、常に国民の利益を考慮して進めるべきである。隣国の中国にも、敬意を払って然るべきである。「支那は隣国、まことに我国の制度文物悉く彼の物より伝来せし国柄故、今更仇敵の様御覧なされず、信義を以って厚く御交際片寄り申さず、愛憎偏頗に陥いらざる様なされたく候(32)」。そして、最後に勝は、この頃の舞踏会の流行にも苦言を呈している。「近来高官の方、さしたることもこれなきに宴集夜会などにて太平無事、奢侈の風に相流れ候やに相見え候(33)」。それは、農業従事者が地代や租税に喘いでいるのを尻目に、毎晩のように踊り明かしていた松方や伊藤に対する掣肘でもあった。一八八〇年代後半の指導者の態度は、一八六〇年代の幕府の指導者のそれと変わらないのではないか、そうであるならば末路も同じになるのではないか、と警鐘を鳴らしたのである。

　さらに『吹塵録』は、徳川幕府が理想とした経済政策と現在のそれとを比較することで、間接的に松方を批判している。勝によれば、徳川の世のほうが税金は安く、なおかつ徴収も公平であった。良い政府というものは「牧民」のために汗をかき、大衆の不満に常に敏感でなければならない。幕府の法令は、秩序立って安定した社会の形成に寄与していた。改革や法の改正は熟慮のうえで初めてなされ、なおかつ緩やかに進められた。

勝は、近世の社会を部分的にではあれ肯定的に捉えた最初の「歴史家」の一人である。それはのちに、明治までの世は封建的な暗黒時代であったというイメージの払拭を試みることになる歴史家たちの言説を先取りしていた。(34) 勝の文章の行間から浮かび上がってくるのは、むしろ明治政府に対する鋭い批判である。熱心に変化を求める政府の姿勢の陰で、徳川の世の法律や習慣は次々と抹消されていった。だが、新たな制度は安定した社会の構築に失敗し、人々は多くの点で昔よりも不幸になっていたのである。勝の結論は、明治維新を経た世であろうとも、近世の経験は大いに活かすべきであり、そこには問題解決に資する教訓や耳を傾けるべき警告がいくらもある、というものであった。

勝の維新

勝は徳川幕府の文書を保存したのみならず、幕末のいくつかの出来事に関する証言も残している。ここで勝は(当時はまだ公刊されていなかった)日記を素材に、自身の目線から一人称的な書き方をしている。(35) このような著作には『解難録』(一八八四年)、『断腸之記』(一八八八年)、『外交余勢』(一八八九年)、『幕府始末』(一八九五年)などがある。(36) さらに晩年になると、勝は口述筆記の回想録である『氷川清話』(一八九八年)と、対話集である『海舟座談』(一八九九年)も発表している。(37) これらに見える勝の維新観は、言うまでもなく、〈公式〉のものとは大きく異なっている。むしろ勝は、一八八〇年代に出現しつつあった様々な歴史の解釈や語り方に刺戟を受けて、自らの見解を示したのだとも言えよう。勝にとって、若い明治天皇やその支持者たちは、維新においてさほど重要ではなかった。福地源一郎と同様に、勝は幕府の終焉ということに重きを置いた。その歴史の主人公は徳川慶喜であり、物語のクライマックスは一八六七年暮れの王政復古のクーデターではなく、あくまで一八六八年春の江戸城の無血開城であった。以下は、勝が一八八〇年代半ばに著しながら一八九五年まで公刊されることのなかった『幕府始末』で語られる、勝自身による「幕府最期の日々」である。[38]

旧幕府軍が御所を奪還しようと試みて失敗し、鳥羽・伏見の戦いに敗れたあとの一八六八年一月十二日に、徳川慶喜は江戸城へ入った。この時点から四月十一日の開城までの期間の出来事は、勝によって詳細に記録されている。「慶喜、江戸に帰りて、入城せしより以来、旗下、諸官員、諸士の激昂甚だしく、(中略) ただ恐憤暴動、制止すべからず。山蜂の大巣を破壊したるがごとし[39]」。小栗忠順らは慶喜に戦い続けるよう迫ったが、勝によれば、慶喜はそれをよしとしなかった。二月十一日には恭順の意志を示して蟄居した。勝はこの決断に満足したものの、ほかの家臣は戦を呼びかけたという。「箱根の険に拠りて官軍を防禦し、関東の諸侯に結んで鼎峙の勢を固くせん」という意見や、「或いは慶喜、単騎にして上洛あらば、英士輩ますます奮って、軍機いよいよ盛大に及ばん」という意見も聞かれた。また、軍艦を大坂に送るべきと主張する一団もあった。いずれにせよ、大勢が異口同音に叫んだのは、「薩摩、長州の二藩を討たん」ということであった。[40]

勝によれば、慶喜は何とか家臣たちの闘争心を抑えようとした。

我、多年禁闕に接近し、朝廷に対して疎意を挟まず。(中略) 天裁を仰ぎて、従来の落度を謝せむ。且、臣等憤激、その謂れ無きにあらずといえども、一戦結んで解けざるに到らば、印度・支那の覆轍に落ち入り、皇国瓦解し、万民塗炭に陥入らしむるに忍びず。その罪を重ねて、益々天怒に触れんとす。臣等も我が此意に体認し、敢えて暴動するなかれ。若し聞かずして、軽挙為さむ者は、我が臣にあらず。(41)

また勝自身も、性急な行動は慎むよう周囲に働きかけた。戦に勝つことは可能だが、降伏したほうがよい結果になると説いたのである。

今もし戦いに決せば、邦家安危のために一死を期せんのみ。我軍艦を督し、駿河の海浜に出で、上陸、二、三百の兵をもって官軍を拒まば、我が兵寡少、衆寡敵せず一敗せん。その敗に乗じて敵兵、清見関、清水港に逼らば軍艦を進めて横にこれを砲撃せん。極めて敵を破ること必せり。即時に我が兵を増し接戦し、艦より敵の中央を打撃せん。反掌時間、必勝すべし。この機に乗じて関東の士気ますます奪わば、ただちに海道の味方を督責し、火を放って敵の来往を防ぐべし。然らん後、軍艦三隻を率いて摂海に乗入り、西国、中国の海陸を絶ち、時宜に拠りて大坂市を焼き払い、京都の糧道を拒絶し、暫く天下の変を窺わん。(42)

だが勝は、その勝利も幻に終わるだろうと釘を刺した。徳川幕府による支配は実現せず、戦闘状態が続けば外国による占領を招くと忠告したのである。「然れどもこれより天下瓦解し、四方の大侯伯は各々争いて外国に通じて、その便を逞しくせんとし(後略)(43)」。

次いで勝は代替案を出した。

およそ関東の士気、ただ一朝の怒りにその身を忘れ、従容として大道を踏む人乏し。いま彼、大勝に乗じ、天皇を護して群衆に号令す。尋常の策の如き、その敵する所にあらず。我、今、至柔を示し、ただ国家の安危、万民の塗炭を心とし、報ゆるに誠意をもってし、城渡すべし。土地納むべし。職権天下の公道に処して、家の興廃はただ天に聞く。彼またこれを如何せん。然りといえどもこの事至難にして、容易に行うべからず。(44)

また勝は、自身の平和的な解決への努力に対し、脅迫を受けたことも記録に残している。「その［勝の］首を切って軍神を祭らんとする者多し(45)」。一度などは旧幕府軍の兵士が脱走しないようにという牽制の意味で勝のいる方向に銃が発砲され、勝のそばに立っていた三人が命を落としている。それでも勝の決心は全く揺らがなかった。「一点疑念を存せず。もし百万の無辜を救うにあらずば、我まずこれを殺さん(46)」。

そして勝は、西郷隆盛との江戸城の明け渡し交渉について記す。交渉は一八六八年三月十三日および十四日に行われた。勝は西郷に向けて、次のように宣言したそうである。官軍が「猛威を奮い、白刃飛弾をもって」人々を脅かす現状に対して「一兵をもって」応戦すれば、「無辜の死ますます」増えて庶民の苦しみは長引いてしまう。軽率な行動に出ても「海外の一笑を引」くことになるのは目に見えている。城を渡せば、「江戸城下は皇国の首府」となり、「徳川氏数百万石の禄地」を、政府の出資に充てることができる。「印度、その他」の国々と同じ轍を踏まないためにも、戦をして「我が国民を殺」すことは避けねばならない。むしろ、ここでお互いに正しい選択をすれば、「朝威これより興起し」、その評判は「全国に及び、海外諸国これを聞きて国信一洗、和親ますます固」くなること請け合いである。[47]

勝の主張は効果的だった。西郷はすぐに攻撃の命令を解き、黄昏どき、勝は目立たぬように「単騎」で帰途についた。それでも「赤羽根近傍」で三度も銃撃されたものの、「幸いにして弾丸頭上を過ぎて」無事であった。[48] こうして無血開城が実現し、徳川家への措置も寛大なものとなったのである。「慶喜死罪一等宥され候間、水戸表へ退き、謹慎これあらるべくの事」[49]。

勝の記録は、新政府への警告で締めくくられている。方向を誤れば、新しい政権も旧政権に劣るものとなりかねない。それでは昔話に出てくる、「ただ五十歩にして、百歩を笑う」武士の同類となってしまう。[50] だからこそ勝は、次のように決意を語るのだ。

故に希う。後人、維新の功業成りて足れりとせず。功に誇りて栄貴に安んぜず、国中人民をして、協力同心、いよいよ興起せしめ、もって雄を東洋に輝かし、ついに宇内に雄飛せんことを忘れず、もって漸次富国強兵の基を固むるに至らしめんことを。ああ、果してよく、かくの如くならば、身首を断たれ、重刑に処せらるるもまた何をか恐怖せんや。[51]

保守派の反撃

勝の明治維新の記録は、国益を守ろうとする幕府方の決断に焦点を当てたものとなっている。勝は抑制すること、調停することの重要性を説く。一八八〇年代に世に出た、勝のものをはじめとする語り直しの歴史では、天皇を頂点に返り咲かせようとする薩摩・長州の若い活動家たちの姿は小さく描かれている。キャロル・グラックが指摘するように、憲法が発布された一八八九年の時点では、「尊王」や「攘夷」というスローガンもすでに魅力を失っていた。王政復古の「意味はすでにかなり小さなものになっていたので、近代日本に優位性を与えるためには、ほとんど歴史を再創造する必要があった」のである[52]。専制主義に打ち勝つために「第二の維新」が必要とされた以上、新たに書かれる歴史は公論や公益を尊重した、大衆のための歴史でなければならず、勝の場合は、徳川家が新国家に果たした貢献を語ることにしたのである。それに加え、東京帝国大学などで始まった批判的な歴史学の発展により、天皇を中心に据えた「国体」の信憑性は徐々に低くなっていたのである[53]。

保守派はむろん抵抗した。例えば教育勅語（一八九〇）は、学問の自由を圧迫する目的で利用することができる。一八九〇年代からは事実上、皇室についてはこれを讃える以外の文章を書くことは難しくなる。一八九一年には、神道を単純な自然崇拝と捉え、なおかつ『古事記』を含む古代の史書の正当性を疑問視した東京帝国大学の歴史学教授、久米邦武が批判に晒されている（岩倉使節団の公式な報告書を執筆した人物でもある久米については、「エピローグ」で取り上げる[54]）。一八八〇年代から一八九〇年代にかけては保守的な学会の設立も相次いだが、これらの組織の目的は日本の天皇制の独自性を明らかにし、その評価を向上させることであった。例えば一八八八年には、西村茂樹らの協力で明治会が設立されている。その会誌である『明治会叢誌』では、日本の国体の独自性が繰り返し説かれた。また、同年には三宅雪嶺、志賀重昂などが政教社を設立し、「国粋保存」を謳う雑誌『日本人』を発行した[55]。特に歴史編纂という行為に強い関心を持っていたのは、一八八九年に設立された維新会である。薩摩、長州、土佐、水戸などの旧大名に加え、三条、岩倉、中山などの有力な公家によって組織されたこの会は、「明治中興の大業」を伝える文書の収集をその目的としていた[56]。維新会は学問的に中立の立場を取るという建前ではあったが、皇室の支持者からなるその構成員からしても、天皇への忠誠というイデオロギーに傾いていたことは明らかである。維新会はその主な活動として、巨大な歴史資料の編纂を行ったが、一八九二年の開始から一九三八年までの間に、明治維新に関わった男女への聞き取り調査を中心とする四百十一巻からなる叢書を刊行している。政治的な偏向はあるものの、この「史談会速記録」は明治維新の研究に欠かせない史料となっている[57]。

福澤諭吉は、徳川家の側に立ってなされた幕府の終焉に関する言説に、しばしば批判を行っている。一八九一年には「痩我慢の説」の原稿の写しを勝海舟、榎本武揚、木村芥舟、栗本鋤雲など、旧幕府の生き残りに送りつけた。この論評は、明治維新において勝や榎本が見せた「痩我慢」の欠如を批判するものである。福澤に言わせれば、無血開城は姑息な手段であった。徳川の兵士を鼓舞しなかったことは、長い目で見れば、日本の武の心を弱体化させることに繋がるのである。

　左れば当時積弱の幕府に勝算なきは我輩も勝氏とともにこれを知るといえども、士風維持の一方より論ずる時は、国家存亡の危急に迫りて勝算の有無は言うべき限りにあらず。いわんや必勝を算して敗し、必敗を期して勝つの事例も少なからざるにおいてをや。然るを勝氏は予め必敗を期し、その未だ実際に敗れざるに先んじて自から自家の大権を投棄し、ひたすら平和を買わんとて勉めたる者なれば、兵乱のために人を殺し財を散ずるの禍《わざわい》をば軽くしたりといえども、立国の要素たる瘠我慢の士風を傷うたる

の責は免かるべからず。(58)

無血開城は、勝にとっては維新の頂点であったが、福澤から見ればそうではなかった。むしろそれは、日本史上における恥ずべき汚点なのである。勝の穏便な手段は、大和魂を傷つけるだけでなく、国のために闘おうとする人々の心に横槍を入れるものでもある。「今後敵国外患の変なきを期すべからざるにおいてをや。かかる大切の場合に臨んでは兵禍は恐るるに足らず、天下後世国を立てて外に交わらんとする者は、努々吾《ゆめゆめ》維新の挙動を学んで権道に就くべからず」と福澤は主張する。(59)だが勝にとっては、そのような調停の努力、抑制の精神、平和の希求こそが日本の国家を守り、前進させるために不可欠だったのである。この二つの見方は、歴史上に維新を位置づけるうえで対極に位置しているだけでなく、過去をどのように現在に結びつけるかという点においても大きく異なっている。「瘦我慢の説」は、一八八〇年代から一八九〇年代にかけての日本の外交政策に対する福澤の意見を如実に反映している。平和的な交渉は、軍備増強の代替手段とはならない。国防のために、国民は命を投げ出す覚悟を固めなければならないのである。しかし、勝はそのようには考えなかった。多くの命が失われたことを嘆く勝は、アジアで戦争を展開しても得をするのは西洋列強だけであると考えたのである。アジア諸国との間に存在すべきは協力体制であり、競争ではない。このように、江戸城の開城をどう解釈するかということは、日本の風土や外国との関係性をめぐる論争と結びついていたのである。

結論

徳川の陸海軍のあり方や外交政策に関する勝の取り扱いも、同様に明治維新についての〈公式〉な語りを疑問視し、歴史記述が行われた時点で存在した数々の国内の問題や外交政策を批判する材料を提供するものである。例えば勝は、莫大な金額をかけて将軍を京都に移すという案に反対する一八六三年の文書を引用しながら、実際には松方デフレに端を発する貧困など、多くの課題を抱える一八八〇年代後半の日本に物申しているのだ。

邦内上下、愛国の念慮変遷して、ついに不平を生じ、再変して紛争起り、同属相喰む。その究極測るべからず。これがために国財空費す。その費用に供するものは、細民の膏血これを絞り、なお足らず、家破れ、上下困弊す。ついに外国の財を仰ぐに到り、後、財政その途を失して止む。(60)

また勝は同じく、一八六〇年代条約改正についての徳川家の試みについて語りながら、薩摩・長州出身者に主導される同時代の外交政策を暗に批判しているのである。

勝は近世を、近代の経済や国力の発展に結びつけた初期の歴史家の一人である。勝は日本の近代化を、明治新以前から語り起こしたのだ。二百五十年以上にわたる平穏な時代を築いたのは、確かに幕府の官僚制であり司法であった。開国を決定したのも、やはり幕府である。一八五〇年代には、幕府は軍部の西洋化を打ち出した。西洋式の学問所を開き、専門家を招いて最新技術を学んだ。欧米に使節団を送り、外交の技術を磨いた。つまり、勝が示唆するところによれば、今日の日本の達成は、天皇の支配に拠る部分よりも、幕府の遺産に拠る部分のほうが大きいのである。明治維新をめぐる勝の歴史観は、変革よりも持続に重きを置いたものと言えるだろう。一八八〇年代後半から一八九〇年代前半には、キャロル・グラックが「日本の近代的神話」と呼ぶものが表出してくる。勝海舟らも過去を起点としていることは同様だが、そこでは「創造された過去」ではなく現実が重視された。勝にとっての近代日本の起源は、天照大神ではなく近世なのである。

同時に、勝をはじめとする明治維新の歴史家たちは、意図的に過去と現在を結びつけた。一八八〇年代後半から一八九〇年代前半に提出された維新の性質に対する様々な見方は、当時の日本が直面していた国政や外交の様々な問題を反映している。一方では「保守的」な解釈が、日本帝国の野心を後押しする自己犠牲や忠誠の精神を正当化した。そして他方では勝らが、徳川という過去をより肯定的に捉えたのである。鎖国は平和と持続のための政策であったのであり、必要が生じた時、幕府は変化を恐れず、開国を選んだ。また、勝が強調したのは、感情よりも理性を尊重すべきである、ということであった。一八六〇年代後半と同様に、一八九〇年代後半においても、敵対的な状況を作り出す前には熟考せねばならない。植民地をいくつも持つ軍事大国となる野望よりも、勝は寛容と抑制の精神をもってアジアの兄弟たちと共存することを求めた。福澤と同じく、勝も三河武士を取り上げているが、勝が重視するのは「瘦我慢」ではなく「忍耐不抜」の精神である。(61)

一八九七年、死の二年前にも、勝は再び歴史に材をとり、足尾銅山による環境汚染と水害への政府の対策に苦言を呈している。「旧幕は、野蛮だと言ふなら、夫で宜しい。伊藤さんや、陸奥さんは、文明の骨頂だと言ふじやないか。文明と云ふのは、よく理を考へて、民の害とならぬ事をするのではないか。夫だから、文明流になさいと言ふのだ」[62]。歴史をめぐるどのような論争においても、一方が完全に正しく、一方が完全に誤っているということはない。歴史とは解釈であり、しばしば社会への批評でもある。勝海舟もまた、同時代の問題を念頭に、過去の〈公式〉な記録に対抗したのであった。百五十年後の現在においても、歴史家たちは明治維新について議論を続けている。いまや遥か過去のものとなった明治維新をめぐる様々な見方は、現代にも確かに関連性があるのだ[63]。

注

（1）*New York Times*, 15 December 1868.

（2）東京大学史料編纂所編『復古記』第七巻、（東京大学出版会、一九七五年）、二一五頁。

（3）王政復古の視点を中心とする明治維新に関する〈公式〉見解がどのように形成されたかについては、大久保利謙『日本近代史学の成立』（吉川弘文館、一九九八年）、三九―五八頁、および田中彰『明治維新観の研究』（北海道大学出版会、一九八七年）、六―二四頁を参照。

（4）Numata Jiro, "Shigeno Yasutsugu and the Modern Tokyo Tradition of Historical Writing," in Beasley and Pullybank ed., *Historians of Japan and China*, London: Oxford University Press, 1961, p. 265 より。John S.Brownlee, *Japanese Historians and the National Myth, 1600-1945*, University of British Columbia Press, 1997 も参照。

（5）東京大学史料編纂所編『復古記』全十五巻（東京大学出版会、一九七五年復刻）、東京大学史料編纂所編『明治史要』全二巻（東京大学出版会、一九六六年復刻）。

（6）『復古記』については、田中前掲書、七一―八九頁を参照。

（7）「文明史論」の歴史学については、大久保前掲書、一〇九―一三四頁、および田中前掲書、二五―三五頁を参照。

（8）田中前掲書、三二頁。

（9）福沢諭吉『文明論之概略』（岩波文庫、一九六二年）、九一頁。

（10）同右、九三頁。

（11）田中前掲書、三六―三七頁。

（12）田中前掲書、五一―五六頁。

（13）M. William Steele, "Integration and Participation in Meiji Politics," *Asian Cultural Studies*, no. 14, 1984, p. 132.

（14）幕府側に立った歴史記述については、田中前掲書、一四一―一八〇頁、および大久保前掲書、三五四―三七五頁を参照。

（15）Carol Gluck, *Japan's Modern Myths: Ideology in the Late Meiji Period*, Princeton University Press, 1986, p. 24.

（16）田中前掲書、一五二―一五三頁。

（17）福地源一郎『幕府衰亡論』（平凡社東洋文庫、一九六七年）、五頁。

（18）福地についての優れた伝記に、James Huffman, *Politics of the Meiji Press: The Life of Fukuchi Genichirō*, University of Hawai'i Press, 1980 がある。

（19）勝海舟の伝記には松浦玲『勝海舟』（中公新書、一九六八年）、石井孝『勝海舟』（吉川弘文館、一九七四年）がある。

（20）勝と西郷の交渉（および徳川家に対する新政府の方針を拒絶しようという試み）については、M・ウイリアム・スティール「維新への抵抗」（近代日本研究会編『年報・近代日本研究　三　幕末維新の日本』山川出版社、一九八一年、一六三―一七六頁）を参照。

（21）『勝海舟全集』第二十一巻（勁草書房、一九七四年）、五一六頁。

（22）勝の生涯をたどる研究では、維新までを取り上げるものが圧倒的に多く、維新後の勝の政治的思想や活動に目を向けるものは少ない。例外としては松浦玲『明治の海舟とアジア』（岩波書店、一九八七年）が挙げられる。

（23）『勝海舟全集』全二十一巻、別巻二（勁草書房、一九七二―一九八二年）のうち、六巻―十巻に所収。

（24）『勝海舟全集』第十二巻―十三巻に所収。

（25）『勝海舟全集』第十五巻―十七巻に所収。

（26）『勝海舟全集』第一巻―五巻に所収。

（27）田中前掲書、第六章「佐幕派の維新観」（一四九―一七九頁）。

(28) 大久保前掲書、三四六―三五五頁。
(29)『勝海舟全集』第六巻所収の、大口勇次郎による『吹塵録』解説(四四六―四六八頁)、特に四五〇頁を参照。
(30)『勝海舟全集』第六巻『吹塵録』、iii頁。
(31)『勝海舟全集』第十四巻、四五一―四五二頁。
(32) 同右、二五八頁。
(33) 同右、四五二頁。
(34) 近世が「創造」されてゆく過程については、Carol Gluck, "The Invention of Edo," in Steven Vlastos, ed., *Mirror of Modernity: Invented Traditions of Modern Japan*, University of California Press, 1998, pp. 262-284 を参照。
(35) 勝海舟の日記が初めて完全な形で公刊されたのは、『勝海舟全集』十八―二十一巻においてである。
(36) これらの比較的短い著作は『勝海舟全集』第十一巻に収められている。
(37)『勝海舟全集』第十四巻に所収。
(38) そもそも『幕府始末』は、アメリカ人の友人E・ウォーレン・クラークの求めに応じて、自身と維新の関わりについて語ろうとしたものであった。一部は英訳されているが、それは部分的にクラークによる勝の伝記(E. Warren Clark *Katz Awa, The Bismark of Japan*, B. F. Buck & Company, 1904)に収められている。
(39)『勝海舟全集』第十一巻、二五八頁。
(40) 同右、二五九頁。
(41)「海舟日記」(『勝海舟全集』第十九巻、一五頁)。
(42)『勝海舟全集』第十一巻、二五九―二六〇頁。
(43) 同右、二六〇頁。『勝海舟全集』第十九巻、一六頁も参照。
(44) 同右、二六〇頁。
(45) 同右、二六一頁。
(46) 同右、二六二頁。

(47) 同右、二六二―二六三頁。
(48) 同右、二六四頁。
(49)『勝海舟全集』第十一巻、二六五頁。
(50) 同右、二七〇頁。
(51) 同右、二六八頁。
(52) Carol Gluck, *Japan's Modern Myths*, pp. 23-24.
(53) Brownlee, p. 96.
(54) いわゆる久米邦武筆禍事件については、大久保前掲書、一四四―一五〇頁および松沢裕作『重野安繹と久米邦武――「正史」を夢みた歴史家』(山川出版社、二〇一二年)、六六―七二頁を参照。
(55) Donald Shively, "Japanization of Middle Meiji," in Donald Shively, ed., *Tradition and Modernization on Japanese Culture*, Princeton University Press, 1971, pp. 77-119; Masako Gavin, *Shiga Shigetake 1863-1927: The Forgotten Enlightener*, Curzon, 2001 などを参照。
(56) 田中前掲書、一八二頁。
(57) 史談会編『史談会速記録』復刻版、全三百九十五巻(原書房、一九七一―一九七五年)。
(58) 福澤諭吉『丁丑公論・瘦我慢の説』(講談社学術文庫、一九八五年)、五七―五八頁。
(59) 同右、六二頁。
(60)「外交余勢」(『勝海舟全集』第十一巻、二八五頁―二八六頁)。
(61)「解難録」(『勝海舟全集』第十一巻、三五五―三五六頁)。
(62)「海舟座談」(『勝海舟全集』第十一巻、一三七頁)。松浦玲は『勝海舟』の一章を丸ごと足尾銅山の問題に割いている(一七六―一九一頁)。特に一七七―一七八頁を参照。ほかには商兆琦「足尾鉱毒事件をめぐる明治知識人」(『環日本海研究年報』第二〇号、二〇一三年、一五一―一七五頁)にも、勝への言及がある。なお、一八九七年三月二十七日付けの『毎日新聞』には、足尾銅山についての勝の以下のような言葉が引用されている。「旧幕は野蛮で今日は文明だそうだ。(中略)山を掘ることは旧幕時代からやっていた事だが、旧幕時代は当時は手の先でチョイチョイやっていたんだ。海へ小便したって、海の水は小便にはなるまい。手の先でチョイチョイ掘っていれば毒は流れやしまい。今日は文明だそうだ。文明の大仕掛けで山を掘りながら、そのほかの仕掛けはこれに伴わぬ、それでは海に小便したとは違うがね」。

(63) 福澤諭吉と勝海舟の朝鮮観に関連して起こった高嶋伸欣の教科書裁判については、以下を参照。http://www.jca.apc.org/JWRC/center/english/Courtcas.htm

第二部　〈近代〉再発見

第五章　ノスタルジアと近代——佐田介石の舶来品排斥運動

はじめに

本章は、十九世紀末の日本の西洋化という「使い古された物語」を、新しい視点から見直そうと試みるものである。当時は文明開化の視点に立って変化を強力に擁護する議論と同時に、激しい変化に反発する同じく強硬な議論も存在した。幕末・明治の有名な浮世絵師、歌川芳藤（一八二八—一八七）が一八七三年に制作した錦絵「本朝伯来戯道具くらべ」（図1）が示す通り、明治初期は日本の物質文化の特質を維持すべきか否かという問題を含め、伝統と変化の力が、時として文字通りの意味で衝突した戦場であった。この錦絵では、人力車と駕籠、西洋の靴と下駄、郵便ポストと飛脚、そして最も目を惹くランプ（石炭油）と蠟燭（行灯）といった、様々な品物の間の戦いが描かれている。

今日までの研究の多くは、西洋の文物を取り入れようという公式・非公式の試みに注目してきた。本章で行いたいのは、この絵の中に現れている保守的な側面に、より詳細に迫ることである。新たな思想や技術、そしてモノ——いわゆる開化物や舶来品——の持つ変化を促す力だけでなく、私たちが今日「近代性」と呼ぶものの本質を構成する伝統、ノスタルジア、懐疑、それにいまなお発展し続けている過去の遺産にも、同様の注意が払われるべきである。本章では特に、佐田介石（一八一八—八二）をはじめとする、明治初期に

図１　「本朝舶来戯道具くらべ」、歌川芳藤、1873年、個人所蔵。

西洋化を批判した人々に注目することにしよう(1)。

佐田は熊本で生まれた浄土真宗本願寺派の僧侶で、学問を広く修め、一八三五年には京都へ出て易学、天文学を学びながら禅の修行にも注力した。佐田は早くから蘭学の広まりを批判し、保守的な姿勢を露わにしていた。一八六〇年代には地動説を完全に否定し、仏教的思想に基づいて天動説を擁護する書物を書いている。明治初期の一八七〇年に東京へ移った佐田は、保守思想のカリスマ的論客として頭角を表した。福澤諭吉をはじめとする開化派の面々が西洋化の福音を広めていた中で、佐田は、ランプや傘などの西洋の舶来品の普及は、日本の文化的、経済的破綻に繋がると確信し、西洋の文物の輸入を飽くことなく批判し続けた。佐田の名前は、今日では明治期にまつわる研究からほぼ完全に姿を消しているが、当時は西洋の品物や思想の導入に対する反対運動の実践家として広く知られていた。

実は佐田は、自らが反対する啓蒙や人権といった思想の拡大を推進する論敵たちが用いていた技術の多くを、自らも用いている。根気強く活動を続けた佐田は地方を巡り、反西洋的な結社を作るよう呼びかけた。政府に対しても西洋化の推進に反対する一連の請願書を出している。その過程で佐田は、自らの考えを広めるため、大衆向けの冊子や新聞の社説といった新しいマスメディアを活用し、さらには諧謔や風刺などの表現手法にも手を広げたのである(2)。

佐田にとって重大な関心事の一つだったのは、西洋式ランプの日本への移入である。佐田ははっきりと、「ランプが日本を破壊する」と論じている(「ランプ亡国論」)。日本のいわゆる「開化の論法」においては、西洋の照明器具は暗い過去を葬った明治天皇の「明るい統治」と、容易に同一視されてきたのである。石油ランプとガス灯は、日本の近代性の中心的象徴となっていた。真摯な思想家であり、西洋の批判者、そして明治の開化思想への飽くなき反対者であった佐田について考察を深めることは、現在を乗り越えることへの欲求と、過ぎ去った時代やその遺物に対するノスタルジックな憧れとの間でせめぎあっていた当時の日本の、しばしば矛盾を孕んだ体験について、新たな見方を示してくれるだろう。

パロディと抵抗の政治学

政府への正式な請願や新聞記事、そして学術書の出版に加え、佐田はまさに進行中の西洋化に対する攻撃の要として「弱者の武器」を選んだ。パロディである。一八七八年頃に出版された「新撰 馬鹿の番附」は庶民に直接訴えかけるべく、大衆向けの体裁をとった（図2）。相撲番付をパロディ化した見立番付は、近世にも様々な品物や概念の順位を示すために用いられて人気を博した。単に情報を伝えるだけのこともあったが（江戸で最高のうなぎ屋はどこか、など）、多くの場合は諧謔や風刺が目的であった[3]。番付の例としては、学者、花魁、景勝地、さらには「馬鹿者」などが挙げられる。佐田は、西洋の物品の導入に反対する議論を一般に波及させるために、この諧謔と風刺の合わさった身近な手段を利用したのである[4]。

佐田は修行を積んだ僧ではあったが、西洋の物品の導入に対する反対意見の多くは経済学的な見地からのものだった。「新撰 馬鹿の番附」に添えられた説明書きで、佐田はこう説く。「世に馬鹿の種類多しといへども、皇国の産物を用ひず競ふて舶来品を購求しそれが為真貨の輸出を日に月に増加させ国の困難を顧みざる。是ほどの馬鹿あるべからず」。番付では多くの例が示される。東の大関には「米穀を喰ずしてパンを好む日本の人」、西の大関には「国産の種油魚油を捨て舶来の石炭油を用る人」が挙げられている。農民たち

図２　「新撰 馬鹿の番附」、1878年頃、江戸東京博物館所蔵。

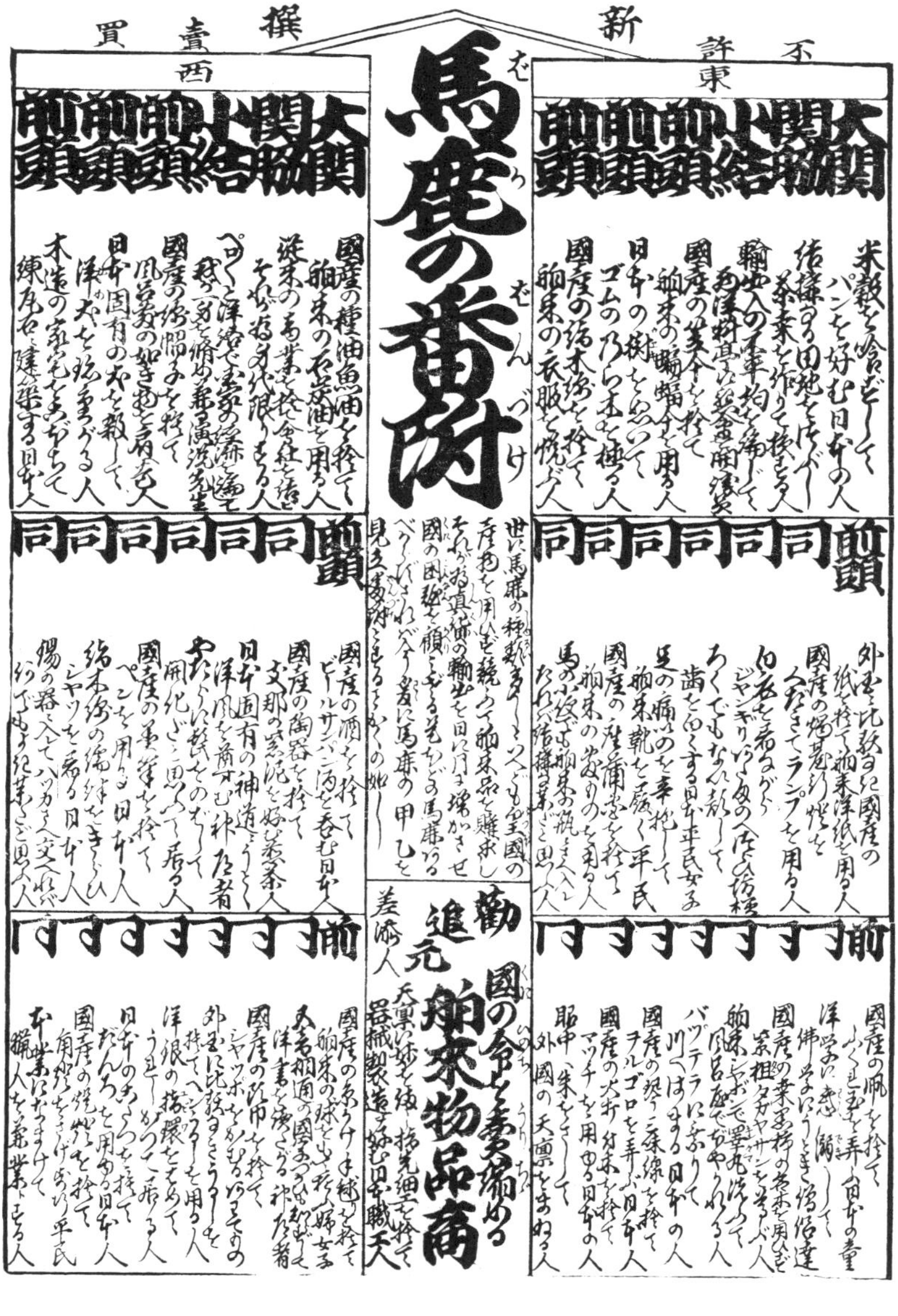

は田んぼを茶畑や桑畑に変えたことを諌められた。政府の役人たちは輸出と輸入の不均衡を話し合うために牛肉を出す西洋料理屋に集まっていることを揶揄され、学者たちは外国語を流暢に話せる一方で、自分たちの個人的な意見をまともに述べることができない、と茶化された。全部で四十二種類の「馬鹿」が示され、日本の品物（照明器具、おもちゃ、筆と和紙、酒、漆器、被り物や髪型など）を西洋の品物と交換するために捨て、国に害をなした廉で糾弾されている。

西洋化の批判者たち

もちろん、日本の西洋化の試みに反対したのは佐田介石だけではなかった。最近の研究は、近代化しつつある日本にあって「近代を抱きしめ」、受け入れることができなかった多くの人々の存在を明らかにしている。[5] 例えば、万亭応賀（一八一八—九〇）は福澤によって主導されたものを含む「近代性」一般に対し、一連の批判的半紙本を著している。[6]『近世悧蝦蟇《あきれかえる》』（図3）は新時代に幻滅した巨大なヒキガエルの物語である。人語を話すカエルが、東京の中心部でうち

図3　万亭応賀『近世悧蝦蟇』1874年、個人所蔵。

図4　万亭応賀『活論学門雀』1874年、国立国語研究所所蔵。

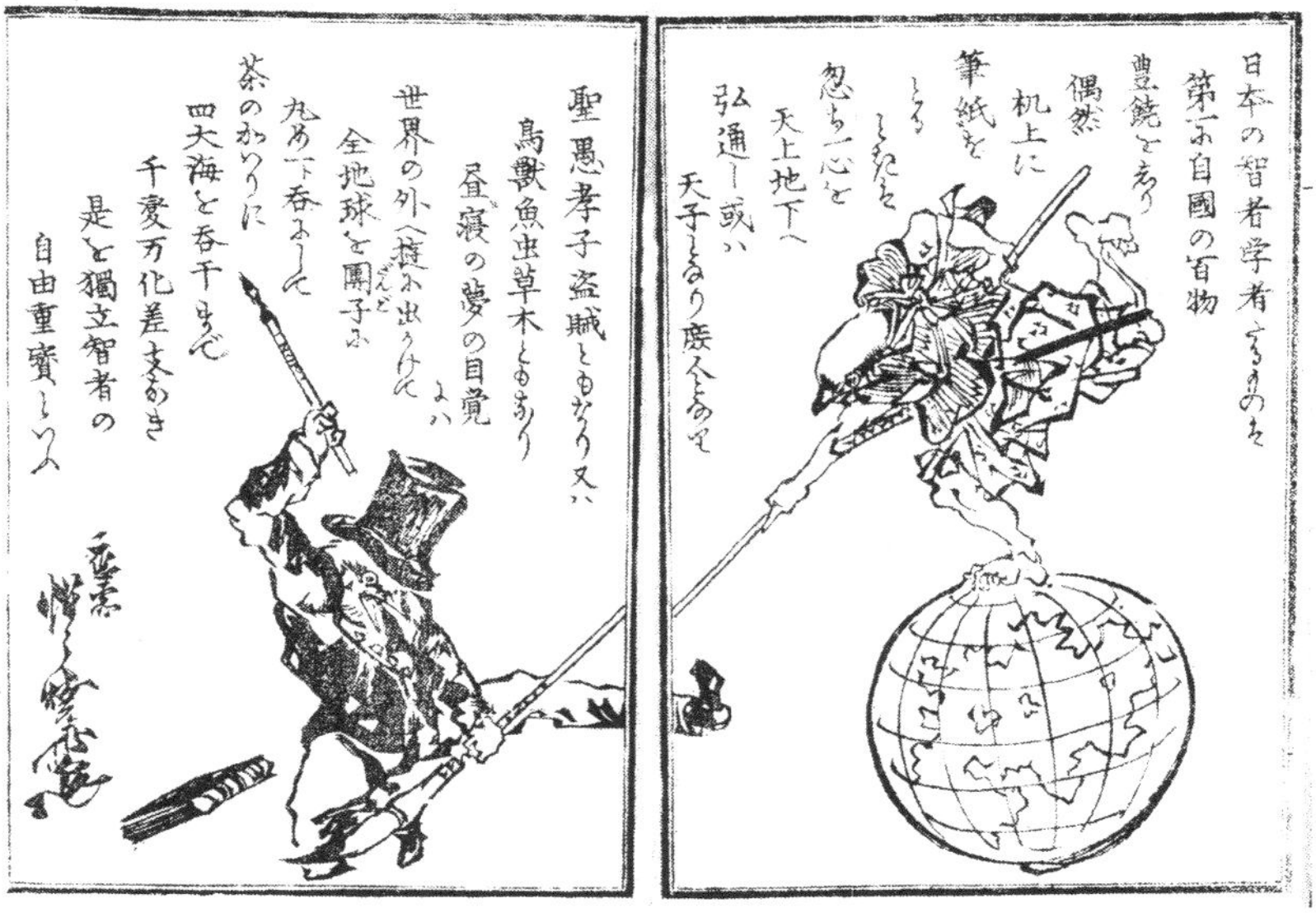

捨てられた池を守っている。佐田と重なるカエルは、「近世」、つまり現在の日本は誤った方向へ進んでいると説く。カエル曰く、明治維新以来、牛・豚肉を食べることが増え、その腐った肉を、夜に池に捨ててゆく者がいるため、池は悪臭を放つようになったのである。カエルは人々に汚染された水を飲まないよう警告し、「近世人身に付、惘かえるの四条」について語る。例えばガス灯である。「新基の夜灯は往来に発明すれども人身の暗を照らすを能せず」と、幻滅は深い。[7] ジョン・マーツが指摘する通り、『惘蝦蟇』のイメージは、読者が近代化のもたらす壊滅的損害に気づくことを願う応賀自身の欲求の表れであろう。[8]

もう一つは、福澤の有名な『学問のすゝめ』の魅力的なパロディであり、東洋の雀たちの健全さと理想を擁護した『活論学門雀』である[9]（図4）。最初の一行は、以下のように福澤と新たな道徳に対する正面切った挑戦で始まっている。「天は人の上に人を造り、人の下に人を造るとす」[10]。

万亭応賀はランプもまた標的とした。一八七四年、『東京花毛抜《はなげぬき》』という奇抜な題名で出版された、西洋からもたらされた時代の「便利」な品々に対する風刺的概論の中で、応賀は河鍋暁斎の挿絵を添えた川柳を披露している。ランプに関しては、新たな明かりが、かつてない目の酷使の原因となっていると喝破し、「眼薬と眼鏡屋が今のもうかる時節になり」と詠んだ。また『惘蝦蟇』の幻滅を踏まえ、「瓦斯燈」の項にはこんな句が掲げられた。「瓦斯よりも爪の火は腹の中までをてらします」[11]。つまり、文明が照らすべきは「聖道」であって「舗道」ではないのだ。

ランプ亡国論

日本初のガス灯は、一八七二年に横浜で設置された。その後、東京をはじめとする日本各地へ広がり、日本の開化を象徴するシンボルの一つとなった[12]。一八七〇年代の錦絵に描かれた東京の様子には、電信柱、人力車、こうもり傘、そしておなじみの蒸気機関車に加え、必ずガス灯が含まれている。灯油は一八四六年、カナダ人の技師兼地質学者で近代石油産業の父として知られるエイブラハム・ゲスナーによって初めて精製された。灯油（一般的には石炭油として知られた）は、当時照明に用いられた鯨油や、ほかの植物性の油を急速に駆逐していった。新しい油は鯨油よりきれいに燃え、価格も安かった。一八五七年の灯油ランプの発明は、西洋の家庭の照明に革命をもたらし、その影響は一八七〇年代には日本にも及んだ。

佐田介石は、まさに日本を「暗い」江戸時代から抜け出させ、新しい「明るい」明治政府の開化政策の恩恵として描写されたこれらのランプを標的とした。一八八〇年、佐田は『ランプ亡国論』と題されたランプに対する痛烈な攻撃文を著している。[13] そこには、ランプの日本への導入が引き起こし得る十六の災厄が列挙された。佐田が述べるランプの害の概略は、以下の通りである。

一に毎夜金貨大滅の害
二に国産の品を廃物となすの害
三に金貨の融通を妨るの害
四に農や工の職業を妨るの害
五に材木の価上さするの害
六に洋鉄を倍《ますます》弘むるの道を開くの害
七に舶来の糞を入るる道を開く害
八に消防の衛も及ばざるの害
九に人を焼死さするの害
十に全国終に火災を免れざるの害
十一に火原《ひもと》を殖し増すの害
十二に市街村落終に荒土となすの害
十三に五盗倍《ますます》増し殖す害
十四に罪人を倍増すの害

十五に眼力を損し傷むるの害
十六に家宅品物及び人の目鼻まで燻《くすぶ》るの害(14)

佐田は火災、道徳の荒廃と視力の悪化を案じているが、最も重要な論点は経済学的なものであった。灯油ランプの導入は国内の産業を滅ぼし、日本を海外の資源に依存させるというのである。蠟燭産業は崩壊し、菜種油と魚油業界も破壊される。佐田は厳密にも、ランプの導入によって国内の百三十一の産業が壊滅するだろうと試算している。

当初、佐田はあらゆる舶来の利器の使用に反対していたが、ほどなく妥協の必要性に気づいたようだ。さすがの佐田も、自らも講演旅行の際は鉄道に頼っていることを認めるのには吝かではなかった。また、佐田とその支持者たちは、外国製の品物に取って代わり得る国産品の開発と販売を試みてもいる。一八八一年には、国内で生産された菜種油を使った「ランプより明るい」日本の照明器具、「観光灯」を発明したと発表している。佐田は広告文で、この「日本の明かり」の特長を七つ列挙する。

この器械に七益あり。一にかの舶来のランプや石油にて出づるところの年々数千万円の金貨を防ぎ止め、我日本の種油や魚油の益を興し、我日本の数億万円の金貨融通を開く益あり。二に石油より光りが明かなり。その訳は石油の光りは白く、種油の光り赤きゆへ、種油が石油より明かなり。たとえば月の光りは白く、日の光りは赤きゆへ、日航は月光に優るがごとし。三に石油の光線は閃めきて目に害あり、故にランプにて夜業いたすもの、或ひは鳥目となり、或は近目となるあり。然るに種油にはこの憂ひなし。

四に石油にては火災の憂ひあり、種油には火災の憂ひなし。五に石油にて物をくろく燻ぼる害あり、種油にはこの害なし。六には石油のために、日本中の農民の春作の利を失へること数千万円なり。種を作るを春作となす。七に種油が潰れたるゆへ、随て油糟が潰れたり。そこで舶来の油糟或は鳥の糞の肥を買ひ入れ、日本の利を失へること大なり。(15)

このほかの「メイド・イン・ジャパン」製品としては、「観光傘」があった。この傘は、見た目は西洋のこうもり傘に似ているが、竹製の骨と耐水性の和紙を使っていた。また佐田は、「愛国に志ある諸君」に対して、佐田自身の言によれば皮製の輸入品より安く丈夫な、紙製鼻緒に乗り換えるよう促している。さらに佐田は、国内産の砂糖の高い品質を強調し、和菓子に国外産の砂糖を使うことを批判して、国産砂糖のみを用いた「観光だんご」を発明した。ちなみに佐田は、「観光」という言葉を易経の「観国之光利用賓于王」(国の光を観るは、もって王の賓たるに用いるに利し)から採っている。「観光」という言葉は、のちに「物見遊山の旅行」という意味で使われるようになったが、佐田はそれを国産の品物の重要性と優越性を強調するために用いている。易経での「観光」の意味を考えれば、佐田はまた、自らが日本のために行っている努力が、皇室に認められることを願っていたのかもしれない。

佐田介石と舶来品排斥運動

佐田は保守的ではあったが、偏狭な国粋主義者ではなかった。彼は単に、日本がその歴史、地理的条件、気候、国民性と天然資源という点で世界の他の国とは異なると信じていたのである。彼が「文明開化」に異を唱える時、その舌鋒は彼が日本固有の「文明開化」を脅かすと感じていた西洋の「文明開化」に向けられていた。それは、彼が一八七四年に政府に提出した二十三条からなる建白書の次の一文からも明らかである。「文明開化と申事西洋に限れる事ニ非す西洋ニハ西洋に固有する処の文明開化あり日本ニハ日本に固有する処の文明開化あり」[16]。例によって佐田は日本と西洋の経済発展の性質に関する違いを十五項目列挙し、その中で西洋が多くの点において日本より優れていることを認めている。例えば「洋人ハ機械を以て物品を製作する事に長し日本人ハ手ツカラ物品を製作する事ニ長す」と述べたうえで、「外国人ハ（中略）万里外の外国人と他邦人と商法致す事に大に熱達セリ我日本人ハ（中略）大に商法未熟なり」と続ける。だが、佐田は日本の産品が天然の資源から作られたものであることに誇りを持っており（「舶来の品ハ悉ク人工なり日本より外国へ渡す品ハ多ク天工物なり」）、それらの品質も高く評価している（「我日本の天工の産物の美なる事ハ西洋各国の及ばざる処なり」）。そして、「西洋ハ故《ふる》キハ劣り新シキハ勝れり日本や支那ハ故キが勝れ新きが劣れり」と述べ、新しいものを偏重する西洋の姿勢に非難の目を向ける[17]。だが、佐田によれば日本の文明開化は「発明」を重視しなかったものの、変化を完全に拒絶するものではなかった。曰く「我日本ニハ日本の文明開化有り。総体文明開化と申す事ハたとえハ暫く物品の上に就いて申さバ、自国固有の物産が初メが、後之を精にして美化する道が開けて国民に益ある処を文明開化といふべし。（中略）粗悪なる品が精美に化して無用の品と棄たれたる品が有用に可相成道を開ケたる類を我日本の文明開化といふべし」。要するに佐田は、初めは「粗悪なる品」や「無用の品」に過ぎないような国産品を「精美に化し」、「有用に可相成道を開」いてゆく力を身につけることこそ、日本固有の文明開化の本質であると説いているのだ。

図5　佐田介石「舶来品」挿絵、個人所蔵。

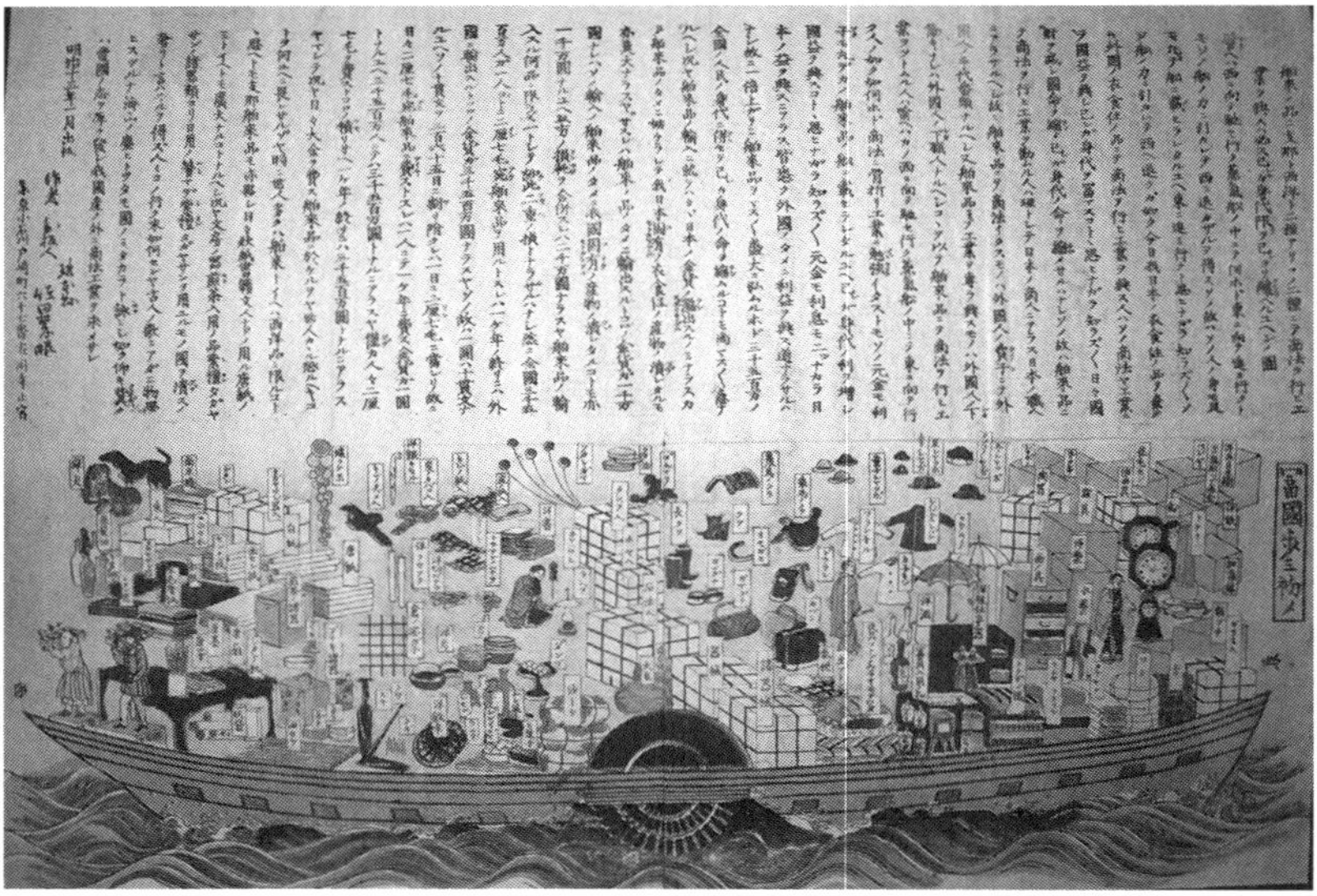

佐田の舶来品排斥運動は、政府の役人やジャーナリスト、思想家を含む日本の人々の興味を惹いた。彼は感服すべき演説の才を持っていた。谷川穣は、一八七八年から歿年である一八八二年に至る佐田の講演に関する詳細な記録を作っているが、それによれば佐田は全国の商店、民家、公民館、学校、寺などで満員の聴衆に向けて、毎日、時には日に二回の講演を行っている[18]。講演では必ず舶来品が国を滅ぼすという警句が発せられた。谷川によれば、この時期には、愛国社、報国社、豪国社、憂国社といった、多くは佐田自身を中心とする二十ほどの結社が次々に結成されていた[19]。その中には、同時期に結成された自由民権思想を広めるための政治結社やクラブを凌ぐ会員数を誇るものもあった。実際、東京、大阪、京都では、佐田の結社は日本の保守的政治家やエリート学者を会員に引き入れることに成功している。特に一八八〇年に創設された大阪報国社は五万四千六百二十五人の会員を有し、大阪周辺に八十を超え

る支部を持っていた。会の活動趣意書は、舶来品が日本を物質的にも文化的にも貧困に陥らせる、と警告している。[20]

一八八一年の初め、佐田は年来の主張をさらに強調するため、視覚に訴える挿絵入り文書を制作した（図5）。挿絵を見ると、日本を表象すると思われる船が、西洋と中国からの「舶来品」という荷を積んでいる。これは、日本からの金銀の流出という「国難」を表しているが、それ以上に重要なのは日本の文化的アイデンティティの喪失である。福澤をはじめとする西洋化論者たちはこの積荷を歓迎したであろうが、佐田はより恐ろしい事態を想像した。以下の文章は挿絵に添えられた説明であるが、西洋化が「亡国」に繋がるという佐田の論点を理解するうえで重要なので、長くなるが引用する。

舶来の品に支那と西洋と二種あり、この二種にて商法を行ひ工業を興すは、必ず己が身代限りを己れより醸《こしら》へるゆへんの図。譬へば西に向て馳せ行く蒸気船の中にて、何ほど東に向て進み行くとも、その船の力に引かれて西に退かざるを得ず。その故はその人の身も足も丸で船に載せられたるゆへ、東に進み行くと思ひながら、知らず知らずその船の力に引かれて西へ近くが如く、今日我日本の衣食住の品を棄てて外国の衣食住の品にて商法を行ひ工業を興す人は、その商法や工業にて国益を興し己れが身代を富ますことと思ひながら、知らず知らず日々国財を減じ国命を縮め、己れが身代の命を縮めざるはなし。その故は舶来品にて商法を行ひ工業を勤むる人は、理として日本の商人にあらず、日本の職工にあらざるべし。故に舶来品にて商法いたすものは、外国人の売子にて外国人の手代番頭なるべし。又舶来品にて工業を専ら興すものは、外国人の下働きなれば、外国人の下職人なるべし。ここを以て舶来品にて商法を行ひ工業をつとむる人は、喩えはかの西に向て馳せ行く蒸気船の中にて東に向て行く人の如く、如何ほど商法に骨折り工業に勉強いたすとも、その元金も利子も凡てかの舶来品の船に載せられたるゆへ、己れが身代の利を増し国益を興すことと思ひながら、知らず知らず元金も利息も二ツながら日本の益を興すにあらず、皆悉く外国のために利益を興す道ならざるはなし。故に一倍上がりに舶来品をますます盛大に弘むるほど三千五百萬の全国の人民の身代に併せて己れが身代の命を縮むることも尚ますます急なるべし。況や舶来品の輸入に就てはただ日本の金貨の濫出するのみならず、かの舶来品のために妨げられて、我日本固有の衣食住の産物の潰れたるも亦莫大ならずや。（中略）時に世人多くは舶来といへば西洋品に限ることと思へども支那舶来品も亦夥し。日々紙、書籍、文人などの用る唐紙の三といへども廣大なることとなるべし。況や文房の品、煎茶入用の品、紫檀、タガヤサンの諸器類より、日用の箸まで紫檀タガヤサンを用ゆるもの、国を潰すの奢りと言はざるを得ず。人々この行く末如何せんや、古人の歌に、あだに物思ひすつるな海山の塵ひとつたも国のみたからと詠れし如く、仰き翼くは愛国の志を厚く発し、我国産の外に商法工業を求めざれ。

この文章と錦絵は、佐田をはじめとする、「容赦なき近代化」を前になす術なしと感じていた人々の欲求不満を示す好例である。人々がどんなに全身全霊を傾けて日本という船を東へ向けようとしても、船はまるで何か見えない力に引きつけられているかのように、容赦なく西へ進み続ける。佐田は、舶来品は長期的には文化的アイデンティティの喪失と国の破産に繋がるとして、大量の舶来品を輸入することで莫大な利益を得ようとする近視眼的経済観を批判した。

佐田の過激とも思えるノスタルジアは、単なる過去への感情的な思慕以上のものであった。むしろそれは、よりよい将来を作り出すための新たな経済観を要求するものだったのである。

佐田介石の経済論

佐田が輸入超過から日本を守ることに腐心する保守派の経済論客として名を上げていた一八七八年に出版された『栽培経済論』は、井上毅、重野安繹（明治政府直属の歴史家で、日本で最初の博士号取得者）、栗本鋤雲（『郵便報知新聞』の主筆）、中村正直（スマイルズ『自助論』やミル『自由論』を翻訳した明六社会員）などを含む幅広い人々から賞賛を受けた。佐田は何章にもわたって「富国」の方法を模索したが、一八七七年に『日本開化小史』の刊行を始め、一八七七年と翌一八七八年に『自由交易日本経済論』を出版した田口卯吉（一八五五―一九〇五）のような進歩的な同時代人とは違って、国内貿易と生産の振興が日本の富国には必須であると説いた。

例えば、佐田は「経済トハ往来スルコトナリ」と述べ、経済を単に異なる地点の間での物品の受け渡しと定義し、それぞれの国がその「時ト処ト気候ト人質ト物性」に従って「物品ト金貨」のやり取りを重ね、「富国」の進展を図る必要があると述べた。[21] 目下、他の国々は全く反対のアプローチをとっており、対外取引を最大化し、逆に国内取引を最小限にしているが、日本の場合、その固有の文明開化の進め方に従って国内での商取引に重点を置き、国外との取引は限定的にすべきだ、というのが佐田の見方であった（図6）。だが、どちらの場合にも富の開拓には人々の努力が必要である。佐田の著作は、日本がいかにして富を成し、貧困から脱することができるか、また、そうすべきかを説いている。

佐田は単なる農業経済学者ではなかった。彼は変化を受け入れ、そこから利益を得ようとした。『栽培経済論』では、新たな技能や技術の拡散を通じて得られる富の実例が数多く挙げられている。佐田は発明を称賛し、「観光灯」のような西洋の品物に対抗し得る国産品の開発を奨励した。また、朱子学的な経済観念とは対照的に、佐田は消費を特に重視した。国を富ませる方法は消費を増やすことである、と宣言したのである。佐田は道徳論者ではなかった。それどころか倹約の勧めを拒絶し、贅沢品や売春に使われる金ですら、国を豊かにするものであると説いた。問題の核心は常に、経済を支えるどころか、かえって害を及ぼす舶来品の誘惑に、いかにして勝つかということであった。このように、佐田は日本の文化と経済の一貫性を阻害しない限りにおいては、新たな製品や技術をはじめとする変化を支持したのである。ライバルとも言える福澤と同じように、佐田もまた開化の申し子であったと言えるだろう。

結論

佐田のように舶来品に反対した人々について研究することは、日本の近代化の経験を理解するうえでどのような助けとなるだろうか。日本の近代史を著す際、歴史家たちはしばしば西洋化と工業化の過程を強調し、変化を誇張する。だが幸いなことに、近年の歴史研究ではそのような変化への反動、ノスタルジア、保守、そして反近代化を訴える声に、特に注意が払われるようになりつつある。一八七〇年代の舶来品の大規模な受容は、既成の政治的、経済的、文化的慣習と機構を脅かし、多くの場合、それらを破壊した。佐田をはじめとする西洋化の批判者たちは、それまでの物事のやり方を貫き、伝統を保護しようとしたのである。だが、そもそも「伝統」という概念そのものが、近代の生み出したものであることに注意しなければならない。明治時代には、過去の習慣や価値観を保存し、維持しようという欲求が生まれた。このようなノスタルジアそのものが、文明開化という衣装を身に纏うのと同じく、新しい感覚だったのである。日本の近代化を正しく理解するためには、変化を推し進めることの重要性を高らかに説く声と、それに抗する声の両方に、耳を傾けねばならないだろう。

佐田介石は、彼が「日本独自の文明開化」と呼んだものの守護者であった。彼はモノが持つ変化の力に気づいており、海外からの日用品の急速な流入が日本経済を荒廃させるだけでなく、日本文化の一貫性をも破壊するのではないかと危惧した。多くの人々は新しいもの、舶来のものを歓迎したが、佐田は一八六八年以前の日本の、より緩やかな流れに憧れた。彼のノスタルジックな衝動は、伝統の継続、社会の調和、そして日本的なものの保存を志向していた。佐田の苦闘は、日本の近代化が他の国々と同様、前を見ると同時に後ろにも視線を投げかけるような、漸進的な過程であったことの証左なのである。

注

（1）佐田の生涯と思想については、まず谷川穣「〈奇人〉佐田介石の近代」（『人文学報』第八七号、二〇〇二年、五七―一〇二頁）がある。そのほかの研究としては、奥武則『文明開化と民衆――近代日本精神史断章』（新評論、一九九三年）と田中聡『怪物科学者の時代』（晶文社、一九九八年）が挙げられよう。また、戦前の研究ではあるが、本庄栄治郎は佐田の著作の一部を編纂しており、特に経済に関する主要論文である『栽培経済論』（一八七八年）を『社会文化論　明治文化叢書第一』（日本評論社、一九四一年）として出版している。『栽培経済論』は、ほかに『明治文化全集　資料編』第十五巻（日本評論社、一九二九年、三〇七―四二〇頁）にも復刻されている。

（2）明六社の設立から一年後の一八七四年、佐田は文明開化全般、特に太陽暦、洋式の椅子、洋服、洋学、西洋の礼儀作法、軍隊の西洋化、西洋建築、鉄道、税制、自由民権、山林の管理、そしてその他十項目の日本の西洋化に関する問題点を列挙した、二十三項目からなる建白書を明治政府に提出している。これを含む佐田による政府宛ての多数の建白書は、色川大吉編『明治建白集成』（全九巻、ちくま書房、二〇〇〇年）に収録されている。二十三条の建白書は同書第三巻、九二二―九二七頁。

（3）見立番付に関する近年の研究については以下を参照。石川英輔『大江戸番付事情』（講談社、二〇〇四年）、林英夫・青木美智男編『番付で読む江戸時代』（柏書房、二〇〇五年）。後者所収の岩城紀子「維新と文明開化」（一〇八―一一七頁）に「新撰 馬鹿の番附」への言及がある。

（4）一八八二年、佐田は『世直しいろは歌　世直し一つとせ節』という反西洋化の数え歌を出版し、好評を博している。その一節は、何度も火事で家を失ってもなお灯油を使い続ける人々を皮肉っている。この小冊子は国立国会図書館のウェブサイトで閲覧可能（http://kindai.ndl.go.jp/BIImgFrame.php?JP_NUM=40032019&VOL_NUM=00000&KOMA=2&ITYPE=0）である。

（5）Brian Platt, *Burning and Building: Schooling and State Formation in Japan, 1750-1890*, Harvard University Press, 2004. Gerald Figal, *Civilization and Monsters: Spirits of Modernity in Meiji Japan*, Duke University Press, 1999. Mark Ravina, *The Last Samurai: The Life and Battles of Saigo Takamori*, John Wiley & Sons, 2004.

（6）万亭応賀の手法や作品、特に『活論学門雀』については、ピーター・ノスコほか編『江戸のなかの日本、日本のなかの江戸――価値観・アイデンティティ・平等の視点から』（柏書房、二〇一六年）所収の拙稿「近代日本の奔放なる起源――万亭応賀と福澤諭吉」（二八五―三〇三頁）を参照。

（7）「近世惘蝦蟇」（山口静一編『河鍋暁斎挿絵（1）』河鍋暁斎記念館、一九八五年、一九四―一九六頁）。

（8）John Mertz, *Novel Japan: Spaces of Nationhood in Early Meiji Narrative, 1870-88*, Center for Japan Studies, University of Michigan, 2003, pp. 76-7.

（9）万亭応賀の作品の一部は興津要編『明治文学全集〈第一〉明治開化期文学集（一）』（筑摩書房、一九六六年）に収録されている（『近世惘蝦蟇』も同書所収）。河鍋暁斎による万亭応賀『活論学問雀』および『近世惘蝦蟇』の挿絵は、それぞれ『河鍋暁斎挿絵（1）』一九四―一九六頁、二一六―二一八頁で見ることができる。

（10）及川茂・山口静一編『暁斎の戯画』（東京書籍、一九九二年）にある引用より。

(11)『河鍋暁斎挿絵（1）』一八三―一八四頁。
(12)日本のガス照明の発展については、日本ガス協会編『日本都市ガス産業史』（日本ガス協会、一九九七年）、『横浜ガス史』（同、一九七一年）を参照。江戸東京博物館編『あかりの今昔――光と人の江戸東京史』（江戸東京博物館、一九九六年）も参照。
(13)初出では「ランプ亡国の戒め」。『東京日日新聞』、一八八〇年七月十六日および十八日。
(14)『ランプ亡国論』本文は、本庄栄治郎編『栽培経済論』（『社会文化論　明治文化叢書第一』（評論社、一九四一年）に所収。
(15)田中聡『怪物科学者の時代』、二八頁。
(16)『明治建白集成』第三巻、九二六頁。
(17)同右、九二六―九三一頁。
(18)谷川穣「〈奇人〉佐田介石の時代」、八四―八五頁。
(19)同右、八七頁。
(20)同右、八八頁。
(21)『栽培経済論』上、五丁。

第六章 加速する日本——近代へと漕ぎ進む

はじめに——新しい日本と新しい車輪

一八六八年の明治維新は、政治や経済の側面から語られることが圧倒的に多い。「復古」した天皇のもとで近代国家が誕生した、という見方である。その国家は西洋化を積極的に実施し、人々の生活様式や世界観を変えた。と、このように、いわば後発国である日本が、いかに富国強兵によって西洋列強に追いつこうとしたか、という観点から多くの研究が積み重ねられてきた。だが、近代を構成するのは富や兵力だけではない。移動性、すなわち速力も重要である。もちろんこれには実際の速度だけでなく、社会の発展する速度も含まれる。ジグムント・バウマンによれば、「近代性は加速と領土拡大の星のもとに生まれる」のである。(1)新たな移動のための機械——汽車や汽船、自転車や人力車——が突如として、それも根本的に、時間と空間の関係性を変えてしまったのだ。

言うまでもなく、車輪が発明されたのは何千年もの昔である。だが日本では、政治的にも実際的にも、自由に車輪を活用できるようになったのは一八六八年以降であった。(2)そして一気に、個人の移動性が爆発的に躍進したのである。一八七一年には鉄道が社会を変革し、人々の時間、距離、速度、娯楽、移動に関する考え方を大きく揺さぶった。(3)だが、同じく明治維新の頃にお目見えした人力車や自転車については、先行研究

はずっと少ないのである。(4)

本章では自転車の社会史を試みたい。自転車はどのようにして日本に導入されたのか。速度、利便性、移動性からなる新たな文化が生まれる中で、自転車はどのような役割を果たしたのか。そして、自転車の登場により、どのような社会的、政治的変動がもたらされ、それは近代化しつつあった日本で生活する男女の世界観や生き方に、どのような影響を与えたのだろうか。

自分で漕いで進む、という行為こそ、近代性の日常的な表れなのである。一八七〇年代、自転車は富裕な有閑階級にとってのステータスであった。だが本章では、自転車をそのような特殊なものとしてよりも、どこにでも遍在する一般的な乗り物として捉えよう。二十世紀の初頭には、自転車は早くも当たり前のものとなっていた。日本中で誰もが、自転車によってもたらされる移動の自由を享受していたのである。つまり自転車は、日本が「加速」を重視する国家へと変貌してゆくのを、良きにつけ悪しきにつけ後押ししたのである。

だが、何の変哲もないもの、日常生活の基盤とも言えるものを、史料から探ることは簡単ではない。自転車に熱中した何人かの証言ばかりが歴史には記録されているが、それは彼らが生産や消費の世界を牛耳っていたからに他ならない。社会史の研究者は、そこからこぼれた断片的な情報を使い、行間を読むようにして、歴史に迫る必要がある。近代日本において自転車が日常的な「移動性」を実現したことの意味を探るには、一九二〇年代から一九三〇年代にかけてその導入が画策されたものの失敗に終わった、自転車税について取り上げるのがよいだろう。自転車税反対のための陳情書やプラカード、それらに言及する新聞記事などから、庶民が獲得したばかりの新たな生活様式を守るために、どのような声を上げていたのかが明らかになるはずである。

次節からは、まず人力車に注目しながら、十九世紀の後半に広まった「車輪による移動」について考え、そのうえで一八九〇年代に普及する「安全型自転車」に視点を移すことにしよう。ここでは、同時代の欧米で起こった「自転車ブーム」と比較してみることも有益だろう。次に、公衆の面前で自転車に乗ることを厭わなかった勇気ある女性たちについて取り上げる。彼女たちのおかげもあって、一九二〇年代には、自転車は老若男女にとってごく当たり前の乗り物となった。その一九二〇年代から一九三〇年代にかけて起こった自転車税導入に対する反対運動を見れば、いかに自転車が近代の日本人の暮らしに欠かせないものとなっていたかが明らかになるだろう。最後に、当初は男性が仕事で使うための乗り物であった自転車が、徐々に女性や子供、そして家庭に結びつく乗り物へと変化し、日本が「自転車大国」となってゆく過程を改めて考察しながら、自転車が日本の近代性を特徴づける役割を担っていたことを論じたい。

人力車という近代的な衝撃

東京の道に初めて自転車が姿を見せたのは、大変革の起こった一八六八年であった。これはフランスのミショー社による「ベロシペード」、英語では「ボーン・シェイカー（骨ゆすり）」と呼ばれる、前輪にクランクとペダルが連動するものである。人々は驚異の目を向けた。それからも次々に「車輪」が登場する。馬に引かせる馬車や荷車、人力車をはじめとする、人間の力で引く荷車やトラム、そしてもちろん、汽車である。日本の移動革命の中心にあったのは、汽車でも自転車でもなく、まず何よりその中間に位置する人力車で

図1　「東京日本橋風景」、歌川芳虎、1870年、国立国会図書館所蔵。

維新からしばらくすると、馬車、人力車、自転車など、新時代を象徴する様々な「車輪」が日本橋の景観を一変させた。

あった[5]。人力車も、江戸が東京となった直後から利用され始めている。その利点は明らかであった。駕籠や馬よりも安価で、しかも足で歩くより二倍も速いのである。歩く速度はおよそ時速四キロなので、例えば東京—横浜間の三十三・四キロならば約八時間を要する。ところが、人力車は時速八キロから十キロで進むので、僅か四時間で同じ距離を移動できた。コストが高く、利便性の劣る馬車を使っても、かかる時間はほとんど同じだったのである。上記の二つの都市を鉄道が結んだのは一八七二年である。こちらの所要時間は僅か五十二分だったが、運賃は庶民には手の届かないものだった。このように、新たな交通手段が登場したことで人々は速力と進歩の文化を体感したのだが、この感覚はすぐに近代化する世界全体を包み込むことになる[6]。

ところで、人力車の発明という手柄は、アメリカの宣教師ジョナサン・ゴーブルに帰されることがある。一八七七年の『ニューヨーク・タイムズ』紙に、以下のような記事がある。

アメリカが提供する驚異の恩恵を、日本もまた受けている。ほんの七年前まで、地上の移動手段にはさほど選択肢がなかった。歩くか、背負われるか、馬に乗るか、という程度であった。道はよかったが、なめくじのような速度でしか進まない例外的なものを除いて、車輪を活用した乗り物は存在しなかったのである。

ある鋭いアメリカ人が（中略）一八六九年か一八七〇年に発明したのが、件《くだん》の「人力車」である。その名の通り、人の腕で引く乗り物だが、これがかなり速いのだ。（中略）それは二つの車輪に乗せた新品の長椅子か、尋常でない大きさの乳母車のようなものである。

普段は一人が引くが、道がでこぼこの時や悪い時、それに長旅の時は、二人か、場合によっては三人がつく。一人用の乗り物だが、小柄な人か、体が柔らかければ、二人で乗ることもできる。これを引く苦力はたいてい力自慢で、仕事を楽しんでいるようだ。すごい持続力で、馬でも音を上げるような速度を出すことができる。

この街にはこの乗り物が何百、いや何千とあり、まさにロンドンやパリの辻馬車といった風情である。（中略）アメリカ人が外国にもたらしたものの中で、人力車ほど便利なものを筆者は知らない。何千もの雇用を生んだだけでなく、移動手段を大きく向上させたのである。地元の人にも外国人にも人気で、裕福な日本人の中には自宅に個人用のものを所有している者も多い(7)。

しかし、実際に人力車を発明したのは、三人の日本人の実業家であったようだ。一八六九年、鈴木徳次郎、和泉要助、高山幸助の三人は、東京府から人力車の製造と使用に関する許可を得ている。彼らは都心の日本橋に乗場を作り、そこで客を待った。鈴木の回想録によると、この新発明はすぐに受け入れられたわけではなかった。鈴木はまず家族や友人を乗せ、その便利さの宣伝に努めたという。[8]もちろん、日本国内やアジアに人力で引く車が全く存在しなかったわけではない。例えば中国の北部では、人や物資を運ぶ手段として猫車が普及していたし、日本にも二輪の大八車がすでに存在していたのである。だが、これらの車輪は木製であり、速度や扱いやすさには限界があった。横浜のような港町で利用された馬車が、人力車の「発明」を促した可能性は高いだろう。つまり、人力車は一からの発明品というよりも、西洋から流入していた既存の技術を創造的に組み合わせることで生まれたものなのである。こうして誕生した人力車は、ハイブリッドな、エキゾチックな製品とも言える。海外の近代性とゆかりの深い技術が、安いコストで取り入れられ、多くの人々の利用に供されたのである。[9]鈴木が新たな移動手段を宣伝するために作成した広告で述べているように、それは「高下貴賤の差別なく」「御安座なされて四方の風景」を楽しみながら自由に移動できる乗り物なのである[10](図2)。棒で支えられた駕籠を二人の舁き手が担ぐのに比べて、人力車は安く、便利で、乗り心地もよく、何より速かった。

市場の反応には驚くべきものがあった。一八七二年、登場から三年後には、人力車の数は四万台にまで増えていた。さらに一八七五年になると、十万台を超える人力車が新たな首都を行き交っていたのである。台数がピークを迎えるのは一八九六年で、全国で二十一万台にものぼった。[11]さらに人力車は、まるで容赦なく疾走する「近代性の化身」とでも形容したくなるような勢いで、アジア中（東南アジアや南アジアも含めて）どころかアフリカの一部にまで普及したのである。一九〇〇年の時点で、日本の人力車（とその安価な模造品）はアジアの標準的な移動手段となっていた。

初期の人力車は、屋根と竹で編んだ御簾のついた、小型の荷車のようなものだった。現在イメージされる

図2　人力車の広告、『東京市史稿　市街篇』第51巻より。

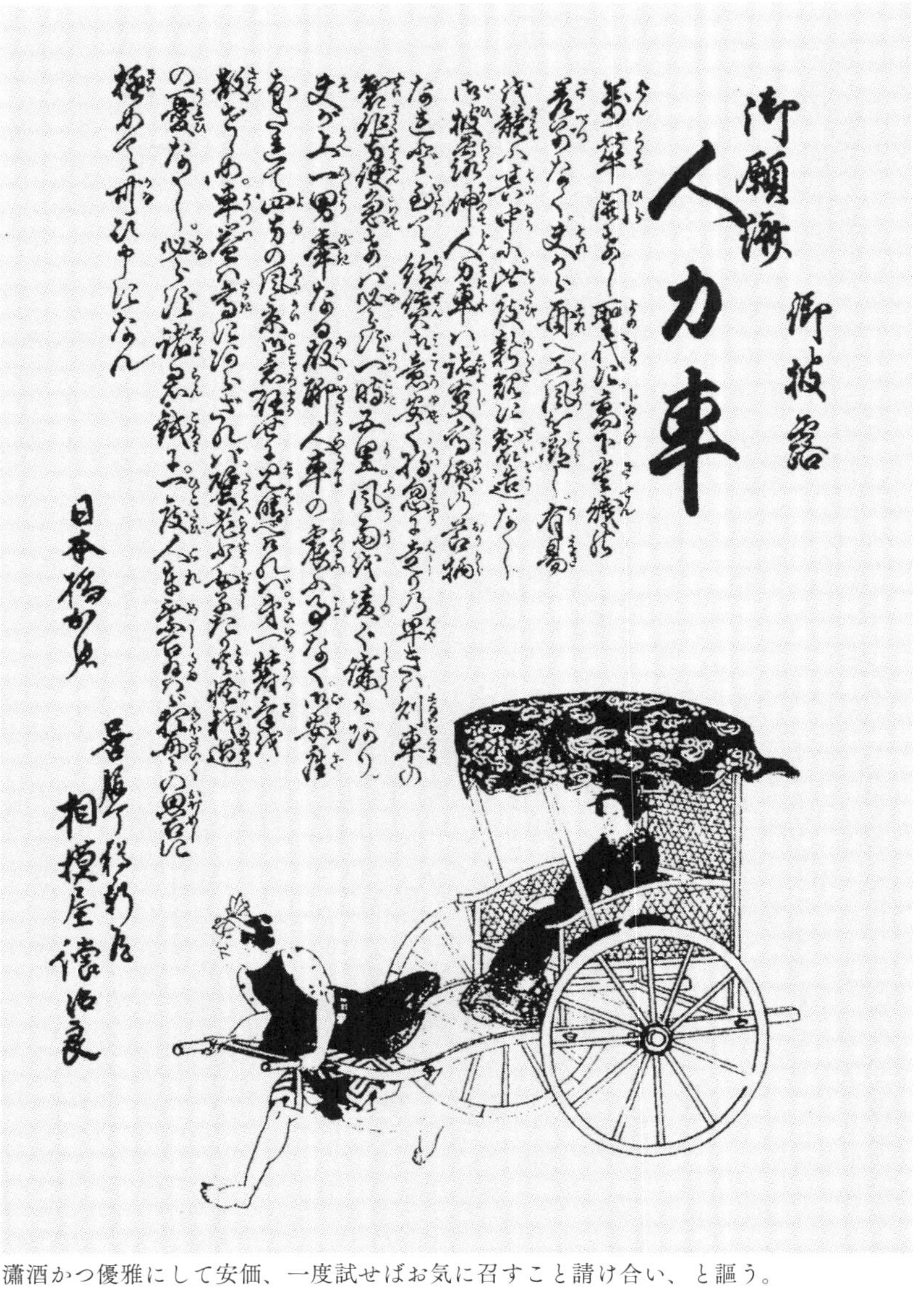

瀟酒かつ優雅にして安価、一度試せばお気に召すこと請け合い、と謳う。

図３　銀座の秋葉商店、1903年、江戸東京博物館所蔵。

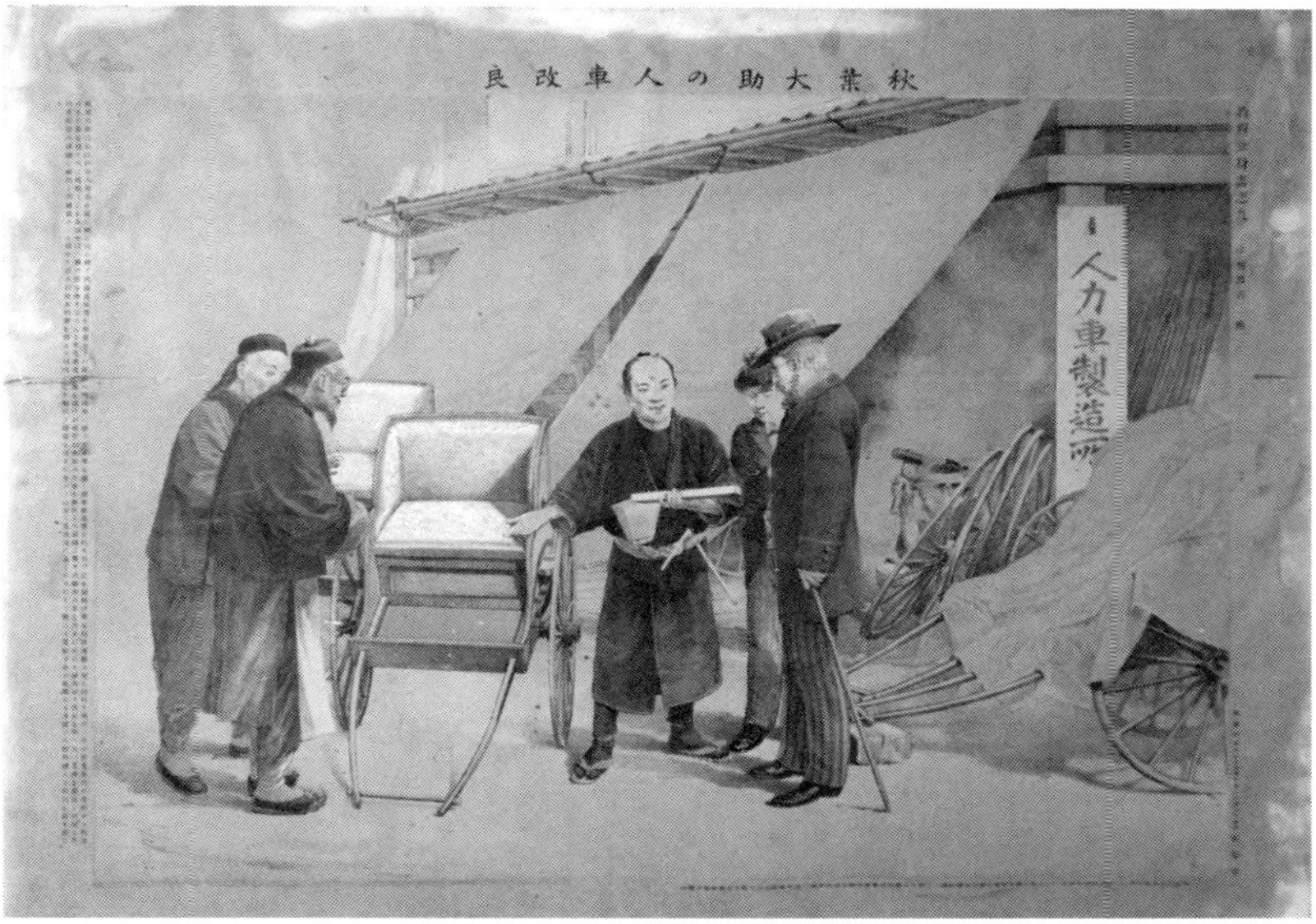

中国人や西洋人の顧客が興味深そうに見つめる。

人力車へとこれを改良したのは、実業家の秋葉大助（一八四三―九四）である。秋葉は、まず車体を小さくし、柔らかい座席、屋根、足台、泥除け、そして快適な乗り心地のために、楕円形のリーフ・スプリングを追加した。そしてそれ以上に、秋葉は乗り物をよりお洒落にした。車体を漆で塗装し、金色の葉の模様で飾ったのである。「大助車」と親しまれるまでに人力車が成功したのは、リチャード・ブリエットが指摘するように、ヨーロッパの馬車革命の場合と同様、「技術よりもその貴族的な姿」に拠るところが大きかったのだろう[12]。

秋葉は甲冑や馬具を商う一家に生まれた。一八六〇年代の後半には、川崎と東京を結ぶ駅馬車の実用化に協力し、ここで西洋式の馬車の仕組みを学んでいる。速く、便利で、安価な交通手段への需要が高まりつつあることを察知した秋葉は、一八七二年、銀座に荷車や馬車、人力車を製造販売する店を開いた[13]（図3）。秋葉商店の一九一一年

図4　「秋葉人力車カタログ」より「大助車」、1911年、江戸東京博物館所蔵。

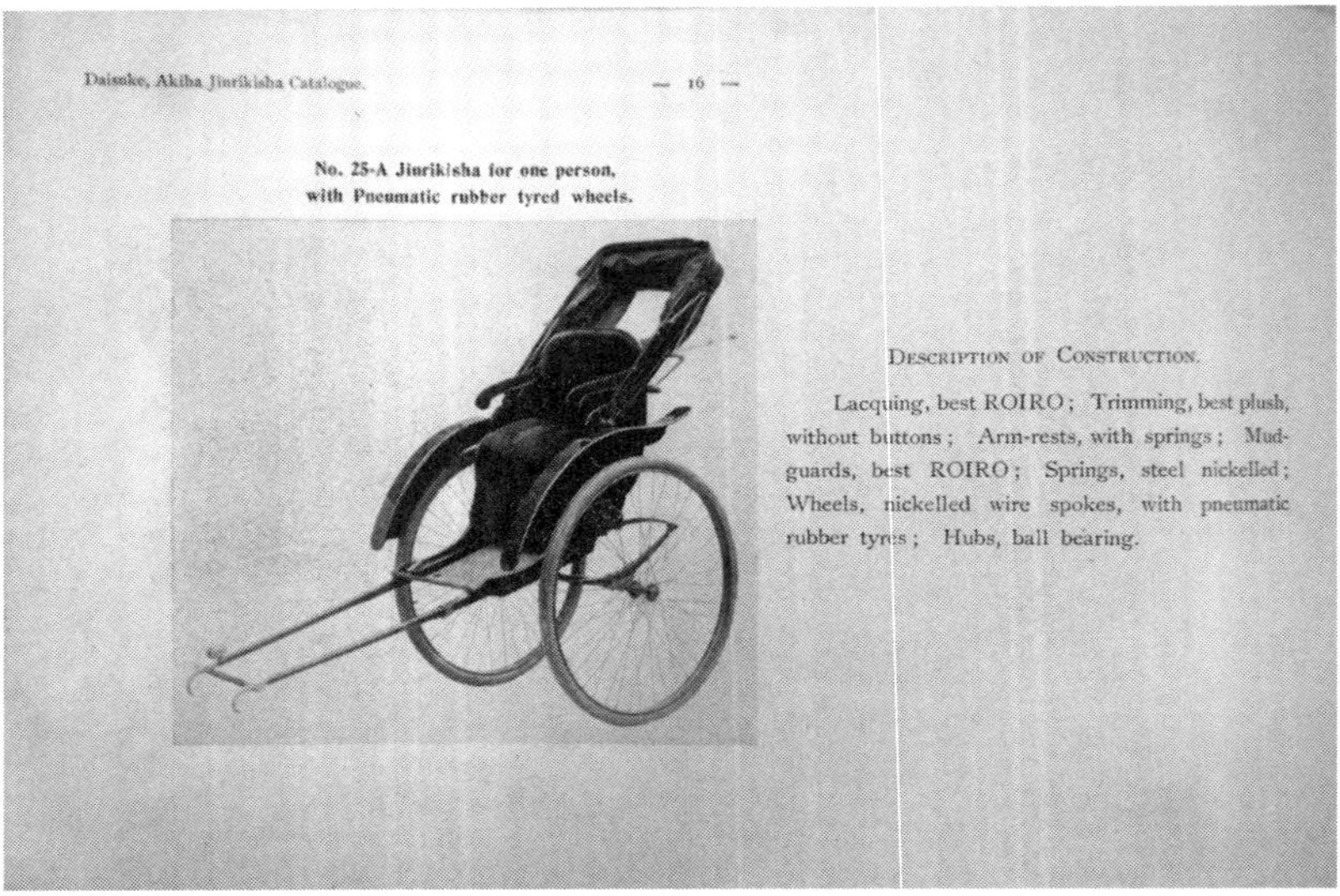
Daisuke, Akiba Jinrikisha Catalogue. — 16 —

No. 25-A Jinrikisha for one person, with Pneumatic rubber tyred wheels.

DESCRIPTION OF CONSTRUCTION.

Lacquing, best ROIRO; Trimming, best plush, without buttons; Arm-rests, with springs; Mud-guards, best ROIRO; Springs, steel nickelled; Wheels, nickelled wire spokes, with pneumatic rubber tyres; Hubs, ball bearing.

のカタログに添えられた以下の文には、当時の状況がよく表れている。

　一八六九年の人力車の登場は、社会的にまだ幼い状態にあった日本の移動手段のあり方を、全くの新時代へと導いた。登場するや人力車はその価値を認められ、次いで賞賛され、まるで山火事が広がるようにして全国にその評判が轟くようになった。一八七二年、いまや自転車産業は花盛りで、店の前には人々が列をなし、時には購入の順番をくじ引きで決めねばならないほどである。当店の大阪支店が一八七一年に開業した時もそうであった。当地の消費者は、いつも東京の品物が届くのを今か今かと待っている。そして到着するなり、すべてが売れ、店は空になる。輸送中に不備の生じた商品でさえ、喜んで引き取られてゆくのだ。[14]

日常的にタクシーのように用いるための無駄を省い

図５　「秋葉人力車カタログ」表紙、江戸東京博物館所蔵。

た車体から、ほとんど芸術品と呼ぶべき豪奢な人力車まで、秋葉商店の在庫は豊富であった。最先端の技術である人力車を展示販売する店が、銀座にあったことも頷けよう。だが、人力車への需要はあまりに大きく、秋葉商店だけで支えられるものではなかった。大阪・京都をはじめ、複数の商店が開業した。東京では、秋葉の成功を横目に、伊藤竹三郎や西賀藤三郎も人力車の工房を立ち上げ、国内外への販売を目論んだ。

自転車の急発進

人力車の利便性は、しばらくの間、人々の自力で移動したいという欲求を抑制した。ボーン・シェイカーに続き、一八七〇年代には、オーディナリーとも呼ばれるペニー・ファージング型の自転車がエリート層の目を引き、その所有が一種のステータスとなった。だが、自転車の乗り心地はまだお世辞にもよいとは言えず、走行が不安定だったのに対して値段は高価だったため、普及するに

グラフ１　自転車の登録台数、1898～1940年

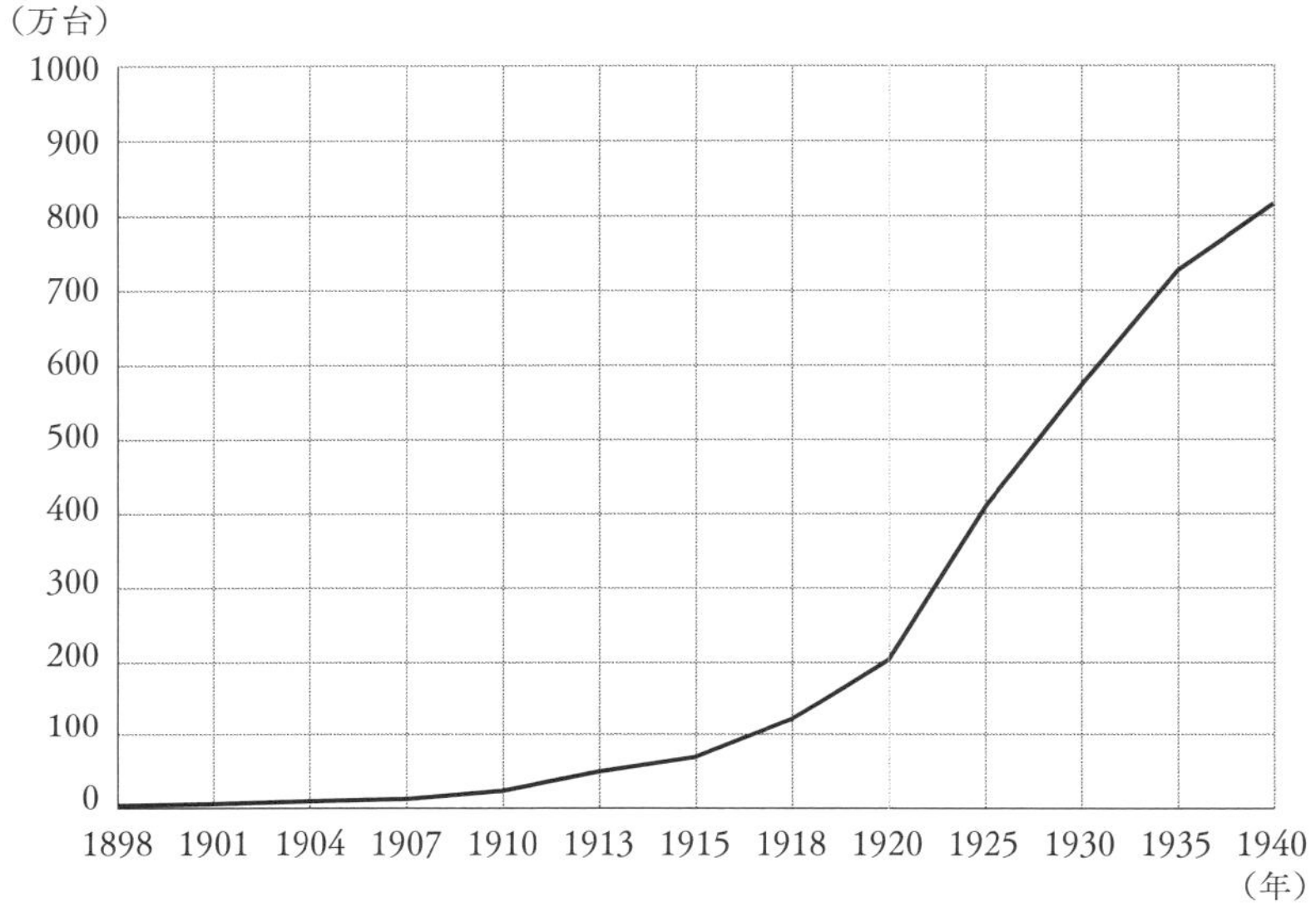

『自転車の一世紀』224頁、518頁掲載の「内務省統計」を元に作成。

は至らなかった。[15] 一八七〇年代末の時点では、おそらく日本を走る自転車は二千台未満であったろう。国産品もあったが、大部分は輸入品である。

　ところが、一八八〇年代に安全型自転車（セーフティ）が登場したことと、大量生産の技術が完成を見たことにより、二十世紀の日本では、欧米で起こっていた自転車ブームを何倍にも拡大したような流行が現実のものとなった。一八九〇年には、自転車の登録台数は一万台前後にまで増え、その後も急激に増え続けたのである。一九〇一年の登録台数は五万六千六百十六台で、明治時代の終わる一九一二年には、すでに四十万台の二輪車が日本の路上を走っていた。これが一九二五年には何と十倍の四百万台となり、一九四〇年には、さらにその倍の八百万台にまで増えている（グラフ1）。

　自転車の流行を焚きつけたのは、政界や財界、さらには軍部など、自転車による時間と経費の節

図６　三越メッセンジャーボーイ、1909年頃、自転車文化センター所蔵。

明治42年頃から、日本橋の三越デパートでは徒歩や荷車に代わって自転車で商品を配達するようになった。その役割を担ったメッセンジャーボーイたちのハイカラな服装と白塗りの自転車は人目を引いた。

約がもたらす利益にいち早く気づいた人々であった。欧米で自転車の普及に貢献したのが富裕層の人々であったことを考えれば、これは興味深い相違点である。日本の自転車愛好家の中には当然ながらエリート層もいたが、彼らが主催する自転車クラブは規模も小さく、一八九〇年代にすでに町中を疾走していた配達の少年たちと比べて目立たぬ存在であった。[16] 一八九二年九月十一日付けの『時事新報』の記事では、警察と郵便局が新たに自転車を導入したことが報告されている。次いで、速達や電報に加えて、新聞の配達にも自転車が利用されるようになった。例えば一八九二年八月九日付けの『東京朝日新聞』には、「即時配達」を謳った広告が掲載されている。つまり一八九〇年には、すでに自転車は速度と利便性を売り文句としていたのである。一八九六年に発行された自転車の概説書を見ると、自転車の質と信頼性はさらに「改良」

され、四つの効用を持つに至った。まず「進行の迅速なること」は「馬及び人力車等の遠く及ばざる所にして、平坦の進路に於ては殆ど汽車と速度を同うする」ものである。そして「乗用の際、心身大に爽快を感じるのは、「総身を等しく運動する」ためだ。しかも、運動のついでに用事を済ませることができるので「運動一事の為に特に時間を費」す必要がなく、さらにその「費用」が「馬及び人力車」に比較して「経済上大に利益ある」ことも見逃せない。(17)

世紀が変わる頃には、自転車はすでに明確に労働者階級に結びついていた。特に都市部においてはそうである。一九〇二年八月二十一日付けの『東京朝日新聞』では、二十万人を超える役人や会社員、配達人が自転車で通りを埋め尽くしていることが報じられ、自転車はすでに「贅沢玩弄品」ではないとの指摘がなされた。(18)また、これに先立つ一九〇一年、『中央公論』に宛てられた投書の中で自転車は、「タイムイズマネー」の世の中で「平民的唯一の交通機関」である、と讃えられている。(19)一九〇八年には、自転車の数が人力車を逆転した。むろん、誰もがこのことを喜んだわけではない。ある人物は、自転車の乗り方を覚えられないため、人力車に乗らざるを得ない身の上を嘆いている。また、巷の噂話としては、「車夫たちはコレラ・ペストの流行病よりも、自転車の流行を心配している」というものもあった。(20)しかし、自転車はまだ安価とは言えず、個人で所有することは難しかった。日米商店（現在のフジ自転車）は一九〇〇年、高級な英米の自転車を月賦で購入できる制度を導入している。最も売れたのはラッジ・ウィットワースと呼ばれた型である。国産の自転車が増え、所有が容易になるのは、日露戦争（一九〇四―〇五）のあとからである。(21)

車輪にまたがる女性たち

欧米の女性たちは、自転車を利用することによってそれまでジェンダー的に疎外されていた場所へも進出できるようになった。[22] 車輪には平等化を加速させる効果もあったのである。フランシス・ウィラードは一八九五年に、自転車は「女性的なるもの」を否定するよりも肯定すると記している。ジュリー・ウォスクなどが論じているように、自転車に乗りたいという欲求はそれまでの女性の服装の伝統を突き崩し、女性の肉体と精神を解放したのである。[23] さらに言えば、自転車の登場により、単純に男性と女性（およびそれぞれの家族）の距離も縮まった。ウィラードによれば、自転車は「共に出かける女性と男性の仲間意識を強め、互いに対する理解を促した」のである。[24] 一八九〇年代の安全型自転車の普及により、女性でも簡単に自転車に乗ることができるようになった。だが、女性が階級やジェンダーによる差異を気にせずに自由な移動を楽しめるようになったのは、実際には二十世紀に入ってからのことである。

この「自由の機械」は、日本の女性の社会的、肉体的な束縛も、同じように緩めることになった。[25] サーカスのような出し物の場合を除けば、自転車に乗る女性の服装の変化は欧米よりも十年から十五年ほど遅れたが、社会的、政治的な衝撃は決して小さくなかった。自転車は女性に、家庭の外へと自力で出かけることを許したのみならず、夫婦や家族の関係性にも影響を及ぼしたのである。極論すれば、「自転車市民」となった女性は、地域や国の政治においても目覚ましい活躍を見せるようになった。[26] スーザン・B・アンソニーやウィラードのような、女性の自転車活用を擁護する論客は日本には登場しなかったが、それでも自転車には女性を家庭から解放する力が確かにあったのだ。

当初、公の場で自転車に乗ったのは、（アメリカ宣教師の妻のように）極めて「恵まれた」女性か、反対に（貧しい生まれなどに起因する）「苦しみにある」女性のどちらかであった。日本で最初に自転車に乗った女性の一人とされるのは、一八四九年か一八五三年に相模国藤沢の貧困家庭に生まれたお玉である。幼くして踊り子に売られたお玉は、長じて横浜で外国人相手の芸者となった。明治維新後になると、お玉は東京へ移り、文明開化の象徴として竣工したばかりの築地ホテル館の舞台に立った。彼女こそ、悪名高い「自転車お玉」である。銀座を自転車で乗り回したお玉の言動は大きなスキャンダルとなり、ついには二十五歳（あるいは二十七歳）で殺人事件の被害者となるが、世間はそれを意外とも思わなかったようだ。彼女の悲劇的な生涯は一九〇〇年、伊原青々園によって小説化、および舞台化されて大人気を博した。[27]お玉のふしだらな生活の描写にはかなりの誇張があるだろうし、大部分は捏造かもしれない。だが、二十世紀の初頭においては、「よい娘」は自転車になど乗らないというのが、男女を問わず常識であったようだ。

そのような見方に反抗したおそらく最初の女性が、三浦環（一八八四―一九四六）である。国際的に成功したオペラ歌手として、三浦はプッチーニの『蝶々夫人』で二千回以上も蝶々さんを演じている。一九〇〇年、十六歳の三浦は、父親の意向に逆らって上野の東京音楽学校で声楽を学ぶ決意をする。当時、自宅から八キロも離れた学校へ通おうと思えば、歩くか、人力車に乗るしかなかった。そこで自転車の愛好家であった父親は、学校へは自転車で通うか、さもなくば声楽を諦め、自分の選ぶ相手と結婚するように命じた。もちろん父親は、娘が自転車に恐れをなすことを期待したのだが、三浦は見事に自転車を覚え、父親は二百十五円という大枚をはたいてイギリス製の真っ赤な自転車を買い与える羽目になったのである。三浦は愛車で

図7　三浦環（中央）と女子嗜輪会の面々、1903年頃、自転車文化センター所蔵。

東京中を走った。[28] 学校を卒業すると、いったんは結婚したものの、またしても父親の期待を裏切って離婚すると、声楽家の道を邁進することになる。[29]

東京音楽学校で学ぶ傍ら、三浦は六人の若い女性たちと共に、日本初の女性の自転車愛好家の集いである女子嗜輪会を結成する（図7）。顧問を引き受けたのは有力な女性教育者、下田歌子（一八五四―一九三六）である。これにより、会の格式は大いに高まった。ただでさえ「自転車美人」の集まりであれば、社会の注目を集めないはずがない。新聞には自転車に乗る三浦の写真が掲載され、高級な雑誌とされた『中央公論』も、一九〇一年六月号で、自転車に乗る女性たちに言及している。[30] 一九〇一年、浮世絵師の周延が描いた、海老茶の袴に袖をなびかせて、リボンを結んだ髪に風を受ける自転車に乗った娘の絵も、そのようなイメージに倣ったものだろう。この娘は未来へ向けて自転車を漕いではいるが、顔は見えず、その意味ではアイデンティティを秘匿し

図８　「自転車に乗る処女」（部分）、楊洲周延、1901年、個人所蔵。

た状態にある（図8）。

流行作家の小杉天外（一八六五―一九五二）も、自転車に乗る娘というイメージに惹きつけられた一人である。その最初のベストセラーである『魔風恋風』は、一九〇三年から翌年にかけて『読売新聞』に連載された複雑な筋の小説であるが、その主人公の萩原初野は、明らかに三浦環をモデルとしている。「鈴《ベル》の音高く、現れたのはすらりとした肩の滑り、デートン色の自転車に海老茶の袴、髪は結流しにして、白リボン清く、着物は矢絣の風通、袖長けれど風に靡いて、色美しく品高き十八九の令嬢である」[31]。この形容はまさに「ハイカラ」の模範となり、その後も美術や文学はもちろん、現代では漫画やアニメなどの大衆文化にまで繰り返し表れている。当時まだ揺籃期にあった広告産業も、早速この自転車に乗る女学生のモチーフに目をつけた（図9）。このモチーフは、戦後にはいわゆる「レトロ・ブーム」の一環として、大和和紀が一九七五年に発表した少女漫画『はいからさんが通る』などで、日本の都市部の近代化を象徴するものとして利用されている[32]。

一九〇一年に日本女子大学を創立した成瀬仁蔵（一八六八―一九一九）は、体育の課程に自転車を取り入れている。一八九〇年代に四年ほどアメリカで過ごした成瀬は、当地の女子教育の発展についても多くを学んだ。特に強い印象を受けたのは、体育が重んじられていた点である。一八九一年八月十七日付けの日記には、「米国婦人之運動、ヴァイシクル・テニス・ウォーク・遊ビ・ボゥル――仕事等にして随分多之時ヲ運動ニ費ス」とある[33]。成瀬自身も自転車を覚えた。そして日本へ戻ると、新しい女子大創立のための資金集めに奔走し、日本の未来は自立した、活発な女性たちの肩にかかっていると高らかに主張したのである。人力車では運賃がかかり過ぎるとして、成瀬は出資者への行脚にも自転車を利用した。伊藤博文、西園寺公望、

図９　古着屋と金物屋の共同チラシ、1905年頃、自転車文化センター所蔵。

自転車美人のモチーフは芸術家や小説家だけではなく、新興の広告業界にとっても魅力的であった。

大隈重信、渋沢栄一、板垣退助ら、当時の財政界の花形たちは、そのような成瀬の姿に感銘を受けた。健全な肉体と精神を持つ女子の育成という目的に賛同した三井家は、大学建設のために目白の土地を寄付している。

　成瀬の思惑通り、この大学の卒業生たちは新しい女性の時代を築いた。一九〇四年の日露戦争の開戦では、早速自転車の技術が物を言った。愛国心あふれる女性たちは自転車で前線の兵士を慰問し、また怪我をした者の治療にあたった。『輪友』一九〇四年四月号は、この種の活動には自力で移動が可能な自転車をぜひ利用するよう呼びかけている。同誌によれば、時間と費用の節約は、そのまま戦時の重要な貢献になるのだ[34]。

　だが、このような後押しがあったにもかかわらず、女性向きに製造された自転車の販売はなかなか伸びず、自転車を愛好する女性の数もすぐには増えなかった。一九〇五年七月十六日付けの『東

図10　日本女子大学で自転車を用いた打球に興じる学生たち、郵便はがき、個人所蔵。

同大学では創立当初から自転車部が設けられ、女性への自転車の普及が後押しされた。

京朝日新聞』によれば、名を知られた「自転車美人」は日本女子大学に十二、三名、東京音楽学校に七、八名、虎ノ門にあった東京女学館に八、九名と、決して多くはなかったのである。(35) そして、これほど少人数であったにもかかわらず、いや、あるいはだからこそ、自転車に乗る女性は冷たい目を向けられた。保守的な層は男女を問わず、女性の居場所は家庭であり路上ではない、と考えた。したがって、自転車に対する反対意見も聞かれた。自転車は子宮に悪影響を与える、という実害も指摘され、また道徳を腐敗させる恐れがあった。学校や職場に自転車で向かう女性に石を投げたり、唾を吐く者までいたのである。だが、女性たちは自らの足で漕ぎ進むということの利点を、簡単には手放そうとしなかった。そして、ついに女性は自転車を我がものとしたのである。だがこの勝利は、はっきりと目に見える形で獲得されたわけではなかった。

国家の足並み――自転車はいかにして凡庸になったか

自転車の歴史を語る際の常套句は、「ステータス・シンボル」として登場したそれが、徐々に「便利な乗り物」の地位に落ち着いた、というものである。[36]その過渡期は日露戦争に次ぐ時期であると考えられるが、アメリカの場合と違うのは、ガソリンで進む自動車が登場しても、個人の移動手段としての自転車の地位が揺るがなかったことだ。一九〇九年、警察が把握していた自動車の登録台数は六十九台で、所有者はほとんど華族か成功した実業家であった。乗用車や貨物車の数は徐々に増えたが、自動車産業が一九三〇年代に入るまで外国企業に独占されていたこともあり、爆発的な増加には至らなかった。一方、同じ時期に自転車の数は飛躍的に増えており（グラフ1参照）、庶民の日常において速度・利便性・移動性を司ったのは、相変わらず自転車であったことがわかる。自動車が近代性の象徴となっていたアメリカの場合とは異なり、日本では自転車こそが近代へと漕ぎ進んでゆくための乗り物であったのだ。すでに一九〇三年、香川県の自転車愛好家が提出した自転車税の減税陳情書には、「自転車ノ実益タルヤ距離ト時間ヲ減縮シ急速其用ヲ弁ジ得ル」のみならず「衛生上ニ実業上ニ其他夥多ノ効益」があり、「廿世紀ノ社会ニ相伴ハザルベカラザルノ利器」である、という賞賛の言葉が見られる。[37]

一九二〇年代という時代は、しばしば大正デモクラシーの時代とされる。第一次世界大戦が終わると、大衆は社会正義や平等、そして消費などに関心を払うようになった。それはまた、さらなるスピード時代の到来でもあった。都市部と農村部を問わず、人々は鉄道や地下鉄、路面電車、自動車、バス、トラック、自転車、そして自転車によって引かれる「後ろの車《リヤ》」、すなわちリヤカーに依存するようになった。作家の横光利一（一八九八―一九四七）が指摘するように、一九二三年の関東大震災は、日本近代の新たな幕開けでもあった。

自動車といふ速力の変化物が初めて世の中にうろうろとし始め、直ちにラヂオといふ声音の奇形物が顕れ、飛行機といふ鳥類の模型が実用物として空中を飛び始めた。[38]

横光がここで、日本の近代において自転車が果たした役割に触れていないのは、それがすでにごく当たり前のものになっていたからだろう。一九二〇年代にはすでに二百万台以上の自転車が登録されており、これが一九三〇年代には五百万台に、一九四〇年代には八百万台にまで増えるのである。同時期には自動車の数もかなり増えたが、それでも自転車ほどの急増は見られなかった。ある統計によれば、一九二〇年に登録されていた乗用車と貨物車の数は千七百四十五台であった。これが一九三〇年には二万二千七百二十七台となり、さらに一九三七年には、戦前のピークとなる五万九百九十四台にまで増えている。[39]

一九二七年、すでに自転車の数が五百万台を超えていることを受けて、商工省は十一月一日を「自転車記念日」に制定した。日本はいまや「世界第一の自転車国」となっていたのである。商工省は自転車を「勤労階級の速力の早い下駄」と呼び、当時すでに海外への自転車の販売額が二億円を超えていたことから、重要な輸出品とも認めていた。その日に合わせて、ロンドンの自転車ショーを参考とした大規模な自転車展も企画された。[40]このことを伝える新聞記事にはまた、全国五百万の自転車所有者が、自転車やリヤカーに課された税金の撤廃を求めて声を上げ始めたことも記されている。

自転車税廃止運動の隆盛は、そのまま市民がいかに安全型自転車に依存していたかを示す証拠となる。最初に「車税」が課されたのは、日本の移動に革命が起こって日の浅い一八七一年のことであった。さらに一八七三年には、国税に加えて付加税として府県税がかけられ、その収益が路面の改良や橋の修理、さらには貧困層の救済や、学校、警察、公共の安全などの目的に利用された。税額は車輪のある乗り物、すなわち自転車あるいは人力車一台につき国税が年額一円、府県税も同額であった。例えば一八九二年、自転車の値段がおよそ二百円だった時代には、約一万人の自転車乗りが、税金を納めていたことになる。この時期にはすでに国税と府県税は各三円に値上がりしていた。一八九六年には国税としての自転車税は廃止されたが、府県税に加え、今度は地元の市町村の算定した付加税が徴収されるようになった。自転車には納税済みであることを示すために鑑札をつける必要があった。

付加税は地域によって異なっていた。東京のような都市部では一台につき二円であったが、五円の地域もあった。自転車の台数が増えるにつれて、自転車税は地方自治体にとって重要な収入源となっていった。したがって徴収も厳しくなり、納税漏れには厳しい罰金が課された。しかし同時に、大量生産が可能になったことにより、自転車の値段そのものは下がっていた。一九二〇年には、上等な自転車が百円以下で買えたのである。もはや自転車の所有はステータスではなく、むしろ必需品になっていた[41]。大正期、様々な社会正義を求める声が上がる中で、自転車の所有者たちや、田畑や工場でリヤカーを利用していた人々は、徐々に自転車税を「悪税」として糾弾するようになった。

自転車税の撤廃を求める声は、すでに一九〇三年という早い時期から上がっている。それから十年余り、大正期に入ると、この運動はいわゆる大正デモクラシーの一部となった。例えば一九一五年九月の『読売新聞』は、激戦となっていた府県会議員選挙の様子を報じているが、深川区の候補者の中に、高野直之助という自転車屋の主人がいた。高野は、選挙活動に自転車を利用したおそらく最初の人物であろう。高野は自転車のサドルに跨った状態で演説し、「二重税」となっている自転車税の廃止を訴えたのである。特定の政党との関係を持たず、高野は自転車税改正期成同盟会を支持母体とした。(42) また一九一六年一月には、東京の自転車所有者たちが、税金のいわゆる「改革」に苦情を表明している。自転車税を月賦で納めることができるという制度が導入されたが、かえって「改悪」になっているというのだ。(43) これを受けて同年には、東京府会が将来的な(正しい)改革を約束している。(44) だが、不満の声が沈静化することはなかった。特に一九一八年には、内務省の統計によって、自転車税はほかのどの税金よりも急激に上昇していることが明らかになったのである。例えば一九一八年には、自転車によって自治体に二百二十万三千三百九十一円の税収がもたらされたが、これは前年より約四十万円も多い。一九一二年の税収は五十万六千百八十円であったから、僅か七年間で四倍になったことになる。(45) ところで一九一九年の参政権運動によって、投票権を得るために必要な納税額は三円となっていた。これは要するに、二十五歳以上の男性で、自転車を所有していれば投票できるということを意味したから、自転車は突如として政治的な付加価値を帯びるようになったのである。一九二〇年になると、自転車の登録台数は二百万台を超え、「自転車市民」の存在感はいよいよ増してきた。

一九二〇年代半ばになると、自転車税廃止運動はかなりの勢いを持つようになった。『輪業世界』一九二五年四月号には、読者に税金への反対を促す筑康二の長文が掲載された。(46) 文章はまず、自転車が当初は高級な輸入品として登場し、富裕な資本家の子弟が娯楽として乗り回すものに過ぎなかったという点から語り起こし、過去二十年に起こった大きな変化を論じている。一九二五年には、すでに自転車の九割は国産であり、値段も大幅に安くなっている。ところが「文明国」たる諸外国では、自転車はすでに自動車の登場によって廃れつつあるのだ。西洋では自転車は十九世紀の遺物である。だが日本では、地形が平坦でないため、自動車の普及には時間がかかっている。そもそも道路の質も十分とは言えず、自動車の値段も高いため、とても庶民には手が届かない。鉄道網は蜘蛛の巣のように広がりつつあるものの、地方の山間部は取り残されている。

右の評論は結論として、日本の地理的条件には自転車が最適であると賞賛する。特に農家や、ほかの交通手段を持たない地域の人々にとって、自転車は欠かせない相棒なのだ。実用的な移動手段であり、なおかつ貴重な農具でもある自転車に、課税などできるものだろうか。むろん廃止すべき、というのが筑の意見である。「そもそも、自転車は荷車、荷馬車又は自動車等の如く道路を悪しくするものにあらざるなり。道路の如きも僅か一、二尺の巾があれば安全に交通する事を得使用するにしても七、八才以上の男女は何人といへども乗用出来又価格低廉なれば購入至極容易なるが故に、自転車の発展が短年期に驚くべき長足の進歩なしたる所以なり[47]」。

筑はまた、関東大震災の時に自転車がいかに役に立ったかを思い起こすよう、読者に呼びかけてもいる。これほど便利で豊かな使い道のあるものに重税をかけるのは無法である。日本で最も普及している交通手段に税金をかける代わりに、経済が逼迫している昨今だからこそ、酒や煙草、売春にさらなる税をかけるべきではないか。築はこのように論じ、今後も陳情書や、自転車関連の新聞・雑誌への投書や広告、演説や街頭集会を通じて、自転車税廃止運動を全国に広める覚悟である、と宣言する。

折から男性の参政権が全面的に認められ、世間に不景気の風が吹き始めていた当時、自転車税廃止運動は多くの共感を得た。一九二七年三月六日付けの『国民新聞』によれば、三月五日、自転車税に苦しむおよそ三百五十名の労働者が上野自治会館で全国集会を開いた。いくつもの演説が行われ、最終的に次のような宣言が出された。「東京府市三十六万台の自転車税は一台二円七十銭（市）又は三円三十銭（府）の本税と其付加税を併せて宅地税額を凌いでいる。この無産者税を撤廃することが税制整理の根本だ」。そして自転車税の即時廃止、列車運賃の減額、そして自転車税廃止に賛成の議員を選出することの三つが行動目標として掲げられたのである。(48)

『自転車の一世紀』の著者たちは、長野県を例に自転車税廃止運動を分析している。山の多いこの県では、十万三千九百五十八台の自転車が登録されており（一九二六年七月）、一九二八年度の府県税収入は、四十一万五千八百七十二円が見込まれていた（一台あたり四円）。さらに、学生の自転車に課された税金（二千九百八十台、各二円）と新聞配達用自転車に課された税金（二百五十台、各二円）によって、六千四百八十円の税収も想定された。しかも市町村は付加税もかけていたので、金額は事実上この二倍にの

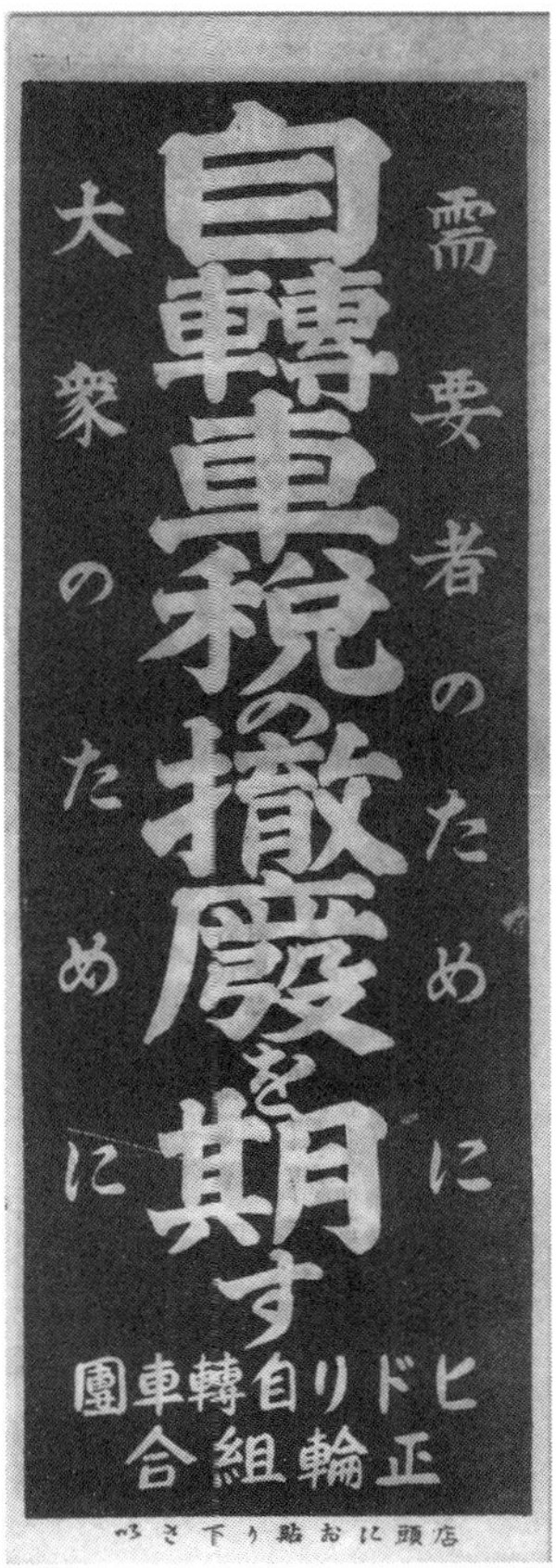

図11　自転車税反対のポスター、自転車文化センター所蔵。

ぼるはずなのである。[49]

長野の新聞『信濃毎日新聞』一九二七年七月二日付けによれば、自転車税廃止の運動は当地でも、主にプロレタリア政党によって、秋の県議選を見据えて高まりつつあった。新聞の立場も、もともと安価であり、生活に不可欠な乗り物である自転車に、これほどの税金をかけることは理解しがたい、というものであった。「自転車税の如きは悪税中の悪税たることは勿論であって、（中略）悪税を存続せしむべしとの理由は万々あるべからざる道理」である以上、その撤廃は不可避である。[50]

自転車税の問題は、国民全体の注目するところとなった。地方自治体の中には、一時的にではあれ、自転車税を減税するという妥協策を打ち出したところもあったが、逆にますます課税を徹底する自治体もあった。一九二七年九月十五日付けの『神戸新聞』は、すべての自転車がきちんと登録され、鑑札をつけているかどうかを確認するために、多大な労力を払う地元の役人や政治家たちの姿を紹介している。自転車税は、それほど地方の財政にとって重要な収入源となっていたのである。「記号票」のない自転車は、すぐに見咎められた。[51] 福岡でも同様に、納税の確認が徹底され、リヤカーについても例外的措置は講じられなかった。[52]

進歩的な政党は自転車税を「天下の悪税」として攻撃し、廃止運動を牽引した。生活必需品といってもよいものに、最大で年八円もの税金をかけるのは筋が通らない、というのがその主張である。これをより豊かに表現すれば、以下のようになる。「需要者側からいわせれば、今日の自転車はほとんど下駄にひとしい、これに課税するのは下駄や靴に課税するようなものだ[53]」。しかし、政府の意見は変わらなかった。一九二七年十一月、内務省は声明を出し、自転車税は自治体にとって重要な収入源であり、おいそれとは廃止できない、と宣言した。景気の現状を考えればなおさら廃止は難しい、との文言も盛り込まれた。この保守的な結論を正当化するために、政府は新たな統計調査も行っている。それによれば、自転車の登録台数は四百五十九万七千台、オートバイは九千九百五十台、そしてサイド・カー付きの自転車は二千二十八台であり、これらからもたらされる税収は実に千四百万円にのぼるのである。(54)

右の調査を受けて、大阪府議会は自転車税の廃止はおろか減税についても要求を撥ね退けた。自転車税は不正とは言えず、また過剰でさえなく、これを廃止すればむしろ市民に余計な負担を強いることになる、というのがその言い分であった。(55) 愛知県議会では、議員の多くは県民の声に同情的であったが、いくら議論を重ねても、自転車税の廃止によって減る分の収入を担保する方法にはたどり着けなかった。結局、愛知県知事は、自転車税の減額措置についてはこれを進めないように、と議会に指示した。(56)

こうして一九二七年の自転車税廃止運動は失敗に終わったが、賛成派の意見（自治体にとって自転車税は重要な収入源である）と反対派の意見（労働者に過剰な負担を強いる悪税である）とを比較してみると、近代化しつつある日本において自転車の果たした役割というものがよくわかる。一九二八年一月三十一日付けの『東京朝日新聞』は、消費者は自転車の価格が不要に高く設定されていることや、自転車税が不当であることについて、まだまだ無知であると指摘している。自転車はすでに普遍的な移動手段であり、農村部では物資の運搬にも欠かせない乗り物であった。一九二八年時点で登録されていた約四百万台の自転車のうち、『東京朝日新聞』によれば、その三分の二は地方で利用されており、自転車税の廃止を訴える声が高まっていることは、そのままいかに地方の人々にとって自転車が大切かということを裏書きしているのである。(57)

一九二九年になると、自転車税廃止運動は再燃する。一九二〇年代の後半、日本の景気はすでに後退していたが、ウォール街に端を発する世界大恐慌の煽りを受けて、いよいよ危機に陥った。一九三一年、福岡自

図12　農民の友としての自転車、郵便はがき、個人所蔵。

リヤカー付きの自転車は日本中の農家にとって必需品であった。

転車協会の会長だった吉安源太郎は、不景気への救済措置として物価と税額の一割抑制を命じたムッソリーニの手法に感銘を受け、福岡県議会に再び自転車税廃止を訴えることを決意する。その論点に目新しいところはないものの、吉安の主張からは自転車の社会的、経済的重要性を改めて読み取ることができる。「現在の自転車は皆様方も御承知の通り足と同じであります(58)」。

一九三一年二月の報道もこの見方を支持するものである。自転車は当時、五百六十万台にまで増えていたが、その七十六%はやはり地方、特に農村部で利用されていた。「今では一種の国民的必要品たるかの観があり、産業開発その他に対し大なる貢献をなしている」。記者によれば、自転車の生産ラインはますます効率化されており、原価が下がったため、自転車の数はさらに急増していたのである。日本で最も自転車が多かったのは大阪府(三十七万台)で、愛知県(三十五万台)がこれに続いた。反対に最も少ないのは沖縄県(二千四百台)である。市の単位では、東京が最多で十九万台、大阪市が次点の十八万台であった[59]。

その年に夏には、一九三二年度の各県の予算をめぐる議論の中で、自転車税を減額することで労働者と農民の負担を軽減すべきだという論点が再浮上している。七月十六日には、愛知県の自転車税廃止連盟が、県知事に長文の請願書を提出し、悪税の追放による仁政を求む、と懇請した。請願書によれば、自転車はかつては贅沢品であったが、いまは違う。愛知に暮らすあらゆる人々にとって、自転車は「商工業者は勿論筋肉労働者、学生の通学及び農業者等にして概して中産階級以下に多く利用せられ」るものであり、「恰も草履、下駄、靴等と何等異る所」のないものである[60]。

運動をさらに盛り上げるため、一九三二年八月六日には、名古屋最大の歌舞伎座である中座で、大規模な演説大会が開催された。そこに集った人々の熱意は新聞で報じられ、過去に積み上げられた演説の伝統と比較されている。『名古屋新聞』八月七日付けでは、連盟の会長、村瀬綱彦の開会の辞が取り上げられた。村瀬は、この集会は単純に悪税から人々を救うという社会正義を目的とするものである、と宣言し、同様の集会を、過去一年ですでに三十回以上も開催したと述べた[61]。

これと似たような催しは、全国各地で開かれている。例えば富山では県議会の前で大規模なデモが行われ、行列の周りを自転車やバイクが走ったのである。ポスターが貼られ、演説が続いた。富山では七円十銭もの自転車税が課されているが、なぜ近隣の福井県（四円五十銭）や石川県（三円五十銭）、新潟県（二円八十銭）と比べて大幅に高いのか、と彼らは問いかけ、五千枚のビラが撒かれた。ビラには「自転車税の撤廃を期せよ！」などの文句が躍っていた[62]。

これらの運動の甲斐もあって多少の減税が実現した例もあるが、一九三一年九月十八日の満洲事変を契機としてアジア大陸における日本の軍事行動が拡大すると、減税の呼びかけは鳴りをひそめた。自転車に乗る活動家の姿は消え、代わりに愛国心を煽る掲示物が巷にあふれるようになった。とはいえ、一九三九年には地方に補助金が交付され、減税がようやく後押しされている。これにより一九四〇年からは府県税が廃止され、地元の自治体に収める二円の車税だけを支払えばよいことになった。

自転車税と自転車の登録制度は一九四五年八月の日本の敗戦のあとで復活することになるが、これは税収を地域の復興に役立てるためである。またしても反対運動が起こり、ついに一九五八年、税金は完全に廃止された。皮肉にも廃止が実現したのは、そのほうが自治体の負担が減るという判断がなされたためである。当時、自転車の登録台数は千七百万台に達しようとしており、登録や徴税の徹底にはあまりに事務的なコストがかかった。その後一九七〇年代までに自転車の数はさらに倍増し、二〇〇六年に八千六百万台でピークを迎えるまで増え続けた。無税となり、登録されていないこともしばしばある自転車は、今日でも「速力の早い下駄」であり続けている。(63)

家庭的になった自転車

普遍的となった自転車は、徐々に家庭的なものへと変化していった。一九二〇年代には、庶民の男女双方にとって、自転車は手軽な（必要な）乗り物となっていた。地方であっても、女性は恥ずかしがらずに自転車に乗るようになった。農家の女性は収穫した作物を、しばしばリヤカーを自転車で引いて市場へ運んだ。産婆は自転車で妊婦のもとへ急ぎ、女医や女性教師も自転車を利用した。生徒たちも、男女を問わず自転車で通学したのである。一九二四年、広島のある高校が女生徒に自転車の使用を禁ずる規則を作ろうとしたところ、女生徒たちは性差別だとしてこれに反対している。

「勤労階級の速力の早い下駄」と呼ばれた自転車も、時代が下るにつれて女性と関連づけられることが多くなった。一九二九年の富士自転車の広告は、自転車に乗る「モダン・ガール」を描いている（図13）。富士山を背景に東京を見下ろす洋装の若い女性は、近代化する都市部の新たな象徴となった。一九三五年のアマチュア写真コンテストで優勝した作品も、やはり自転車と女性を被写体にしている（図14）。一九〇一年の周延の作品（図8）にも似て、ここでは若い娘が桜の下で自転車を駆っている。もっとも、一九三五年ともなると、女性は路傍の人々の視線に赤面する女学生ではなく、堂々とした洋装で前を向き、自信にあふれた表情で漕いでゆく。

さらに自転車は、中流家庭につきものの小道具ともなっていった。洋装の中流家庭の夫婦が、田園の中を自転車を押しながら歩いてゆくような光景も、珍しいものではなくなった。さらに子供も自転車に乗るようになったことで、いよいよ自転車は家庭と切り離せなくなった。補助輪付きの子供用自転車は、一九二〇年代から発売されている。可愛い子供に自転車を買い、健康と娯楽を与えるよう呼びかける広告が出回った。一九三七年の子供向けの雑誌に掲載された年賀状にも家庭の中の自転車が描かれているが、そこでは子供は家庭だけではなく、国家にもはっきりと結びついている（図15）。

一九三七年以降、中国との戦争が拡大し、特に一九四一年にアメリカおよび連合軍との敵対関係が強まると、女性（および子供）は男性の代わりに農場や工場で働くことを余儀なくされた。ここでも自転車は女性の銃後の務めに欠かせない乗り物となっている（図16）。

図13　富士自転車とモダンガール、1929年、自転車文化センター所蔵。

自転車に乗る洋装の若い女性は、近代都市を象徴するような存在であった。

図14　未来へと向かう自転車に乗る女性、1935年、自転車文化センター所蔵。

1930年代に入ると、女性が自転車に乗ることに対する違和感は完全に消えた。この写真は、「女性と自転車」をテーマに募集された懸賞で一等に輝いたもの。

図15　自転車に乗り飛行機を見上げる子供、1937年、自転車文化センター所蔵。

この年賀状にも、子供たちにとっていかに自転車が身近なものとなっていたかが表れている。

図16　郵便配達に従事する戦時下の女性、1943年、自転車文化センター所蔵。

銃後では多くの重要な産業が女性に託された。ここでも自転車は男女の平等を証拠立てる装置となっている。

終戦時には、自転車の数は大きく減っていた。一九四五年の登録台数は五百六十万台と、一九四〇年と比べて三百万台も減少している。だが、やがて経済が上向くと、自転車の台数も比例して増え、一九四八年には八百万台にまで回復した。さらに一九五〇年には一千万台を突破し、一九六〇年には二千万台、一九七〇年には三千万台を超える。戦後すぐの段階では、女性の利用者も増えたものの、やはり自転車はまだ男性の乗り物と言ってよかった。一九五六年の調査では、二十代の男性の実に九十六％が自転車を利用していたが、若い女性ではその割合は六十％程度にとどまっている。

だが、原動機付自転車やオートバイ、さらには自動車の普及によって窮地に立たされた自転車業界は、女性にターゲットを絞るようになる。一九五六年、山口自転車は「スマート・レディー」と銘打ったモデルを発売した（図17）。男

表1 自転車利用に関する全国調査（年齢・性別ごと）、1956年[64]

年齢	10代	20代	30代	40代	50代
女性（%）	75.5	61.2	41.6	18.2	6.7
男性（%）	96.6	96.9	95.6	95.1	78.9

出典：自転車文化センター

女兼用のこのモデルは月賦でも買うことができ、前カゴを装備しているのが特徴であった。すなわち「ママチャリ」の元祖である。乗りやすく、安価で便利なこのモデルの登場により、日本人はいよいよ「自転車市民」へと変容を遂げることになる。[65] のちに自転車の前後に装着可能な子供用の座席が登場すると、いよいよ自転車は家庭そのものを象徴する乗り物として完成する。

一九六八年になると、二十代の女性でも九十%が自転車を利用するようになっていた。[66] その後も、自動車が急速に普及したにもかかわらず、「速力の早い下駄」である自転車の地位は揺らがなかったのである。二十一世紀の最初の十年を見ても、日本はオランダやドイツ、デンマークのような「自転車王国」と比較しても遜色がない。二〇一六年のデータを見ると、日本の人口一億二千六百万人に対して、自転車の台数は七千万台以上である。[67] しかし、自転車の利用の仕方となると、日本はさらに目を引く。それは、日常的な外出の十五%が自転車で行われているということで、この割合で日本は調査対象となった十二ヶ国の中で第三位であった（一位はオランダで三十%、最下位はアメリカで僅か一%である）。[68] また燃料代の上昇を受け、自動車から自転車へとシフトする動きも見られる。交通機関の運賃が上昇傾向にある都市部では、高級自転車や電動アシスト自転車、さらには二人の子供を乗せられる自転車や、老人向けの自転車も含めて、好調な売り上げが続いているのである。

図17　元祖「ママチャリ」ことスマート・レディー、1956年、自転車文化センター所蔵。

戦後、自転車はいよいよ女性と結びつくようになる。このようなユニセックスな自転車の登場により、男性も女性も子供も、一様に「自転車市民」へと変容していったのである。

結論

自転車は一八七〇年代に日本に紹介され、ゆっくりと浸透した。二十世紀に入る頃には、自転車で行き交う人々の姿が目につくようになっていた。当初はほとんどが男性であったものの、大胆と評された女性たちも含めて、初期の自転車利用者は自力で移動することの楽しみを味わった最初の日本人なのである。男女を問わずサイクリングが珍しい行為ではなくなり、流行という概念から自転車が切り離されたのは、ようやく一九二〇年代か一九三〇年代に入ってからのことであった。そして自転車がまるで注目されない、いわば退屈な乗り物になったこの時期こそ、自転車が日本の近代性の象徴となり得た時期なのである。

そもそも、なぜ自転車を近代性と結びつけて考える必要があるのだろうか。一つの答えは移動性である。自転車は生活のペースを加速させたのだ。大都市や町、あるいは山間部や農村部の小さな村に暮らす人々であっても、自転車を手に入れたことによって移動範囲は広がり、しかも所要時間が大幅に短縮されたのである。その意味で自転車は、実際的な速度のみならず社会的な速度にも革命を起こした。またもう一つの答えは自立性であろう。自転車は個人の力を増大し、望む時に、望む場所へと移動できるという、近代的な価値観を拡大させたのである。グレン・ノークリフによれば、自転車は「社会的変革の産物であるとともに、さらなる社会的変革をもたらす道具ともなる」のである。(69) 現状への反抗こそ近代性の本質である、とさらにノークリフは述べている。(70)「自転車市民」とは、変革の担い手なのである。

当初から自転車の推奨者たちは、この乗り物が近代的な、ポジティブな体験をもたらすものであることを強調していた。速度や自立性以外にも、自転車は進歩や平等、個人主義、民主主義、政治・社会改革、さらには技術革新や産業、広告などの概念や領域と結びついている。そのうえ、自転車には心身の健康増進に有効であるという言説もついてまわった。また、化石燃料による文明の発展という発想が限界にきている近年では、地球環境に負担が少なく、自給自足が可能な乗り物である自転車は、ますます重要性を増していると言えるだろう。(71) 二〇〇五年にＢＢＣ（英国放送協会）が行った調査によれば、自転車は「一八〇〇年代以降、人類がなし得た最も重要な技術革新」なのである。(72)

右のような賞賛を受ける自転車ではあるが、「粗暴で反体制的」というイメージとも無縁なわけではない。(73) 日本に流入した直後から、自転車には「迷惑」という評判がついてまわったし、自転車が可能にする「自由自在」は、「取締規則」を求める声に抑圧された。家庭の中に自転車が入り込めば、「通俗道徳」の観点からそれを批判する意見も出た。自転車は人々にとって「速力の早い下駄」ではあるものの、歩行者との縄張り争いが長らく続いているのも事実である。自転車の利用者、特に学生は、路上での自分勝手な走行を批判されてきた。また、自転車の盗難や放置自転車などの問題も、自転車の数が増えるにつれて急増している。二十世紀初頭の新聞を見れば、毎日のように自転車の関わる交通事故の記事が出ているが、自転車は歩行者や路面電車、自動車など、あらゆるものと衝突を繰り返しているのである。一九二〇年代に入ると交通安全運動が盛り上がりを見せるが、日本第二の都市である大阪では、人通りの多い市街地で自転車の通行を禁止しようという動きもあった。一九三〇年五月七日付けの『大阪時事日報』によれば、当時の状況は「交通地獄」に他ならなかったのである。[74]

ミシンであれ、自動車であれ、コンピューターであれ携帯電話であれ、世界を変えるほどの機械には常に近代の両義的な部分が表れている。[75] 自転車は移動性、自由、利便性などを与えたが、同時に社会がリスクに満ちた無秩序な場所であることを証拠立てもしたのである。一九二〇年代から一九三〇年代にかけて築かれた基礎をそのまま踏襲している今日の日本の「自転車市民」たちは、車道のみならず歩道でも自転車を走らせるし、駐輪禁止の標識にも注意を払わないことがしばしばである。自転車専用道路の普及も遅々として進まない。利用者の多くは交通ルールに無頓着で、ヘルメット着用でさえ、ほとんど実行されていないのである。事故や盗難も決して珍しくない。[76] イヤフォンで音楽を聴き、片手でスマートフォンを操作しながら自転車に乗る若者や、かなり速度の出る電動アシスト自転車に二人の子供を乗せた母親、それに「自転車公害」をもたらす大量の不法投棄など、現在進行形の課題も多い。それにもかかわらず、いや、あるいはそのような野放しの状況だからこそ、全国八千万の人々は今日も自転車に乗り続ける。前カゴにあふれんばかりの食料品を満載した主婦、学校へ向かう生徒、駅へ向かう会社員——彼らはいずれも近代へと漕ぎ進んできた日本社会の一員なのである。

注

（1）Zygmunt Bauman, *Liquid Modernity*, Cambridge: Polity Press, 2000, p. 112.（邦訳はジークムント・バウマン『リキッド・モダニティ——液状化する社会』大月書店、二〇〇一年）

（2）徳川幕府はその権威的な統治の一環として、人々の移動の自由に制限を課し、街道を直轄していた。武士は馬に乗る特権を有したが、庶民は徒歩で移動するものとされた。大きな貨物は水上を船で運ばれるか、陸路の場合は荷馬を用いた。コンスタンチン・ヴァポリスが指摘するように、（馬や牛、人間によって引かれる）荷車は「街道の状態を保ち、通行人の快適な往復を妨げないように、主要な道路の通行を禁じられていた」のである（Constantine Vaporis, *Breaking Barriers: Travel and the State in Early Modern Japan*, Cambridge, MA: Council on East Asian Studies, 1994, p. 11）。一八五九年に横浜が開港すると、外国の商人はこの規制を和らげるよう幕府を促した。そしてついに一八六六年、維新の二年前になって、江戸市内および主要な街道での荷馬の使用が解禁されたのである（齊藤俊彦『くるまたちの社会史—人力車から自動車まで』中公新書、一九九七年、三頁。車輪のある移動手段に対する幕府の様々な対応については、ほかに“Japan's Transportation Revolution, 1869-1931,” in Jeffery W. Alexander, *Japan's Motorcycle Wars: An Industry History*, Honolulu: University of Hawai'i Press, 2008, pp. 19-24 も参照。

（3）Steven J. Ericson, *The Sound of the Whistle: Railroads and the State in Meiji Japan*, Cambridge, MA: Council on East Asian Studies, 1999. 特に第一章 'The Transformative Power of Meiji Railroads,' pp. 25-94 を参照。

（4）日本の自転車の歴史について書かれた英語の文献は、大阪で開かれた国際学会の会議録である *Cycle History 11: Proceedings, 11th International Cycling History Conference* (Iain Boel and Andrew Ritchie, eds., Cycle Publishing, 2001)に収められている論考のほか、ほとんど存在しない。そもそも日本語で書かれた自転車に関する学術書も、かなり少数である。最も包括的な文献と言えるのは、自転車産業振興協会編『自転車の一世紀——日本自転車産業史』（ラティス、一九七三年）であるが、タイトルの示す通り、中心は産業である。また人力車、自転車、バイク、自動車などの歴史を扱うものとしては、先に挙げた齊藤俊彦『くるまたちの社会史』が参考になる。自転車史における注目すべきエピソードを集めたものとしては、佐野裕二『自転車の文化史』（中公文庫、一九八七年）がある。なお、自転車文化センターのウェブサイト（http://cycle-info.bpaj.or.jp）にも自転車の歴史に触れている記事があり参考になるだろう。日本自転車史研究会のウェブサイト（http://www.eva.hi-ho.ne.jp/ordinary/JP/）にも、有益な情報や文献が挙げられている。

（5）人力車の歴史については、齊藤俊彦『人力車』（産業技術センター、一九七九年）を参照。英語の文献としては以下が挙げられる。Peter James Rimmer, *Rikisha to Rapid Transit: Urban Public Transport Systems and Policy in Southeast Asia*, New York: Pergamon Press, 1986; M. William Steele, "Mobility on the Move: Rickshaws in Asia," *Transfers: Interdisciplinary Journal of Mobility Studies*, 4.3 (Winter 2014), pp. 88-107.

（6）John Tomlinson, *The Culture of Speed*, Los Angeles: Sage Publications, 2007. 特に序章"The Cultural Significance of Speed," pp. 1-14を参照。

（7）*The New York Times*, 10 September 1877, p. 2.

（8）齊藤俊彦『くるまたちの社会史』、四三―四四頁。鈴木徳次郎の一九一七年の回想より。

（9）Frank Dikötter, *Exotic Commodities, Modern Objects and Everyday Life in China*, New York: Columbia University Press, 2006, 261.

（10）『東京市史稿』第五十一巻（臨川書店、一九九六年復刻）一六八頁。齊藤俊彦『人力車』八〇―八一頁に広告文の翻刻が、Steele, "Mobility on the Move: Rickshaws in Asia," p. 91に英訳がある。

（11）齊藤俊彦『くるまたちの社会史』、四七頁。

（12）Richard Bulliet, *The Wheel*, New York: Columbia University Press, 2016, p. 194.

（13）秋葉大助の伝記は、齊藤俊彦『人力車』、一五八―一六二頁を参照。

（14）原文英語。"A Short History of the Industry," *Catalogue: Jinrikishas & Accessories*, Daisuke Akiha, Tokyo, Japan, 1911, "Collection of Documents relating to Akiha Shōten," Archives of the Edo-Tokyo Museum of History.（江戸東京博物館、秋葉商店文書、人力車カタログ）

（15）齊藤俊彦『くるまたちの社会史』、一二三頁。

（16）ステータスとしての自転車、ならびに自転車クラブの創設については、『自転車の一世紀』、一四二―一五七頁を参照。配達や軍務における自転車の初期の利用については、同書一〇二―一〇六頁を参照。また、齊藤俊彦『くるまたちの社会史』、一二四―一三〇頁も参考になる。日本自転車史研究会のウェブサイトには、初期の配達を描いた作品が掲載されている（http://www.eva.hi-ho.ne.jp/ordinary/JP/rekishi/rekishi24.html）。

(17) 渡辺修二郎『自転車術』（少年園、一八八六年）、一〇―一一頁。国立国会図書館のウェブサイトから閲覧可能である。

(18)『東京朝日新聞』一九〇二年八月二十一日付け。齊藤俊彦『轍の文化史――人力車から自動車への道』（ダイヤモンド社、一九九二年）九六頁より。

(19)『中央公論』一九〇一年六月号、七八頁。

(20)『東京日日新聞』一八九八年十二月二十八日付け。齊藤俊彦『くるまたちの社会史』、一二九―一三〇頁より。

(21) 国産自転車の製造販売に先鞭をつけた宮田自転車の創業やその成長については、J. W. Alexander, *Japan's Motorcycle Wars: An Industrial History*, pp. 31-33 を参照。日本の自転車産業全体については、『自転車の一世紀』二一三―二三三頁、ならびに『宮田製作所七十年史』（宮田製作所、一九五九年）を参照。

(22) 自転車が西洋の女性に与えた衝撃については、Ross D. Petty, "Women and the Wheel," *Cycle History: Proceedings of the 7th International Cycle History Conference*, San Francisco: Van Der Plas Publications, 1999, pp. 112-131 を参照。またRobert A. Smith, *A Social History of the Bicycle*, New York: American Heritage Press, 1972 も同様の問題を扱っている。

(23) Julie Wosk, *Women and the Machine: Representations from the Spinning Wheel to the Electronic Age*, Baltimore: The Johns Hopkins University Press, 2003. 特に第四章 "Women and the Bicycle," pp. 89-114 が参考になる。

(24) F. Willard, *How I Learned to Ride the Bicycle*, 1895 (San Francisco: Fair Oaks Press, 1991 reprint); quoted in Phillip G. Mackintosh and G.len Norcliffe, "Men, Women and the Bicycle: Gender and Social Geography of Cycling in the Late Nineteenth Century," in Paul Rosen, Peter Cox, and David Horton, eds., *Cycling and Society*, London: Ashgate, 2007, p. 168.

(25) 日本女性と自転車の関係については、自転車文化センターのウェブサイトにある「明治の女学生　自転車通学奮闘記」が参考になる（http://cycle-info.bpaj.or.jp/?tid=100113）。紙屋牧子「「自転車に乗る女」のメディア表象――三浦環から原節子へ」（『演劇研究』第三十六号、二〇一二、一―一七頁）も参照。

(26) この見方は Robin, LeBlanc, *Bicycle Citizens: The Political World of the Japanese Housewife*, Berkeley: University of California Press, 1999 による。

(27) お玉の物語は、先に挙げた自転車文化センターによる「明治の女学生　自転車通学奮闘記」の記事でも取り上げられている。お玉は生年（一八四九あるいは一八五三）も歿年（一八七六あるいは一八七九）もはっきりせず、その存在自体が創作や伝説の類である可能性は少なくない。

伊原青々園による作品は国立国会図書館のウェブサイトで閲覧可能である。

（28）一九〇〇年、一ドルがおよそ二円に相当した当時の為替レートで考えれば、自転車は百ドルを超えていたことになる。百二十円ほどで買える自転車もあったものの、一九〇〇年の日雇い労働者の収入は三十七銭、月収にして九円ほどであった。つまり、自転車は年収よりも高かったのである。なお為替レートは一九三〇年前後まで同水準であった。明治時代の日用品の物価については、週刊朝日編『値段史年表』（朝日新聞社、一九八八年）を参照。

（29）三浦環『三浦環——お蝶夫人』（日本図書センター、一九九七年）、一五九—一六七頁を参照。

（30）『中央公論』一九〇一年六月号、七八頁。自転車文化センター「友の会だより」第二十七号（二〇一四年）所収の「自転車に乗った女学生」（http://cycle-info.bpaj.or.jp/file_upload/100263/_main/100263_01.pdf）も参照。

（31）小杉天外『魔風恋風　前編』（春陽堂、一九〇三年）五頁。

（32）明治期の女学生の表象については、本田和子『女学生の系譜——彩色される明治』（青弓社、一九九〇年）を参照。「はいからさんが通る」については、Shiro Yoshioka, "Affirming the Present: Miyazaki Hayao's View of Memory, Nostalgia and National Identity," unpublished Ph.D. dissertation, International Christian University, 2009, pp. 88-93 を参照。

（33）佐野裕二『自転車の文化史』、一五三頁。成瀬先生研究会編「日記（一八九一——一八九三）」（『成瀬先生研究史料シリーズ1』日本女子大学、一九五七年、四一頁）。

（34）『輪友』第三十号、一九〇五年。

（35）「婦人会」（『東京朝日新聞』一九〇五年七月十六日付け）。

（36）このような語りは『自転車の一世紀』と齊藤俊彦『くるまたちの社会史』にも共通している。また、軍部の需要があったことも重要である。日清・日露という二つの戦争は、日本の自転車産業にとって大きな刺激となった。自転車は憲兵の偵察任務や、戦場への伝令などに至便であった。むしろ、一般の人々が日常的な用便に自転車を利用するようになったのは、日露戦争後の一九〇五年頃からであったという。この見方については、佐野裕二『自転車の文化史』、一六六—一七二頁を参照。

（37）「自転車減税陳情書」。その一部はウェブサイト「探検コム」内の自転車の歴史を取り上げる記事（https://tanken.com/bicycle.html）で閲覧可能である。

(38) 横光利一「解説に代へて(一)」(『三代名作全集——横光利一集』河出書房、一九四一年)。丸山眞男は以下の文献でこれに言及している。Maruyama Masao, "Patterns of Individuation and the Case of Japan," in Marius Jansen, ed., *Changing Japanese Attitudes Toward Modernization,* Princeton: Princeton University Press, 1965, p. 517.

(39) Michael Cusumano, *The Japanese Automobile Industry,* Cambridge, MA: Harvard University Press, 1985, pp. 385-386.

(40)「十一月一日は自転車記念日」(『土曜夕刊』一九二七年十月十日付け)。同紙は大阪の新聞。自転車文化センター所蔵の記事スクラップより。

(41) 一九二〇年になると、日雇い労働者の賃金は一日あたり二円十銭程度となっていた。つまり、二ヶ月分の賃金で廉価な自転車を買うことができたのである。一九二〇年代半ばになると賃金は二円五十銭まで上昇するが、不景気を迎えて大幅に下落した。例えば一九三四年の場合、賃金は一円三十一銭であった。それでも自転車の値段は、安い物でも五十円から七十円の間で推移したのである。週刊朝日編『値段史年表』を参照。

(42)「府県会議員選挙近し」(『読売新聞』一九一五年九月二十一日付け朝刊、五面)。

(43)「自転車税の改悪」(『読売新聞』一九一六年一月十一日付け朝刊、二面)。

(44)「自転車税問題」(『読売新聞』一九一六年十二月一日朝刊、二面)および「東京市会」(『読売新聞』十二月九日付け朝刊、二面)。

(45)「自転車税激増」(『読売新聞』一九一八年六月二十二日朝刊、三面)。

(46)「自転車税の全廃を叫ぶ」(『輪業世界』第八十二号、一九二五年四月、二五—二六頁)。

(47) 同右、二六頁。

(48)『国民新聞』一九二七年三月六日付け。『自転車の一世紀』、二八八頁より。

(49)『自転車の一世紀』、二九〇頁。

(50)『信濃毎日新聞』一九二七年七月二日付け。『自転車の一世紀』、二九〇—二九一頁より。

(51)『神戸新聞』一九二七年九月十五日付け。『自転車の一世紀』、二九一—二九二頁より。

(52)『自転車の一世紀』、二九三頁。

(53) 同右、二九四頁。

(54)『紀伊毎日新聞』一九二七年十一月二日付け。『自転車の一世紀』、二九三—二九四頁より。

(55)『関西日報』一九二七年十二月十三日付け。『自転車の一世紀』、二九五頁より。

(56)『新愛知』一九二七年十二月三日付け。『自転車の一世紀』、二九五—二九六頁より。

(57)「自転車の正体　小売値の生れるまで　高いのは消費者の無知から」(『東京朝日新聞』一九二八年一月二十九日付け)。

(58)陳情書の複写を見せてくださった自転車文化センターの谷田貝一男氏に感謝する。

(59)『中外商業新報』一九三一年二月二十四日付け。

(60)「自転車税の撤廃を陳情」(『新愛知』一九三一年七月十七日付け)および「自転車税の撤廃につき陳情」(『名古屋新聞』一九三一年七月十七日付け)。

(61)『新愛知』一九三一年八月六日および七日付け。『名古屋新聞』一九三一年八月六日および七日付け。

(62)『富山日報』一九三一年八月十四日付け。

(63)現代日本の社会において自転車の果たしている重要な役割については、本格的な研究がない。自動車の所有率が高くなっているにもかかわらず、(五キロ以下の)短距離の移動で自転車が好まれる割合は、日常的に自転車を使用することが知られている国々の中でも高いのである。日本の公共交通機関は極めて高度に発達しており、自転車は自宅から最寄駅までの移動手段として利用されることが多い。さらに自転車は、食料品の買い出しに欠かせない乗り物となっている。後ろの注でも示すように統計は存在するが、公的でないものもあり、必ずしも信頼度の高いものではない。英語による統計的データとしては、以下のウェブサイト(http://factsanddetails.com/japan/cat23/sub153/item855.html)がある。

(64)自転車文化センター「友の会だより」第七号(二〇〇八年)。

(65)LeBlanc, *Bicycle Citizens.* ルブランはこの用語を、主に主婦に用いている。この場合の主婦とは、社会的立場によって束縛を受けながら、伝統的な形とは異なる方法で公的に充実した生活を送ろうとする女性たちを指す(六四頁)。「自転車市民」としての主婦、あるいは、より広く言えば日本中の一般市民は、自転車によって活発性を獲得し、「個人として状況を判断し、意見を持ち、行動を起こす」ことができるようになるのである(一三〇頁)。

(66)自転車文化センター「友の会だより」第十二号(二〇〇九年)。

(67)『自転車統計要覧』(自転車産業振興協会、二〇一七年九月)によれば、二〇一六年の自転車登録台数は七千二百三十八万三千台であった(一五六頁)。人口減少が始まっているにもかかわらず、この数字は二〇一〇年時点の六千九百八十八万三千台よりも僅かに増えている。また二〇一八年の研究によれば、全世帯の六十六・三%が自転車を保有している（「自転車保有実態に関する調査報告書」自転車産業振興協会、二〇一八年十月、二一頁）。なお、一九六六年から二〇一八年の期間に、乗用車の保有台数は二百二十九万台から六千百五十八万台に増加している。この期間の乗用車およびその他の自動車の保有台数の推移は、自動車検査登録情報協会のウェブサイト（https://www.airia.or.jp/publish/statistics/number.html）を参照。ちなみに同期間で、自転車は三千万台から七千二百万台に増加している。

(68) 現代の社会的、政治的、経済的、傾向を、各国を比較する形でまとめた「社会実業データ図録」のウェブサイト（http://www2.ttcn.ne.jp/honkawa/6371.html）による。自転車の新しい形であるe-BikeについてはＮＨＫの記事（https://www3.nhk.or.jp/news/business_tokushu/2018_1016.html）を参照。近年に至っても、日本が（中国とは異なり）自転車への依存を続けていることは、国土交通省による報告「自転車交通」（二〇一六年）によっても明らかである（http://www.nlit.go.jp/common/001259529.pdf）。

(69) Glen Norcliffe, *The Ride to Modernity: The Bicycle in Canada, 1868-1900*, Toronto: University of Toronto Press, 2001, p. 180.

(70) Norcliffe, *The Ride to Modernity*, pp. 249-250.

(71) 近年では、自転車の新たな効用として、犯罪者の更生が注目されている。二〇〇九年五月十六日付けの『読売新聞』によれば、島根県のある刑務所では服役者が投棄された自転車を修理し、発展途上国に寄贈するという活動に従事している。この活動によって、寄贈を受けた国の交通事情にも変化が生じているという。特に緊急時の乗り物として有益であるため、自転車が「命の足」と呼ばれる地域もあるそうだ。この活動によって、服役者の目が外の世界へ向くようになることを、刑務官は期待している。

(72) この調査は2005 Reith Lectures by Lord Broers の一環として、"The Triumph of Technology" の題で実施され、回答者の五十九・六%が自転車に投票した。調査の詳細については、ＢＢＣラジオ4のウェブサイト（http://www.bbc.co.uk/radio4/youandyours/technology_launch.shtml）を参照。

(73) 速度と近代性が孕む二律背反については、John Tomlinson, *The Culture of Speed*, pp. 5-10 を参照。

(74)『大阪時事新報』一九三〇年五月七日付け。この記事では交通安全を守るための新たな委員会の設置が報じられると共に、事故の多い地域や自転車と事故との関わりなどが具体的に挙げられている。

(75) バウマンは、そのような両義性は近代性がもたらす当然の帰結であり、現代人の性質と切り離せない、と論じている。Zygmunt Bauman, *Intimations of Postmodernity*, London: Routledge, 1991 を参照。また Barry Smart, *Facing Modernity: Ambivalence, Reflexivity, and Morality*, London: Sage Publications, 1999 も参照。

(76) ウィキペディア日本版の「日本の自転車」の記事には、「自転車にかかわる問題」の項目があり、放置自転車や駐輪所の不足、盗難などが詳しく取り上げられている。http://ja.wikipedia.org/wiki/日本の自転車。

第七章 民芸の西洋的起源

私が矛盾したことを言ってるというのか、
それならば、それでよろしい……私は私自身たしかに矛盾している、
だが、私は宏大だ……私には沢山のものが含まれているのだ。

——ホイットマン「草の葉」[1]

はじめに

二十世紀の物語は、融合と混成の物語である。それは人と文化の未曾有の融和が起こった時代であった。私たちの生きる世界ではボーダーレス化が進み、結果として世界各地の文化は絶えず型と様式とを変化させている。十九世紀半ばに日本とヨーロッパ、日本とアメリカとの間に起こった文化交流は、そのような文化の混成の時代を先取りした例と言えよう。ジャポニズムは西洋の美術、建築、デザインの根底に影響を及ぼしたのみならず、ひるがえって日本の様式をも活性化させた。フランスで学んだ日本の芸術家が、日本の浮世絵の影響を受けたフランスの芸術家に師事したという事実に思いを馳せる時、国境は消え去るのだ。同じように、日本の住宅建築に関するエドワード・S・モース（一八三八—一九二五）の『日本人の住まい』（*Japanese Homes and their Surroundings*、初版一八八五年）は、フランク・ロイド・ライトに対し、ひいては近代建築全体

に対し、根本的な影響を与えている。再版された同書の序文には、「二十世紀の建築を概観すると、日本の伝統ほど普遍的な住宅デザインに貢献している伝統的スタイルはほかにないと言えるだろう(2)」と記されている。

だが同時に、二十世紀はナショナリズムの時代であり、未曾有の人数が国家のために戦死した時代であった。近代性が進展したにもかかわらず――いや、そのためにこそ、国家の象徴はあまねくゆきわたることとなった。すべての人々は現在、好むと好まざるとにかかわらず、現実の、あるいは想像上の国家共同体に生きており、たとえ絶対の忠誠を捧げることはなくとも、少なくとも納税の義務を有してはいる。九・一一の同時多発テロ以降、爆発的な愛国心が世界中に沸き起こったが、これはグローバリズムが未だ勝利を収めていないことの端的な証左である。

最後に、近代性には不満が伴わないわけではなく、このために近代性の構図はさらに複雑なものとなっている。近代性という概念が十九世紀に誕生して以降、常にこれに対峙する反近代主義が、すぐ横を伴走しているのである。産業主義、都市化、機械化の台頭に伴い、素朴さや共同体の絆、美や真実などへの思いが未だ支配的であった過去に、あるいは異郷に、多くの人々が価値を見出すようになった。反近代主義とは、マックス・ウェーバーが最初に描写した合理化のプロセス――「合理的な技術によって操作される、幻滅すべきものへと世界を

図１　愛蔵の陶器を眺める晩年のエドワード・S・モース

貶めること」――に対する嫌悪感の表明であった。(3) 反近代主義は近代世界の展開に決定的な影響を及ぼしたが、それは何も変化のプロセスを遅らせる保守的な運動としてだけではない。ジャクソン・リアーズが述べているように、むしろ反近代主義は皮肉にも、治療、大量消費、そして強烈な経験に関わる新たな世俗的社会への順応を助長したのである。(4)

本章では、右に挙げた近代的状況における三つの局面――文化的融合、ナショナリズム、そして反近代主義――の合流を、日本の民芸運動の視点から検討する。柳宗悦（一八八九―一九六一）は日本の文化批評家であり、東洋と西洋の融合を提唱した先駆者の一人である。一九二〇年代初頭に柳は次のように述べている。

図２　民芸運動の旗手、柳宗悦

東洋と西洋との間にそれほど完全な相違があると世界が考えているとすれば、嘆かわしいことである。しかし、自制、禁欲、犠牲に対して、自我確認、個人主義、自己実現を対峙させて語られるのが常である。しかし私はそのような溝があるとは思わない。私は溝という観念を打ち壊したい。溝とは分析的に得られた観念である。東洋と西洋の邂逅は溝に架ける橋ではなく、溝という観念の破壊である。(5)

柳とバーナード・リーチ（一八八七―一九七九）に確かな接点があったことは、一九一四年、リーチが宣言した文化的融合への取り組みに対する、柳の惜しみない賛辞からも明らかである。「それは東洋と西洋とを加へ合わせたものではなくして、有機的結合である。もしも此の芸術家が将来果すべき使命をもつものとすれば、それは彼の芸術に依る東洋と西洋との結婚である」(6)。だが同時に、柳はナショナリストでもあった。民芸を日本文化の真髄であるとして称揚し、一九三〇年代末には「新秩序」運動にまで手を出している。柳にとって民芸運動の役割とは、芸術における美の救済手段であるばかりでなく、日本社会の救済手段でもあったのだ。

そのような柳のナショナリスト的衝動とも相俟って、民芸運動は柳の主導の下、近代日本における反近代主義の突出した例として登場したのである。柳が注目したのは、かつて無名の職人が自然の材料を用い、もっぱら手仕事で美しい品々を生み出していた時代であった。これに対して、近代性によってもたらされたのは機械化、欲、個人主義である。柳は次のように述べる。

問　なぜ資本主義が民芸の美を殺すに至るか。

答　利が目的で作られるからである。用が二次になるからである。資本家の眼には常に利益が主眼である。健実とか、美とか、品質とかはいつも二義的である。粗製濫造は其避け難い結果に過ぎない。利欲は用と美とを共に殺戮する。加ふるに資本下にある工芸は手工を去って機械につく。之が為に美は愈々創造を有たず、固定し、凝着する。(7)

一九二〇年代、柳は一見矛盾するこうした諸要素を一つの運動に統合し、機械と資本主義的生産の支配が拡大しつつある時代にあって、美の復興を志した。(8)本章では、民芸の遺産の中でも、フランチャイズのレストランや土産物店などで見かけるような紛らわしい品物はひとまず脇へ置き、近代における民芸の創造における、東洋と西洋の絡み合った影響の網の目を解きほぐしてみたい。

日本の民芸の西洋における起源

人は生まれる前はどのような姿をしているか――禅の公案ではないが、民芸以前の民芸とはどのようなものだったのだろうか。もちろん通説はある。多くの場合、民芸の発見は柳宗悦に帰され、具体的な時期と場所も挙げられる。一九二五年、柳宗悦、河合寛次郎、浜田庄司が、木喰上人の木彫仏像を見に鉄路和歌山県に向かっていた折、エリートの芸術に対し民衆の芸術を指す言葉として、彼らの会話の中で民芸という言葉が創出され、それが大きな運動へと発展した、というのである。だが、日用陶器の最大級のコレクションは、すでに存在していた。それは一八七〇年代から一八八〇年代初頭にエドワード・モースによって収集され、産地と技法によって分類されたコレクションである。この紛れもない事実は、民芸運動の起源の再検討を我々に迫らずにはいられない。十九世紀半ば、日本の美術工芸の幅の広さと洗練の度合いは、西洋の職人や鑑定家の心を、そして次第に一般の人々の心をも捉えるようになっていた。実のところ、民芸は西洋においてその端緒を開いたのである。

アーツ・アンド・クラフツ運動は十九世紀半ば、イギリスを発祥の地とし、一八八〇年から一八九〇年代にアメリカで広まった。最初に「人の手の機械化」を嘆いた思想家の一人が、トーマス・カーライル(一七九五―一八八一)である。カーライルは産業革命により、社会的・道徳的・美的退廃がもたらされることを恐れた。カーライルは早くも一八二九年に「人間はその手はもとより、頭が、そして心が機械化されつつある」と警鐘を鳴らしている。[9] こうした人間性の喪失への反応として、中世の職人技への回帰を呼びかけたのがジョン・ラスキン（一八一九―一九〇〇）であった。ラスキンが一八五三年に提唱した次の法則は、アーツ・アンド・クラフツ運動の真の幕開けを画した。「（一）いかなる品であれ、必要不可欠なものでない限りその製造を決して奨励しないこと。（二）寸分の狂いもない完成を、完成それ自体を目的に要求しないこと。（三）いかなる類のものであれ、模造品・複製品を決して奨励しないこと」。[10] ラスキンに続いたのがウィリアム・モリス（一八三四―九六）であったが、モリスは真なるものの源泉と近代文明の病弊からの救いを求め、過去のみならず東洋にも目を向けた。モリスは素朴さの復興と勤勉の美徳を唱えた。

モリスはまた、一八五〇年代に日本が「西洋に向けて開かれた」あとの、日本に対する関心の爆発にも呼応した。ロンドン（一八六二年）、パリ（一八六七年）、ウィーン（一八七三年）、フィラデルフィア（一八七六年）で開催された万国博覧会は、日本が世界に冠たる工芸と美意識の宝庫の一つであることを示した。例えば、一八七六年のアメリカ独立百周年記念のフィラデルフィア万博に訪れた人々は、日本の手工芸品が「その優美で上品な意匠といい、その技の信じがたいほどの完成度といい、驚くべき最高のイタリア美術や装飾美術に匹敵し、あるいはこれを凌駕して

図3　ウィリアム・モリス

詩人、芸術家、思想家、そして社会改革者であったモリスは、近代産業のもたらした「醜さ」に抗い、イギリスのアーツ・アンド・クラフツ運動を牽引した。日本の芸術や美学の影響を受けたモリスの思想やデザインは、次いで日本の民芸運動に影響を与えることになる。

らす灯台となったのだ。

代の人々にとって、日本は職人技、機能性、素朴さ、自然との調和、真の美、などの概念復活への希望を照

いる」と感嘆したのである。[11] モリスにとって、そして自らの社会の「過剰な文明化」に幻滅を感じていた世

モリスの思想は一八九〇年代にアメリカに広まった。[12] チャールズ・エリオット・ノートン(一八二七—一九〇八)、グスタフ・スティックレー(一八五八—一九四二)などアメリカのアーツ・アンド・クラフツ運動の指導者は、日本から強く影響を受けている。一八九七年創立のアーツ・アンド・クラフツ・ボストン協会では、日本に関する話題が講演で頻繁に取り上げられ、これはのちに雑誌『ザ・クラフツマン』に掲載された。一九〇一年から一九一三年まで発行されたこの雑誌には、日本関連の話題のみを扱った記事が四十点近く含まれている。例えば、一九〇五年には日本の職人の暮らしに焦点が当てられており、また一九〇六年には、「日本の簡素な暮らし——魂の充足と芸術に関する真の知によるその達成」と題する記事が掲載された。[13]

だが、このようにはっきりと言及していない場合であっても、日本の工芸の伝統から受けた影響は明白であった。スティックレーは「ザ・クラフツマン」に公表した数点の記事で、繰り返し機械文明に対する警告を発している。例えば「機械の使用と乱用——そのアーツ・アンド・クラフツとの関係」(一九〇六年十一月)と題する記事では、真の工芸技術は「まず第一に、普通の人々の普通の必要から生まれ出てくるものでなくてはならない」と述べている。[14]

豪華絢爛を旨とするヴィクトリア様式と比較して、日本の美意識の基準は明らかに対照的であった。モースは一八八五年に次のように述べている。

満足を味わいながらじっと視線を注ぐような物品が、眼前にほとんど存在しないような絶対の清浄と洗練こそが、日本人が努力して止まない屋内装飾の要諦なのである。そして、日本人は、われわれアメリカ人には望むべくもない簡素さの有効性を通してそれを会得しているのである。アメリカの部屋は、日本人の目には骨董屋と映っているであろうし、この上なく風通しの悪いものに見えるであろう。花瓶、絵画、額、青銅製置物、それに骨董品をいっぱい置いた棚、持ち出しランプ《ブラケット》、用箪笥《キャビネット》、卓子《テーブル》などでできたこの迷路は、日本人の心を狂わせてしまうに充分である。[15]

その後の一九〇五年には、バジル・ホール・チェンバレンが『日本事物誌』の中で「絵画や家の装飾、線と形に依存するすべての事物において、日本人の趣味は渋み――の一語に要約できよう。大きいことを偉大なことと履き違えているこけおどし、みせびらかしと乱費によって美しさを押消してしまうような俗悪さなどは、日本人の考え方の中に見出すことはできない」と書いている。[16] 西洋からもたらされた「文明開化」を日本が急速に吸収していた時期に、日本には西洋が学ぶべきものがあると主張した西洋人も、僅かながら存在したのである。「ヨーロッパが日本からその教訓を新しく学ぶのはいつの日であろうか――かつて古代ギリシア人がよく知っていた調和・節度・渋みの教訓を――」。[17] モース、チェンバレン、ラフカディオ・ハーンをはじめとする、まさに日本の前近代性ゆえに存在する簡素な洗練と渋みに価値を見出した人々は、日本がいたずらに西洋文明に晒されることを嘆いた。「日本が私たちを改宗させるのではなくて、私たちが日本を邪道に陥れることになりそうである。すでに上流階級の衣服、家屋、絵画、生活全体が、西洋との接触によって汚れてきた」[18]。しかし、日本の民衆の中には未だ希望がある。柳に遥か先んじて、チェンバレンは「普

図４　バジル・ホール・チェンバレン

ジャパノロジストであったチェンバレンには、『日本事物誌』などの著作がある。

通」の人々の美的感覚を賛美していた。「今では一般大衆の中に求めねばならない。――花をうまく活けたいと思うならば、わが家の下男に訊ねるがよい。庭の設計が気にくわない――どうも堅苦しすぎる。それかといって、自分で指図して直させてみると、ごたごたと格好のつかぬものになってしまう。そんな時には、相談役として料理番か洗濯屋を呼ぶがよい[19]」。

エドワード・モースは日本の民芸を見出した第一人者であった。日本の教科書では、モースは主に古代の貝塚を発見し、自然科学の発展に寄与した人物として描かれる。だが、明治初期の日本の暮らしを記録した民族誌が、モースの功績としてもっと評価されるべきなのは明らかである。モースの著書『日本その日その日』は、様々な意味で過渡期にあった日本社会の史料として最良のものの一つであり、また現在セーラムのピーボディ博物館に収蔵されている、モースが収集した日用品のコレクションは、日本の物質文化史の研究材料として計り知れないほど貴重なものである[20]。『日本人の住まい』（一八八五年）も、日本の住宅建築の研究に欠かせない資料であろう。モースは「ありふれた田舎の農民」の美的感覚に注目し、「道端の美しい生け垣、塵ひとつない玄関への道。家の中のものすべてがこざっぱりとして、いろいろなものが完璧ともいえるほどに整っている。小さくて洗練された茶碗、急須、青銅の炭入れ、銘木、趣のある木の瘤、きのこをくりぬいた花入れ」などに喜びを見出した[21]。モースは、日本が西洋の事物に酔いしれていた時代にあって失われつつあるものを惜しみ、西洋が日本から多くを学ぶべきであると唱えた最初の一人であった。そしてチェンバレンと同様、彼のいわゆる「室内装飾の手法における計り知れないほど優った洗練」の例を、ヴィクトリア朝式の過剰に対する対抗手段として挙げている。[22] 日本発祥の新しい精神によって、西洋では「ひとつの花の装飾的価値を認識するのに、かならずしもそれを細かく千切る必要はないのだ、ということを悟るようになったし、また、自然界にあるごくごく単純な対象物――竹の小枝ひとつ、松毬ひとつ、桜の花ひとつ――であっても、それがしかるべき場所におかれているかぎり、われわれの美に対する渇仰を癒やすにじゅうぶん足りる、ということを悟る[23]」ようになった。

モースは、日本の物質文化研究において住宅建築、室内装飾のほか、とりわけ全国の無名の職人の手になる陶器に関心を寄せており、日本の民芸運動の創始者の一人に数えるにふさわしい。モースは貝をかたどった陶芸品の収集から陶器収集に着手したが、西洋向けに作られた華美な磁器や七宝焼よりも、無装飾の渋い陶器を高く評価するようになった。そして、コレクションが増えてゆくにつれ、意匠の豊かさと不均斉、滑らかさの欠如などの要素を高く評価するようになった。モースは陶土、釉薬、焼成技術を研究し、茶道を学んだ。鑑定家に会い、器の時代、作者、釉薬、窯元の鑑定方法を習得した。モースはわずか数年で、西洋世界で最も優れた日本陶器のコレクションを築き、日本の無名の職人の手になる美術品の技法と美に関する第一人者となったのである。[24] さらにモースは、演説家としてカリスマ的とも言える才能に恵まれていた。著作と講演を通じて、モースは日本趣味の美点をアメリカ人に印象づけようとしたのである。モースはその情熱を、アーネスト・フェノロサ、ウィリアム・スタージス・ビゲロー、チャールズ・ラング・フリーア、チャールズ・ウェルドらと分かち合った。その意味では、アメリカにおける主要な日本美術コレクション構築への道を拓いた功績を、モースに帰すことができるのである。こうした日本文化のコレクションは、アメリカ社会における物質主義と産業主義への反近代的姿勢の表れであり、また日本の国境を遥かに越えて、日本の美への理解を広める手段でもあった。

モースの陶器コレクションは一八八九年にボストン美術館が購入し、このコレクションを核として、のちに世界有数の日本美術コレクションが構築されてゆくこととなった。ハーバード大学の設計学の教授であったデンマン・ウォルド・ロスは、ボストン美術館に宛てた一八八九年二月二十八日付けの書簡においてモース・コレクションの購入を促しているが、モース・コレクションが日本の工芸技術の美を見事に体現していることを、その最大の理由に挙げている。

日本人の芸術家は典型的な型の壺のことを考え、何年も、時には全生涯をその完璧な作品を製作するのに捧げるのです。彼は利益や世間のため、あるいは道楽のためでなく、創造、魂の理想の実現のために働くのです。（中略）貴方は昔の哲学者が「細事に依って完全がなされ、完全は細事ではない」と言ったのを覚えているでしょう。これがモースの壺や瓶が我々に教えてくれた教訓です。ある作品ともう一つの作品との相違は僅かです。しかし、どの作品も理想を実現するための、明確な努力を跡づけています。我々が発明品である機械によって生産されたものに満足を覚えるのに反して、日本の美術家は自分の作品を製作するたびごとに、作品を改良し完成に近づけることを好むのです。(25)

ここには、三十年後に柳宗悦の民芸理解と「工芸の道」の説の中心をなした思想の核を看て取ることができる。

明治期の反近代主義

精妙な日本の工芸技術を律する美的感覚を最初に見出したのは、モースでも柳でもなかった。意識的な工芸と工芸技術の長い歴史が存在し、それは様々な意味で西洋の工芸運動に先駆けているのみならず、西洋の運動に霊感を与える役割を果たした。簡素さと素朴さ（「わび」「さび」などの言葉で特徴づけられる）の称賛と自然であることの重視は、日本の禅宗美術が発展した室町時代から、確実に日本の美的感覚を支配してきた。簡素さへの関心は、細部への配慮、技の洗練、そして自然の材料の使用などと早くから結びついた。さらには有用性に基づく美的価値観も、柳の遥か以前から認められていたのである。十六世紀末に千利休によって完成された茶道は、日本の美学の発展において中心的な役割を果たした。茶道趣味の典型である京都の楽焼は、何よりもまずその実用性の観点から美しいとされた。ものの良さは、不規則性、未完成性、外観上の技巧の欠如にあった。わび——すなわち虚飾を抑え排する精神の称賛——が、茶道の精髄であった。茶道具はただ美しいもの、有用なものというだけではなく、道徳的に良いものであった。日本の伝統的な職人とは、ただ特殊技能を有する人というだけではなく、個性と強い人格的美徳を有し、作品に自らの道徳的価値を込める能力を有する人であると考えられていた。のちに柳は、作品そのものに興味があるのと同じくらい、その作品がどのように生み出されたかに興味を感じると書いている。

十九世紀末になると、日本の工芸と工芸技術の独特の性質は、西洋と日本の双方で美術批評家の興味を惹いた。すでに一八六〇年代には、ラザフォード・オールコックが次のような洞察をしている。「意匠においても制作においても絶妙な美術品を含め、磁器、青銅器、絹織物、漆、そして冶金全般において、彼らはヨーロッパの最高の品々に匹敵するばかりでなく、我々には各部門の作品を真似ることも、恐らくは同等のものを作ることもできないようなものを生み出すことができると、私は躊躇なく言える[26]」。

日本政府が万博での展示に選んだ品々は、工芸品の価値が西洋で理解され、好まれているという前提のもと、しばしば工芸品で占められていた。磁器、漆器、木工細工、竹細工、織物などである。そして政府の判断は正しかった。一八七六年のフィラデルフィア万博において、日本の展示を観察したサマンサ――会場にいる普通のアメリカ人を擬人化した存在――は次のように述べている。「細工のなんと精妙なこと。こんな作品を作るのに、どれだけの忍耐と長い苦難が注ぎ込まれたことでしょう。箪笥があったわ。黒と金で、棚と引き出しがついていて、扉は金銀の蝶番で留められていて、一番下の引き出しの内側に至るまで、箪笥のあらゆる部分が見たこともないような洗練された技術で作られている。四千五百ドルするというけれど、その価値はあるわ[27]」。

モースも一八七六年のフィラデルフィア万博に訪れ、興奮した一人である。「われわれアメリカ人に対する一つの新しい啓示であった。（中略）日本熱がわれわれをしかと捉えたのは、まさしく、その時であった。日本に関する書物が、とりわけ日本の装飾芸術に関する書物が、急激に数を増した[28]」。

だが日本の伝統工芸に価値を見出したのは外国人だけではなかった。歴史家はおしなべて、日本の近代史を書くに当たり、西洋化と産業化のプロセスを強調し、変化の物語を誇張することがあまりにも多い。反対を唱える声や反近代性に対しては、反動的で後ろ向きで、無益であるとのレッテルが貼られてきた。しかし、近代日本において反近代性の果たした役割を強調した物語を構築することも可能である。

日本の民芸運動は、紛れもなくイギリス、アメリカにおける運動と同じように、急速な産業化と都市化への反動として発展したのだ。日本の民芸運動はまた、西洋の文化帝国主義に対して、確かなナショナル・アイデンティティを形成する必要性とも結びついていた。そして民芸運動は、消えゆく過去へのノスタルジアをその根本に内包していたのである。しかし、消滅する運命にある日用品を収集、保存し、これを称賛しようとする衝動は、大正時代より遥か以前から始まっている。

一八六八年の明治維新は、日本社会の全面的変容を画する出来事であった。政治的、経済的、社会的、そして文化的に確立された古くからの習慣や制度は危機に立たされ、その多くが破壊された。もちろん、歴史家は明治の変革をしばしば「連続と変化」という観点から分析している。だがここで留意すべきは、連続という観念そのものが近代的発想であるということである。明治時代においては、過去の習慣や価値を保存し、存続させようとする衝動そのものが、文明開化の虚飾を取り入れようとする衝動と同じくらい、目新しいものだった。民芸の起源を正しく理解しようとするならば、変化の必要性を訴える声と同時に沸き起こった、反近代の声についても検討する必要があるだろう。「ザンギリ頭をたたいてみれば、文明開化の音がする。半髪頭をたたいてみれば、因循姑息の音がする」という有名な「ザンギリ頭の歌」があるが、近代日本における「因循姑息」の歴史にこそ、もっと注意を向ける必要があるのだ。

著名な北海道探険家である松浦武四郎（一八一八―八八）は、明治時代に新たに起こった過去への郷愁を体現する人物である。一八七〇年、日本が西洋化に向けて決然たる事業に乗り出そうとしていたまさにその時、松浦は官吏の職を辞し（松浦は幕府の忠臣であったが、一八六八年夏、新政府から北海道施政を補佐する官

図５　松浦武四郎

蝦夷地の探査で知られる松浦は、人々が西洋に夢中になる中、日本の文化遺産の保存に尽力する好古家となった。

職に任ぜられている)、ヘンリー・スミスによれば「日本の古器物の探索という新しい分野を開拓する後半生に入った」のである[29]。松浦は長年にわたって古物の収集を手掛けていたが、一八七六年からはこれを本業とするようになった。同年には自らのコレクションをまとめた最初の著作を刊行している。『撥雲余興』(全二巻、一八七七年、一八八二年)は、古物研究における画期的な作品であるとスミスは言う。松浦の古物研究に関する専門知識に感銘を受けた一人が、ほかならぬモースその人であった。モースは『日本その日その日』において、一八八二年に松浦と会い、勾玉のコレクションをじっくり見せてもらう機会を得たことを語っている[30]。

松浦は、方々から古物の専門的評価を求められるようになり、また骨董品売買も始めた。この商売は明治時代にブームとなるが、顧客は外国人の骨董収集家に限られていたわけではなかった。松浦をはじめとする古物研究家は、日本中を広範囲に旅し、過去を追い求めた[31]。松浦は道中で骨董品を入手すると、息子の一雄が働いていた大阪に送り、また旅の締めくくりとして販売もした。旅先で立ち寄る町々では、人々が古物を携え、評価を求めて待ち受けており、多くの場合売却を申し出たという。松浦は明治期の旅行を入念に記録し(かつて蝦夷にアイヌを訪ねた折の紀行と同じように)、数多くの同業者と同じように、その記録を刊行した[32]。

一八八〇年代のいわゆる「保守反動」は、過去を擁護する、より明白な議論を生み出した。のちに茶道に関する流麗な文章を著すことになる岡倉覚三（一八六二―一九一三）は、一八八二年、洋画の主唱者として指導的立場にあった小山正太郎と芸術としての書道の価値をめぐる論戦を繰り広げた。岡倉は次のように主張する。「優れた筆跡は、あたかも清らかな楽の調べのごとく高く賞賛されており、東洋美術の最高峰とされている」[33]。ところが、海外で買い手がつかないことを理由に、芸術としての書道を廃止する、というのが小山の提案であった。岡倉は怒った。これに続く岡倉の西洋批評は、二十世紀初頭に柳ら反近代主義者が唱える議論を先取りしていると言えるだろう。

> 嗚呼西洋開化ハ利慾ノ開化ナリ。利慾ノ開化ハ道徳ノ心ヲ損シ、風雅ノ情ヲ破リ人身ヲシテ唯ダ一箇ノ射利器械タラシム。貧者ハ益々貧ク富人ハ益々富ミ、一般ノ幸福ヲ増加スル能ハザルナリ。此時ニ当リ計ヲナスニ、美術思想ヲ流布シ卑賤高尚ノ別ナク天地万物ノ美質ヲ玩味シ、日用ノ小品ニ至ルマデ思想ヲ歓悟スルノ具ニ供セシムルニ若クハナシ。美術ヲ論ズルニ金銭ノ得失ヲ以テセバ大ニ其方向ヲ誤リ、品位ヲ卑クシ美術ノ美術タル所以ヲ失ハシムル者ナリ。豈《あに》戒メザルベケンヤ[34]。

図6　岡倉覚三

日本美術の統一性を保存することを目指した岡倉は、日本の芸術的理想を西洋に知らしめるべく英語での著作活動を行った。

一八八〇年代末には、岡倉は日本美術の権威として名を馳せるようになり、アーネスト・フェノロサと共に日本の重要な宝物を見出して登録し、海外への流出を防ごうとする公的なプロジェクトに携わった。彼らの尽力の結果、国宝指定を受けた品物の売却を禁ずる法律が、一八九七年に制定されることとなった。

一八九〇年代には――遅くとも日清戦争の頃までには――美術工芸を含むいわゆる「伝統的」日本文化を国家的特質と結びつけて考え、誇りとする向きが目立つようになった。例えば三宅雪嶺は、文化的ナショナリズムによって日本人の自尊心を煽ろうとした。一八九一年の文章「真善美日本人」において三宅は、日本文化に関する様々な思想を展開しているが、それはのちに広く共有される国粋保存の必要性という発想の先駆けであった。三宅はとりわけ、日本の日常の美的特質に誇りを持つようにと人々に強く説き、次のように述べている。

試みに見よ、其収入は以て一家の糊口に充つるに足らず、妻児飢寒に泣くの貧家と雖も、室に入て之れを見れば壁に錦絵を張りつけ、徳利に四季をりをりの花をいけ、甚だしきに至りては吹笛、三絃、歌ひ且つ舞ふものなきにあらず。少しく騰《のぼ》りて富裕なる家に至らば、床の間には幅を懸け、楣の間には額を飾り、鉄瓶、土瓶、茶椀等に至るまで華麗、古雅、数寄を競ひ、而して此れ等の装飾品中には意匠巧妙、製造亦た雅致にして、一見人を駭《おどろ》かすものなくんばあらず。殊に花壇築山の如きは細工の巧なる、掌大の地に天地の美趣を檃括《いんかつ》して、自然に迫るもの鮮少なりとせず之れを総ぶるに我が国、古来の美術たる、敢て甚しく希臘の下風に立たざるに似たり(35)。

さらに、クリスティン・グースが指摘するように、明治中期には益田孝（一八四二—一九三八）、大倉喜八郎（一八三七—一九二八）ら裕福な日本人実業家が、かつての大名に代わって趣味の判定者、茶道の愛好家となり、茶碗の需要を喚起し、洗練された工芸技術に対する日本国内の評価を一新した。[36] 新たに定義された（あるいは練り直された）「日本文化」を非常によく体現した茶道具や茶道美術の大規模なコレクションは、その多くがこの時期、熱心に茶道を愛好した益田のような実業家によって構築されたものである。日露戦争に勝利を収めたあとの一九〇六年、岡倉覚三が日本文化を西洋に説明する手段として茶道を選んだのは自然なことであったと言えよう。グースが指摘するように、この当時には茶道は、日本のルネッサンスとも言うべき桃山時代に根ざした日本の伝統文化を体現する、強力な表象となっていた。[37] 西洋の読者向けに英語で執筆された *The Book of Tea*（『茶の本』）は、洗練、簡素、清浄、そして工芸技術を称えている。岡倉は冒頭から次のように書く。茶道とは「『不完全なもの』を崇拝するにある」と。[38] 茶道において、欠損と簡素とは美点とされた。「茶室において草ぶきの屋根、細い柱の弱々しさ、竹のささえの軽やかさ、さてはありふれた材料を用いて一見いかにも無頓着らしいところにも世の無常が感ぜられる。常住は、ただこの単純な四囲の事物の中に宿されていて風流の微光で物を美化する精神に存している」。[39] そして東洋と西洋は「富と権力を得んと争う莫大な努力に迷って」いるとされ、岡倉は茶道を、世の中を覆わんとしている「利己、俗悪の闇」に対する解毒剤として掲げる。[40]「今日は工業主義のために真に風流を楽しむことは世界至るところますます困難になって行く。われわれは今までよりもいっそう茶室を必要とするのではなかろうか」。[41] 岡倉の訴えは、世界が普遍的な醜悪さに向かって進んでいるのではないかと数多くの人が危惧を抱いた時代にあって、熱心な聴衆に響いた。このような洗練、渋み、そして伝統の持つ生命力の希求は、西洋において近代性に異を唱えた批評家の議論と時を同じくしていたのである。

岡倉が桃山時代の美を讃えたことは、市場でやり取りされる茶陶の傾向に即座に影響を及ぼし、明治後期の陶工や工芸家にもインスピレーションを与えた[42]。さらに、岡倉の著作は陶芸や工芸全般に対する人々の考え方に直接的に作用した。これはのちに、無名の職人への評価を含め、のちの民芸運動の規範の核をなすこととなる。岡倉は、近代性に反対する日本のスポークスマンとして、最も力強く影響力のある人物であった。*The Ideals of the East*(『東洋の理想』、一九〇三年)、*The Awakening of Japan*(『日本の目覚め』、一九〇四年)、そして *The Book of Tea*(一九〇六年)など岡倉の英語の著作は、すべて東洋の伝統、特に日本の伝統に価値を見出そうとする試みであった。一九〇四年、岡倉はセントルイスで開催された国際芸術科学会議において演説を行い、産業主義を芸術への脅威として攻撃した。日本は芸術的遺産の解体にあまりにも熱心であるというのである。

産業主義は芸術を狂わせているように思われます。競争社会は生活の中の多様性を認めず、ただ流行を押し付けます。廉価であることが第一の目標となり、美は度外視されます。人々の無関心によって市場には卑俗な平等さが溢れ、すべてが同じになります。朴訥な職人の手の温もりを感じさせるような手仕事の代わりに、冷血なる機械の手が私たちのまえに立ちふさがっているのです。芸術家たちもその機械的な習慣に囚われてしまい、大勢ではなくただ一人のために仕事をするという自らの存在意義を忘れています。彼は創造するのではなく、ただ倍増させるのです[43]。

ここで岡倉は、職人の仕事を讃えながら、手作りの温かさと産業化時代の製品の冷たさとを対比させている。岡倉は行く先々で、地元の無名の職人の手になる産物に価値を見出した。例えば一九〇二年のインド旅行中には、岡倉はその日用品の美への傾倒ぶりでラビンドラナート・タゴールを驚かせている。

> 彼は百姓たちの使う素朴な土焼の油の壺というような、全く安価なものを求めては、夢中になり、感嘆するのでした。（中略）そしてその辺の朴訥な村人たちが、自分たちはそれとは知らずもっている美の本能が、それらの些細な物に表わされていることを、わたしどもは全く見過ごしていたのです。[44]

工芸技術と、のちに「げてもの」と呼ばれるものへの岡倉の関心は、若きランドン・ワーナー（一八八一―一九五五）への指導においても認められる。ワーナーは一九〇六年に日本に到着し、五浦の岡倉宅に滞在していた。美術の勉強法についてワーナーが師に助言を請うと、即座に返事があった。「美術館にあまり足繁く通わないことだ[45]」。つまりワーナーは、日本美術を自らの目で見て判断するようにと指導を受けたのだ。岡倉の手引書を携

図7　ランドン・ワーナー、日本への最初の旅にて。
1908年、ハーバード大学ホートン図書館所蔵。
Langdon Warner Papers, Houghton Library, Harvarc University.

ワーナーは日本美術史の第一人者となった。

え、ワーナーは方々を旅し、通訳と共に個人コレクションや寺院の宝物をじっくりと見てまわった。また岡倉は、ワーナーが「寺に下宿し英語をまるで解さない彫刻家」である新納忠之介のもとで学ぶように取り計らった。ワーナーは新納と親しくなり、その指導の下、工芸技術について深い理解に到達した。この成果は、その後のワーナーの人生を決定づけた。例えば、一九三六年にワーナーは『日本の彫刻家の仕事』を刊行し、職人としての芸術家を礼賛している。その後、日米開戦直後の一九四二年には、ロードアイランド・スクール・オブ・デザインの卒業式で「彼らの欲求はすべて工芸にあり」と題した祝辞を述べ、文明の存続における工芸技術の重要性を丁寧に説いている。

岡倉はワーナーを、互いに異なる二つの方向に導いた。一方はアジア——日本美術の源、とりわけ洛陽の石窟である——「それは閉ざされたパルテノン、いやむしろ踏査を待つアテネのアクロポリス全体ともいうべきものだ」[46]。いま一つの方向は、日本の田舎である。大都市からできる限り遠ざかることが重要だった。そこでもまた、慎ましい窯に、そして無名の職人に、日本の美的創造性の源が見出された。

一九〇九年、岡倉の熱心な勧めに従い、ワーナーは沖縄を旅した。日誌によれば、沖縄に到着したワーナーは、すぐに沖縄の民具の収集に着手した。その実例をできるだけ数多くハーバードに持ち帰り、ピーボディー博物館に民族誌コレクションを構築しようと考えたのである。

一九〇九年十一月九日。シュワルツ氏の庭師で日本語を話すアサトという名の琉球人と共に那覇を訪れた。我々は買い物に夢中になり、四時間の暑い、素晴らしい時を過ごした。買い求めたのは、帽子四点、籠が六点か八点、凝った装飾の施された埋葬用の大甕、地元のあらゆる焼き物の実例、椰子の実でできた酒樽（?）、髪留め、様々な形のサンダル、それにパイプだ。（中略）午後、花嫁のベールと衣装とを少女が買い求め、完璧な花嫁衣裳一式と、収納箱やなにもかもが調えられるのを見た。それに、馬具も購入した。（中略）博物館向けの購入品リストは長くなる一方だ。古代宮廷の衣装は入手不可能だそうだ。[47]

また、ワーナーは首里城址を訪れたが、そこは沖縄の若者のための、近代的な生産技術の訓練学校に改造されていた。ワーナーは非常に残念がったが、土地固有の美の悲しい運命を嘆きながらも、そこでも何とか職人に出会おうと探し回った。

この場所は、日本人が正式に駐留するようになって以降、兵舎、国土調査事務所、いくつかの異なる種類の学校などとして使用されてきた。そして今日でも、剝き出しになった、空っぽの玉座の間は、少女たちが近代的な織物の方法を学ぶためのたくさんの手織機や、少年たちが木工のひどい代物を作り、これに別の玉座の間で別の少年がさらにひどい漆塗を施すための、足動式旋盤で埋め尽くされている。だが、全く異なるものながら、我々が確かにそこに見出したある精神は、その場所と不調和なものではなかった。それは熱意にあふれた小柄な男性——芸術家である。彼は学校の少年に漆塗を教えていたが、「私がこれまでに出会った」教師とは全く異なった炎を宿していた。彼に職務上、生徒の作品を私に見せたが、私が興味を示すと、彼自身が発明した風変わりな物を持ち出してきた。漆を応用して会得した新しい色、三十七回にわたって塗り重ね、さらに研ぐことで得られる黒玉のごとき光沢、金銀を散らした装飾、そして芸術家の証である独自の意匠。不規則な宮殿の片隅のがらんとした小部屋で、財もほとんどなく暮らしているこの信じがたい小柄な男性が、（中略）大阪から送られてきた手織機や旋盤などよりも価値のある人物であることは明白だ。(48)

結論――民芸運動と反近代主義

民芸の発明は、十九世紀末から二十世紀初頭にかけて、日本と西洋とにおいて作用した社会的な力と、歴史的な力とが綾なす、複雑なつづれ織りを内包している。民芸は日本独自のものではない、という点を見落とさないことが重要である。千利休、ラスキン、モリス、モース、フェノロサ、岡倉など、民芸は様々な起源を持ち、様々な時期に、様々な場所で生まれた複数の概念の混合である。ブライアン・モーランによれば「民芸の哲学はある種の道徳的美学であり、急速な都市化と手工業から機械による大量生産への移行を経験している産業社会であれば、どこででも生まれうるもの」なのである。(49) さらに民芸運動の性質は一通りでなく、輻輳的であることにも注意する必要がある。日本では、反近代の主張は民芸の思想、実践、売買、展示、コレクションなどを通して、いくつかの流派の発展を加速させた。民芸は、過剰な文明化という問題の解決策として「素朴な暮らし」への回帰を提唱する。例えば、柳の我孫子への隠遁は、芸術家が原始的なエネルギーと調和し、技術や学問的要請などへのこだわりを捨てて自分自身を表現するために田舎へ隠遁するのとよく似ている。しかし、民芸は一面で、洗面的な技術や知識を必要とする。ドイツの技術者、ゴットフリート・ワーグナー（一八三一―九二）が、明治初期における窯業の近代化において果たした役割は、ともすると忘れられがちである。[50] 浜田庄司（一八九四―一九七八）、河合寛次郎（一八九〇―一九六六）は共に、東京高等工業学校（現、東京工業大学）窯業科において確かな技術教育を受けている。河合は次のように回想する。「もし高等工業学校で科学的に学ばなかったなら、私は陶工として全くの役立たずだったでしょう」[51]。こうした言葉は、科学よりも精神に導かれているようなアジアのアマチュア芸術家に対する柳の賛美とは、異なる思想を示しているだろう。

バーナード・リーチ（一八八七―一九七九）は、日本の民芸運動とイギリスのアーツ・アンド・クラフツ運動との融合に取り組んだ。一方、イギリスに学んだ富本健吉（一八八六―一九六三）は、自分がアーツ・アンド・クラフツ運動に負っているものを隠そうとはしなかったが、同時に機械による大衆向けの、手頃な製品の生産を取り入れることも厭わなかったのである。リチャード・ウィルソンによれば、「富本は頭の切れる生真面目な職人であり、手仕事における最高レベルの洗練を目指していた」のだ。[52] また、一九一九年に創立された装飾美術家協会は、工芸は芸術的であると同時に実用的でなければならない、と主張している。同じく一九一九年には、陶芸を芸術とする一派である赤土が結成され、一九二七年に形を変えて耀々会となっている。耀々会は、機能性は芸術的性質に必然的に伴うものであると主張した。ほかにも、「用即美」を掲げる実在工芸美

図８　リーチと柳、1935年、東京にて。
Crafts Study Centre, University for the Creative Arts, UK提供。

リーチは柳との協力関係を「東西の結婚」と呼んだ。それこそが民芸運動の要であった。

術会が組織され、技術と装飾への依存を批判した。[53] そしてもちろん、渋沢敬三（一八九六―一九六三）による民具の「アチック・ミューゼアム」コレクションがある。日常的な民具をもって近代社会に巣食う病の解毒剤としようと取り組んだのは、決して柳一人ではなかったのである。

このように二十世紀初頭には、民芸運動は複数存在していた。技術を志向するものもあれば、東洋的な理想を伴うものもあり、また西洋におけるアーツ・アンド・クラフツ運動と同系列に位置づけられるものもあれば、柳のように「直感」を重視し、地域社会に生きる人々のみが獲得できる美を強調したものもあった。反近代の衝動は、こうした運動のすべてと繋がっていたのである。

柳の、機能に由来する美という主張と、金銭的利益を考えず、自然の材料を最大限に生かし、伝統的な生産方法によって活動を行う無名の職人への称賛は、モリスに遡ることができる。[54] したがって柳は、資本主義社会の発達によって生じていると思われる道徳の崩壊を正そうとした最初の人物だったわけではない。また、田舎という場所に、質素、利他主義、調和と協調などの価値観の宝庫としての価値を見出した最初の人物というわけでもなかった。柳は、ほかの思想家と同じように、明らかに過去を踏まえていたのである。日本の美術工芸への称賛は、混成――東と西の融合――とナショナリズム――ある時、柳は、民芸運動は外来の思想によることなく、純粋に日本で産まれたものだと主張している――の両方を内包していた。[55]

とはいえ一九二〇年代、機械と資本主義とが支配力を増してゆく時代にあって、美の復興を目指し、その過程で様々な矛盾する要素を結合しながら、一つの運動として練り上げた柳には明らかに天賦の才があった。柳は、彼の愛したアメリカの詩人と同じように矛盾を孕んでいたのである。だがそれは、彼が宏大で、多くのものを豊かに抱えていたからこそであった。

注

（1）長沼重隆訳『世界名詩集　21』（平凡社、一九六九年）、二二八頁。

（2）Terence Barrow, "Introduction to the New Edition," in Edward S. Morse, *Japanese Homes and Their Surroundings*, Tuttle reprint edition, 1972, p. xxiv. Christopher Benfey, *The Great Wave: Gilded Age Misfits, Japanese Eccentrics, and the Opening of Japan*, Random House, 2003, p. 70 も参照のこと。同論文によれば、「モースの『日本人の住まい』は一八八〇年代末から一八九〇年代にかけて、アメリカのヴィクトリア調家屋の建築家の模範となっていた。モースのおかげでニューイングランド中の屋根の形や小屋に、バルコニーやアルコーブに、そして想像力を働かせる余地を残そうとする意欲に、日本の習慣の痕跡を認めることができる」のである。

（3）Jackson Lears, *No Place of Grace: Antimodernism and the Transformation of American Culture 1880-1920*, New York: Pantheon, 1982, p. 7.

（4）Jackson Lears 前掲書は、南北アメリカの人々が、「過剰な文明化」によってもたらされた問題を、それまで中世、東洋、あるいは原始的な文化に結びつけられてきた手仕事への関心や「簡素な生活」への回帰など、極端な肉体的・精神的経験を取り込むことで解決しようとしたことを論じている。また反近代主義が、当初は支配的な文化潮流への反動として生まれたにもかかわらず、皮肉にも新たな世俗社会への移行を促したことを同書は示唆している。特に興味深いのは第二章 "The Figure of the Artisan: Arts and Crafts Ideology," pp. 59-96 である。

（5）Yuko Kikuchi, "The Myth of Yanagi's Originality: The Formation of Mingei Theory in its Social and Historical Context," in *Journal of Design History*, vol. 7, no. 4, (1994), pp. 253 より。出典は S. J. W. Robertson, *The Foundations of Japan*, John Murray, 1922, pp. 100-01 である。なお菊池の論考には以下もある。"Hybridity and the Oriental Orientalism of Mingei Theory," *Journal of Design History*, vol. 10, no. 4, pp. 343-54. また中見真理『柳宗悦——時代と思想』（東京大学出版会、二〇〇三年）も参照。

（6）柳宗悦「バーナード・リーチの芸術」（『柳宗悦全集　著作篇』第十四巻、筑摩書房、一九八二年）。初出『白樺』第五巻一一号、一九一四年、二五〇—二五一頁。

（7）柳宗悦「工芸の道」（初出一九二七年。『柳宗悦全集　著作篇』第八巻、筑摩書房、一九八〇年、二一八—二一九頁）。英訳として Yanagi Sōetsu, *The Unknown Craftsman*, Kodansha International, 1982 がある。

（8）柳の反近代主義とナショナリズムに関する詳細は、拙稿「近代日本における国家主義と文化的多元主義——柳宗悦と民芸運動」（『もう一つの近代』ぺりかん社、一九九九年）を参照。

（9）Thomas Carlyle, "Signs of the Times," in the *Works of Thomas Carlyle*, vol. 2, pp. 233-36.

（10）John Ruskin, *The Stones of Venice*, 1853.

（11）Neil Harris, "All the World a Melting Pot? Japan at American Fairs, 1876-1904," in Akira Iriye, ed., *Mutual Images: Essays in Japanese-American Relations*, Harvard University Press, 1975, p. 30.

（12）例えば Jason Lears, *No Place of Grace*, pp. 59-96 を参照。また Edward Lucie-Smith, *The Story of Craft: The Craftsman's Role in Society*, Oxford University Press, 1981 特に十二章 Chapter 12, "The Arts and Crafts Movement in America," pp. 221-232 が参考になる。

（13）なお、雑誌 *The Craftsman* は全巻が CD-ROM で復刊されている。Gustav Stickley, ed., *The Craftsman on CD-Rom*, Interactive Bureau, 1997.

（14）Gustav Stickley, "The Use and Abuse of Machinery and its Relation to the Arts and Crafts," *The Craftsman* vol. 11 (November 1906), p. 205. アーツ・アンド・クラフツ運動の歴史に関しては以下も参照。Stickley, "The Craftsman Movement: Its Origin and Growth," *The Craftsman* vol. 21 (October 1913), pp. 17-26.

（15）モース『日本人の住まい』下巻（斉藤正二・藤本周一訳、八坂書房、一九九一年）、一二一―一二二頁。

（16）チェンバレン、バジル・ホール『日本事物誌　2』（高梨健吉訳、平凡社、一九六九年）、二三二頁。

（17）同右、二三三―二三四頁。

（18）同右、二三四頁。

（19）同右。

（20）『日本その日その日』（*Japan Day by Day*, Houghton Mifflin, 1917）においてモースは、一八七七―一八七八年、一八八二―一八八三年の日本体験を記録している。また、モースの陶器コレクションのカタログも刊行されている。Museum of Fine Arts, Boston, *Catalogue of the Morse Collection of Japanese Pottery*, The Museum, 1901.

（21）モース『日本人の住まい』上巻、四―五頁。

（22）同右、下巻、一六三頁。

（23）同右、上巻、三頁。

（24）コーエン、ウォレン・I『アメリカが見た東アジア美術』（川嶌一穂訳、スカイドア、一九九九年）。

（25）Dorthy G. Wayman, *Edward Sylvester Morse: A Biography*, Harvard University Press, 1942, pp. 349-50.

（26）Rutherford Alcock, *The Capital of the Tycoon; A Narrative of Three Years Residence in Japan*, Harper, 1863, vol. 2, p. 243.

（27）Neil Harris, "All the World a Melting Pot?," p. 33.

（28）モース『日本人の住まい』上巻、三―四頁。

（29）Henry D. Smith II, *Taizanso and the One Mat Room*, ICU Yuasa Memorial Museum, 1993, p. 17. 泰山荘の歴史に関するスミスの日英両語による著作（邦題は『泰山荘――松浦武四郎の一畳敷の世界』）は、松浦武四郎と徳川頼倫の網羅的な伝記である。松浦武四郎と徳川頼倫の二人は、社会的・文化的な急速な変化の時代にあって、日本の伝統保存に積極的であった。

（30）*Japan Day by Day*, vol. 2, pp. 365-366.

（31）モースによれば、「骨董品収集家にとって日本は正真正銘の天国だろう。日本ではどこに行っても古道具屋（furui doguya）があり、あらゆる種類の古物が陳列されている。（中略）馬で通りかかった最も小さな村でも、この種の店がつつましい品揃えで古物を扱っているのを見出すであろう」（*Japan Day by Day*, Vol. 1, p. 105.）。

（32）Smith, *Taizanso*, p. 19.

（33）Okakura Kakuzō, "Nature in East Asiatic Painting," *Okakura Kakuzo Collected English Writings*, Heibonsha, 1984, vol. 2, pp. 149-50.

（34）「書ハ美術ナラスノ論ヲ読ム」（『岡倉天心全集』第三巻、平凡社、一九七九年、一一頁）。

（35）三宅雪嶺「真善美日本人」（『三宅雪嶺集』、明治文学全集第三十三巻、筑摩書房、一九六七年、二一六頁）。

（36）Christine Guth, *Art, Tea and Industry: Masuda Takashi and the Mitsui Circle*, Princeton University Press, 1993. 特に第五章 "The New Daimyo," pp. 129-60 を参照。

（37）Christopher Benfay, *The Great Wave: Gilded Age Misfits, Japanese Eccentrics, and the Opening of Old Japan*, Random House (reprint), 2004, pp. 104-105 の岡倉評によれば、『茶の本』には産業化しつつある近代社会に対する、ラスキン主義的な願い以上のものがあるという。それどころか、著者は茶道に、文化的ナショナリズムに加え、外国の侵入に対する抵抗をも結びつけている。

（38）岡倉覚三『茶の本』（村岡博訳、岩波書店、一九二九年）、二一頁。

(39) 同右、五八頁。
(40) 同右、三〇頁。
(41) 同右、六二頁。
(42) Rupert Faulkner, "Cultural Identity and Japanese Studio Ceramics," in *Quiet Beauty: Fifty Centuries of Japanese Folk Ceramics from the Montgomery Collection*, http://www.asianart.com/exhibitions/quietbeauty/intro.html.
(43) Okakura Kakuzo, "Modern Art from a Japanese Point of View," *The Heart of Heaven*, 1906, p. 203.
(44) ラビンドラナート・タゴール「東洋文化と日本の使命」（橋川文三編『岡倉天心人と思想』平凡社、一九八二年、一二一頁）。
(45) Theodore Bowie, ed., *Landgon Warner through his Letters*, Indiana University Press, 1966, p. 20. ハーバード大学および同ホートン図書館のアーカイブには、ワーナーの文書が保管されている。特に興味深いのは、最近になってようやく公開された六箱分の資料である（97M-2(b) 1-6）。この中には一九〇六―一九一〇年に交わされたワーナーと、のちの妻ロレイン・ルーズベルトとの往復書簡があり、大体週に一通のやりとりがある。書簡には、ワーナーの五浦での岡倉との暮らしと、日本美術との最初の邂逅が詳しく語られている。
(46) Bowie, ed., *Landgon Warner through his Letters*, p. 33.
(47) Langdon Warner, *Kobe to Luchu*, unpubished travel diary, Houghton Library, Harvard University.
(48) 同右。
(49) Brian Moeran, *Lost Innocence: Folk Craft Potters of Onta, Japan*, University of California Press, 1984, p. 21.
(50) Richard Wilson, "Modern Japanese Ceramics into Mingei: Art, Industry and Idea," in Michael L. Conroy, ed., *Mingei Legacy: Continuity and Innovation through Three Generations of Modern Potters*, National Council on Education for the Ceramic Arts, 2003, p. 12.
(51) 同右、一三頁。
(52) 同右、二一頁。
(53) 同右。Richard Wilson, "Forming the Modern Japanese Craft Movement: Perspectives from the Leach Archives," *Humanities*, vol. 40, 141-162, 2009 も参照。日本でのリーチの体験を論じた文献には、ほかに Brian Moeran, "Bernard Leach and the Japanese Folk Craft Movement: The Formative Years," *Journal of Design History* 2: 2-3 (1989), pp. 139-143 や、鈴木禎宏『バーナード・リーチの生涯と芸術——東と西の結婚』（ミネルヴァ書房、二〇〇

六年）がある。

（54）菊池は、自身はラスキンやモリスの著作の影響を受けていないという柳の主張に疑問を呈している。菊池の調査によれば、一九二七年までに、雑誌記事、研究論文、翻訳などを含めてラスキンの著作百二点、モリスの著作百三十九点が日本語で刊行されている。Yuko Kikuchi, "The Myth of Yanagi's Originality," p. 254.

（55）『工芸文化』（一九四一年）の序において、柳は次のように書いている。「吾々の工芸界における運動は、『民芸運動』として知られて来たが、私どものひそかに誇りとすることは、これが外国の思想に発したものではなく、日本自らが産んだものだという事実である。私どもは今欧米の人たちが工芸に対してどんな立場を取っているかを省みはしたが、しかし私どもには余り役立つものがなかった。だから、ここに述べた思想には模倣の性質はない。（中略）日本の国からこそ一歩先に進む者が出て灯火をかかげねばならない」。Kikuchi, "The Myth of Yanagi's Originality," p. 248 より。

第八章 東北飢饉——近代の裏表

はじめに

二〇一一年の東日本大震災と津波、そして福島の原子力発電所からの放射性物質の流出は、世界史上に残る惨事となった。それは同時に、同じく世界史上に記念すべき人道支援の事例ともなっている。二〇一二年三月、つまり災害から一年の時点で、百三十九ヶ国のNGOやNPO、企業や個人から、八十億米ドルに相当する現金、物資、サービスが提供されたのである。(1) 経済的支援のみならず、ボランティアなどを通じて差し伸べられた無数の手の温かさは極めて印象的であったと言ってよい。

本章では、このような国内および海外への人道支援の歴史的起源を掘り下げてみたい。取り上げるのは、一九〇五年から一九〇六年にかけての東北飢饉に対する国際的な反応である。この極端な不作は、近代の東北地方を襲った最悪の出来事の一つであった。日露戦争勝利の直後であったことも手伝って、海外のメディアは積極的に飢饉に注目した。例えば『ニューヨーク・タイムズ』紙は、宮城、福島、岩手各県の人々の苦悩を浮き彫りにするシリーズを連載し、餓死寸前の何千もの人々が、木の皮や草の根、団栗などで命を繋いでいると報じ、(2)『クリスチャン・ヘラルド』誌は、「骸骨の村」と化した東北を救うための募金を呼びかけた。(3) キリスト教の伝道団も要所要所に臨時の救援施設を立ち上げ、寄付を募っている。また一九〇六年二月には、セオドア・ルーズベルト米大統領が、日本赤十字社に送るための義援金を、アメリカ赤十字社に送金するよう国民に広く呼びかけた。要するに、メディアによる多方面からの報道によって飢饉には国内のみならず諸外国からも大いに同情が寄せられることになったのだが、このことは皮肉にも、東北地方が極めて貧しいという印象を、ほとんど恥辱とも言える形で世界に知らしめることとなり、東北地方の負のイメージを強烈に焼きつけるという結果を招いたのである。このような現象は、日本の近代化にも明るい面だけでなく暗い面が、すなわち「裏側」があることを示す好例であろう。

大飢饉

一九〇五年の東北は冷夏で湿気も高く、農家は不作の予感に怯えていた。例えば福島県では、七月の気温が例年より四・九度も低かった。薄ら寒く、湿った日が続いた。八月になっても、やはり気温は例年より四・八度低かった。一方で、降水量は例年よりも十六・二四ミリ多く、八月一ヶ月の日照時間は、平年の八十六時間を大きく下回る五十四時間にとどまった。低温、過剰な降水、そして日照時間の不足は、いずれも不作の条件である。九月になるとようやく暑く乾いた日が増えたが、この段階では稲穂はむしろ縮んでしまう。十月の収穫の時期には、もはや稲藁のようなものしか残っていなかった。多くの地区で、損失は莫大なものとなった。最も深刻だったのは宮城県で、収穫量は例年の十二%に過ぎず、福島県では二十五%、岩手県では三十三%である。(4) 一九〇五年の飢饉は、仙台を中心に南北百五十キロにわたる不作によってもたらされた。

不作となった地域住民の生活は、秋口にはすでに飢饉の影響を受け始めている。一九〇五年十一月の東北の状況を、ある観察者は次のように記録する。

役人は他の地方から種籾を買い集めている。飢饉に襲われた地域では種籾を準備できないことは明らかだ。稲藁にはさして価値がないので、田んぼは刈られることもなかった。仕事がなくなり、農地では雇用が完全に消失した。人力車で移動していた人たちが自分の足で歩くようになったので、大家に雇われていた車夫も路頭に迷った。もとより貧しかった人々は誰の目にも入らなくなり、彼らの生活はますます困窮を極めた。突如として訪れた暗黒の日々に、人々はただ驚愕するしかなかった(5)。

仙台に駐在していたドイツ改革派教会の宣教師ウィリアム・ランプは、北国を広く巻き込むことになるこの災害の深刻さをいち早く察知していた。飢えた日本人を救おうという世界的な運動の幕開けを、ランプは次のように記録している。

[一九〇五年の]感謝祭の日、仙台および盛岡の米国人は共に祈るために集まった。祈禱のあと、どうすれば困窮している兄弟たちを救うことができるのかについて話し合いが行われた。ひとまず五名を代表者に任命し、二日後にその五名で相談を重ねたところ、さらにイギリスとフランスからも代表者を一名ずつ委員に迎え、七名の組織とすることが決定された。こうして飢饉に苦しむ人々を救うための資金調達を目的とする初めての組織、海外救済委員会(Foreign Committee of Relief)が設置された。委員会の第一の目標は、国際的な共感を集めることと、飢饉に関する情報局としての機能を果たすことである(6)。

図1　東北飢饉海外救済員会、William E. Lampe, The Famine in North Japan より。

指導的立場にあったのはウィリアム・ランプとJ・H・デフォレストであった。
十二月になると、仙台の宣教師たちは横浜や神戸、そして母国の友人たちや様々な組織に向けて、飢饉に関する定期的な報告を行うようになった。その結果、世界中の地域紙や全国紙が飢饉について報道することになったのである。一九〇五年十二月三十日付けの『オークランド・スター』紙は「日本飢饉　金のために子ども売る」と見出しを打ち、翌年三月二十三日付けの『ロサンゼルス・ヘラルド』紙は「日本の飢饉、近年で最悪　百万人が空腹とも」と報じた。『ピッツバーグ・ガゼット』紙は、「日本で米不足六十五万人　藁で飢え凌ぎ」とする。宣教師の多くは『クリスチャン・ヘラルド』誌に直接投書し、東北の人々の苦しさを訴えている。

特に子供たちは青白く痩せていいます。食物が乏しく、とてもひどいものしか口にしていません。もはや「栄養」を摂っているとは言えない状況です。何とか命を繋いでいるだけの状態です。母親たちも、目は落ちくぼみ、頬はこけ、日々弱ってゆく子供たちを眺めるその顔からは、絶望の二文字しか読み取れません。(7)

冬が深まるにつれて雪が積もると、食べられるものを求めて山や丘陵を歩くこともできなくなる。しかもこの年の冬は記録的な厳しさで、苦しみはいよいよ想像を絶するものとなった。一九〇六年一月二十日付けの『ニューヨーク・タイムズ』紙は「日本人六十八万人が飢えている。東京にある政府は海外からの援助を歓迎している。親は子を売り、木の皮を食べ、穴倉に暮している。――不作がもたらした悲劇である」と宣言し、(8)また一九〇六年二月二十一日にも、「多くの日本人が命を落としている。厳冬が飢饉に追い打ちをかけている」と伝えている。(9)『クリスチャン・ヘラルド』誌の二月十四日号には、情熱的とも言える訴えが掲載された。

豊かな土地に暮らし、このような状況を経験したことのない者には、貧しい村人たちが追い込まれている困難の深刻さは理解できないだろう。彼らは必死に命を保とうとしている。まるで骸骨の村だ。ほんの雀の涙ではあるが、政府から与えられている援助がなければ、とうに命を落としているだろう。日本の朴訥な農夫たちの惨状を言葉で表すことは難しい。(中略)すぐにでも手を差し伸べなければ、訪れるべき結果は一つだ。(10)

国際的人道支援

一九〇六年の時点では、このような形で人道的支援が求められることも、見ず知らずの人々に対して多額の金銭や物資を提供するということも、まだ新しい試みであった。国際赤十字が創立されたのは一八七六年で、これはジュネーブ諸条約や、戦傷者を保護するための組織の設立と連動している。平時の災害に対する援助が行われるようになったのは一八八〇年代である。アメリカ赤十字社は一八八一年、日本赤十字社は一八八七年に創立され、翌一八八八年には早速磐梯山の噴火を受けて援助を行っている。(11)

救世軍をはじめとするキリスト教の宣教団も、一八八〇年代から被災地での援助を行うようになった。特に注目すべきは、一八七八年から一九九二年にかけて毎週発行されていたキリスト教系の媒体、『クリスチャン・ヘラルド』誌の編集者であったルイス・クロプシュの果たした役割である。(12)インドで宣教活動を行っていたこともあるクロプシュは、一八九〇年に雑誌の責任者となると、これを世界中の飢饉や災害で苦しむ人々への義援金の寄付を呼びかける窓口として活用し始めた。例えば一八九二年のロシアの飢饉の際には、『クリスチャン・ヘラルド』誌の呼びかけによって、百万ドル分の物資とサービスが提供されている。クロプシュは飢饉などについてしばしば大袈裟に書き連ね、援助をしなければという意識を読者に植えつけることに成功した。一八九七年と一九〇〇年のインドの飢饉でも多くの義援金を集めたクロプシュには、「現代の慈愛の騎士」という渾名が与えられたほどである。「飢えたアルメニア人」をはじめ、世界中の腹を空かせた人々を救うよう、クロプシュは訴え続けた。(13)このような背景もあり、新しい世紀に突入すると、アメリカやイギリスなど豊かな国々では、助けを必要とする人々に手を差し伸べることが、人道的な善い行いとして定着するようになった。そして同時期に、通信技術の発達、キリスト教系ジャーナリズムの隆盛、銀行事業の国際化(初めて電信による国際送金を実践したのはウエスタンユニオンである)などの条件が揃ったことで、富める者は世界のどこからでも、貧しき者を支援することができるようになったのである。

三・一一の被災地とも重なる三陸地方で、一八九六年六月十五日に地震と津波が発生し、二万人を超える犠牲者が出た際には、日本赤十字社はその資源のほとんどすべてを供出している。同年九月の『ナショナル・ジオグラフィック』誌は、「人々からの寛大な援助に加え、政府も利用可能な資金源を総動員し、家や財産や家族を失い、飢えに苦しんでいる六万人もの人々に大量の食糧や衣服、道具などを届けている」と報じている。[14] しかし、国内外が協力して大規模な災害援助を行った最初の例は、やはり一九〇五年から翌年にかけての東北飢饉であった。国内外の報道陣が大小の記事を連日発表し、公私を問わず様々な援助活動が展開され、ボランティアが集まり、世界中から寄付金が寄せられたという意味でも、前例のない出来事である。

二〇一一年の東日本大震災と津波の際に、世界中の大学ですぐさま集会や募金のためのイベントが開かれたことはよく知られている。例えば同年六月十六日付けの『ハーバード・ガゼット』紙には、「ハーバード、日本のために駆けつける　ウェブ・ポータルの開設　討論会　募金など　震災による悲劇を受けて」との記事が見出せる。[15] そして一九〇六年の『ハーバード・クリムゾン』紙にも、同様の学生の活動としては初期の例となる記事が出ているのである。「ルーズベルト大統領、ハーバード生、そして日本在住の外国人らの要請によって、ハーバード・ミッションは大学内で多額の寄付を集め、日本北部の基金を援助するためにこれを送金した」[16]。記事ではさらに宮城・福島・岩手の三県にまたがる飢饉の状況が説明され、六十八万もの人々が苦境にあり、しかも状況は悪くなる一方であることが語られている。また「日本政府は、減税や免税の実施、公共事業の立ち上げ、あるいは食糧の割引や無料化などの手段で飢饉の被害を抑制しようと努力している。しかし、国は充分に必要に応えられてはいない。なお、我々に向けて救いを求める声を上げているのは当事者たる日本人ではなく、現地にいる外国人である」との記述もある。(17) そして『ハーバード・クリムゾン』紙によれば、募金は「担当となった委員会が、各寮ごとに学生の代表を選び、募金を依頼する。募金は土曜の夜まで行い、代表者は月曜の午後一時から五時の間に、集まった義援金をフィリップス・ブルックス・ハウスのＨ・Ｈ・ペリー（三年生）のところへ持参する。直接持参できない場合は、Ｈ・Ｈ・ペリー宛てに小切手を切る」という形で行われた。(18) これと同様の募金活動は、イェール大学やプリンストン大学でも行われている。

だが、募金活動と集まった金額の配布を主導的に行ったのは、アメリカの宣教師の共同体であった。一九〇六年一月、仙台に本拠を置く海外救済委員会が最初の義援金として九千円を届けた。これは、すべて日本在住の外国人から集まったものである。この出来事についてランプは、「この最初の、組織化された寄付金の給付によって、被災した三県は大いに救われた。それは渇いた土地に降り注いだ雨のようなものであった」と述べている。(19) 二月には、『クリスチャン・ヘラルド』誌が最初の寄付となる一万ドルを届けつつ、これをきっかけとしてさらなる寄付を集めようとした。

この義援金は食費に充てられ、日本赤十字社によって飢饉に苦しむ地域にすぐさま届けられることになっている。だが、百万もの人々が空腹を抱えている時に、この程度の額が何になるだろうか？　群れな

図２　「飢えたる日本に最初の一万ドルが届く」、『クリスチャン・ヘラルド』誌、1906年２月28日。

FIRST $10,000 FOR STARVING JAPAN

Cabled by The Christian Herald—President Roosevelt's Strong Appeal—More Aid Quickly Needed to Save Life

LATE news from Japan, received through official sources, confirm in every particular the earlier reports of the terrible famine now raging in the three northern provinces. Far more extensive than was at first believed, the famine is now growing to serious proportions. So ominous is the outlook, that President Roosevelt has been moved to address an appeal to the American people in behalf of the suffering nation, in which he says:

"The famine situation in northern Japan is proving much more serious than at first supposed, and thousands of persons are on the verge of starvation. It is a calamity such as may occasionally befall any nation. Nations, like men, should stand ever ready to aid each other in distress, and I appeal to the American people to help from their abundance their suffering fellow-men of the great and friendly nation of Japan."

Meanwhile, the great heart of our nation has been deeply touched by the presentation of the cause of the Japanese farmers in the columns of The Christian Herald, and contributions to the Famine Relief Fund continue to flow in from all parts of the Union. The proprietor of this journal, co-operating with its readers, as on previous occasions of a similar character when

are facing extreme conditions and **must succumb unless help is speedily given."** These represent the worst cases only.

These statements are fully corroborated in letters from missionary and other sources, the most recent of which describe the desperation of the people, as driving many to robbery and acts of violence, in their eager desire to obtain food for their wives and children. Heavy snows have fallen in the northern provinces, aggravating the suffering. School children, maddened with hunger, fight each other to obtain possession of a morsel of food. In Fukushima, many persons must inevitably perish. The keenest and most widespread suffering, however, has not yet been reached, but will come in May, June and July, when the supply of acorns, nuts and grasses will be exhausted. A great effort, put forth now, would avert the loss of many lives.

In the consular advices, some of the recipes used by the people of the famine provinces are given, and they reveal, probably with more startling emphasis than anything else does, the desperate straits to which the sufferers have been reduced. These recipes are for the preparation of what is designated as emergency food, though it is hard for any one not similarly situated to

Church, were recently selected by the foreign community of Sendai. A sub-committee recently visited Yokohama, and spent considerable time among the consular representatives of the foreign governments, with a view to having them interest themselves and others in the work of relief. This sub-committee also visited Tokio, and laid the matter before the diplomatic representatives with the same object in view.

The following is a translation of a paper issued by the government concerning the famine, with special reference to the "emergency foods" used by the people:

On account of the scarcity and expensiveness of rice, the people of the famine district are mixing all kinds of things to the small quantity of staple products they are able to acquire. We have lately made analysis of each supplemental food with two objects—1 To find out how much nourishment the emergency food contained; 2. To determine whether it contained any poisonous matter.

From analysis the following was found:

1. Nara fruit cakes; nourishing and not poisonous.
2. Radish cakes; cannot be substituted for rice.
3. Radish and other leaves; cannot be substituted for rice.
4. Tara root bark food; contains no nourishment.
5. Persimmon cakes; if properly prepared, are nourishing.
6. Straw cakes; not nourishing.
7. Karatoriimo cakes; contain nourishment.

The foregoing shows to what desperate straits the people have been driven in their struggle with starvation. Who could withhold sympathy in such a pitiful case?

す飢えの被害者たちの大部分は、未だ救われていないのである。男性、女性、それに子供たちは、藁や草の根を食べていつまで命を繋ぐことができるだろうか？　読者もすぐに援助を送られたい。それも心の赴くままに、なるべく寛大な、親切な援助をお願いしたいものである。[20]

同誌はさらに二月十四日にも続報を出した。「豊作の時でさえ、これらの地域の人々は貧しいのである。旱魃、そして不作となれば、並大抵のことでは生活することができない。それでも、これらの地域の人々がこれほどまでの状況に陥ったのは前例のないことである。主食であるところの米はほぼ全滅し、飢餓と破産が同時に襲ったのだ」[21]。『クリスチャン・ヘラルド』誌の読者からは莫大な寄付が集まった。クロプシュは、寄付金を決して無駄にせず、それを最も必要とする地域から優先的に届けると約束している。

日本の農家の苦境に同情を感じる読者は、速やかに基金にご協力いただくようお願いする。小さな金額でも人命を救うことは可能であるし、一ドルがいますぐ手に入るだけで、飢え死にを免れる家族もあるだろう。どんなに少額でも、いただいた援助はすべて、本誌の記事にお名前を記すことにする。(22)

二月十三日には、セオドア・ルーズベルト大統領が日本に救いの手を差し伸べるよう、アメリカ国民に奨励した。

北日本の飢饉は当初の予想より遥かに深刻な状態にあり、数千人の人々がまさに飢え死にしようとしています。このような災害はどの国にも起こり得ます。国同士もまた人間同士と同じように、困った時には助け合わねばなりません。そこでアメリカ国民の皆さんに、日本という、苦境に立つ偉大な友人に、可能な限りの援助をしていただきたいのです。寄付はアメリカ赤十字社をお勧めします。皆さんからの寄付金はそこから日本赤十字社へ送られ、日本政府の判断で必要に応じて使用できるようになります。(23)

二月のより早い段階でも、海外救済委員会のもとにはマレーシアのペナン州から四千ドルが贈られている。そのほかにも日本在住の外国人などから多くの寄付が集まり、委員会からは第二の義援金として一万六千円が届けられた。(24)アメリカ赤十字社や『クリスチャン・ヘラルド』誌からの援助も届き、二月末の時点では、救済委員会の活動記録でランプが記しているように、「命を救うための装置は順調に働いている。毎日、何万もの人々に必要なだけの食糧が配られている」という状況が実現されたのである。(25)金と物資は世界中から集まっていた。同盟国イギリスからは数十万円が届けられ、オーストラリアとカナダからは船に満載された小麦粉と十万円ほどの現金が贈られた。ドイツはおよそ二万五千円を援助した。シャムの国王からは米と一万五千円が届けられた。インドの商人たちは一万円を寄付した。また、海外救済員会が集めた情報を中国語に翻訳し、北京に転送したところ、西太后から私費で十五万円が贈られた。その気前のよさについて、ランプは「このような前例のない親切は、東洋の二つの偉大な民族の心をきっと近づけるだろう」と評している[26]。

日本側の反応

一九〇六年一月からは、国内のキリスト教関連の組織も海外の宣教団と協働するようになっていた。また、日本の新聞、中でも『東京朝日新聞』と『時事新報』が、「大東北凶作」を積極的に報じている。さらに、挿絵入りのニュース雑誌である『近事画報』は、同年二月一日号を「東北飢饉号」と銘打ち、これを一八四〇年の天保の飢饉を超えるものと解説した[27]（図3）。

新聞・雑誌各社は、被災地に次々と記者を派遣した。記者からは日々報告があり、中には心温まる援助活動の逸話もあったが、大部分は餓死や凍死といったセンセーショナルな話題であった。『近事画報』の記事により、人々は現地の状況をはっきりと目に浮かべることができるようになったのである。また『東京朝日新聞』は一月二十三日から独自に義援金を募り、寄付に応じた人々の名前が毎日のように紙面の特設欄に羅列されるようになった。『東京朝日新聞』による募金は一九〇六年五月九日まで続き、総額十八万八千四百十三円が集まった。また、二月一日に天皇・皇后が五万円の下賜金を提供したのを皮切りに、皇族からも多くの援助があり、さらに閣僚や一般市民もこれに続いた。船舶会社や鉄道会社も無料か、かなり安い料金で

図３　『近事画報』東北飢饉号、1906年２月１日発行。

図４　『近事画報』1906年２月６日号より。

宮城県伊具郡大内村の人、梅津袈裟五郎氏の出征後、妻は懐妊中赤痢に罹り隔離所にて分娩後死亡し生児は長男と共に老父の手一つにて養育せらる、袈裟五郎凱旋してなつかしき故山に帰り来たれば最愛の妻は死し愛児は老父と共に飢餓に瀕死す、何等の悲惨ぞや。（特派員河合新蔵氏画報）

被災地への運搬を買って出たので、間接的とはいえ相当な援助を行ったことになる。

ランプは募金活動の成功に強い印象を受けている。「世界中から贈り物が集まった。なるほど過去に別の地域の飢饉に際してこれ以上の金額が集まったこともあったが、今回のように世界中から広く同情が示されたのは、おそらく史上類を見ないことであろう」[28]。だが宣教師の中には、日本側の反応に失望した者もいた。ニュージーランドの新聞、『ポバティ・ベイ・ヘラルド』紙は、「日本の冷笑的な国民性」と呼ぶものについて解説している。「現在の日本にはかなりの資金があるにもかかわらず、人々は帝国の東北三県に十分な金額を投じていないようだ。父親たる政府でさえ、人々を見殺しにしている、と責められるほどである」。記事はさらに続けて、

図５ 『近事画報』1906年２月６日号より。

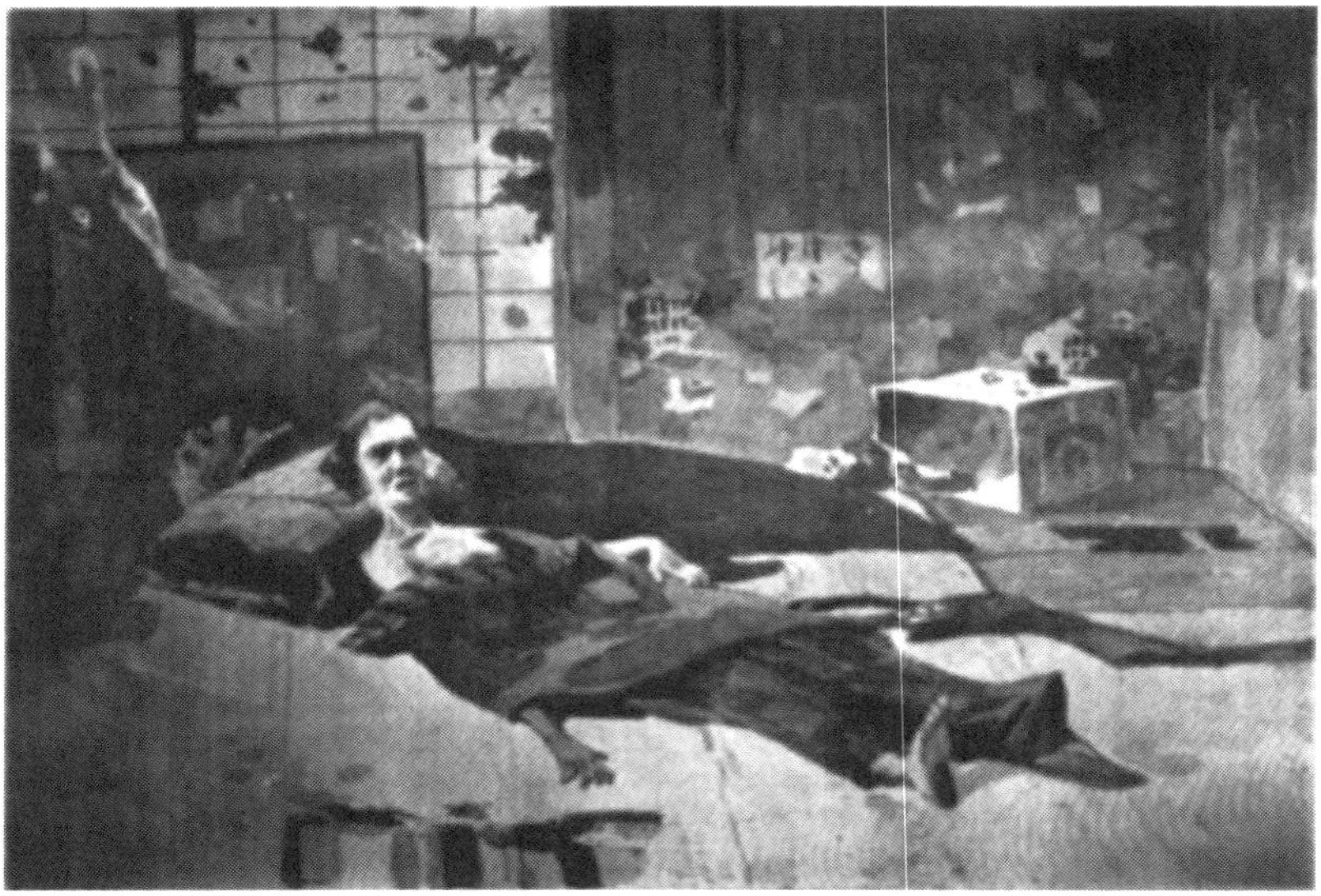

福島県信夫郡荒井村鈴木菊重の母たく（四一）及び難波亀次の老母は日頃病気の為め打臥し居たりしが凶作の為め滋養物は勿論、口腹を充すべきもの更になく次第に衰弱して二人とも「あゝ飯が食たい」の一語を此世の名残りに息絶へたり。（特派員河合新蔵氏画報）

「日本人はロシアに打ち勝ったことでまだ高揚しており、祝賀のためなら散財を厭わない。だが彼らは（中略）東北の惨めな現状については意に介さないのだ」[29]。ランプも、ある程度までは同意見であったようだ。「日本は名目上、仏教国である。だが、帝国中で仏教徒たちが可能な限り募金活動を行ったにもかかわらず、日本人の施した金額は僅かなものだった。他方、数千円分にのぼる現金や物資を寄付したのはキリスト教徒の団体だったのである」[30]。東京の有力な風刺雑誌である『東京パック』は、寄付のための募金よりも上等な金の使い道を見つけたらしい金持ちを揶揄する漫画を連載している[31]（図６）。

それでも宣教師たちは、東北の苦境を全国に知らしめるべく健筆を振るった国内の新聞には賛辞を惜しまない。戦勝ムードが

図６　「東北飢饉地に寄付したき金」、『東京パック』1906年２月号。

続く中にあって、新聞各紙は「外国の報道陣が寄付を訴えるよりもずっと前に」紙上で義援金を求めていたのである。[32]ランプが記しているように、「日本の新聞各紙は飢饉の現場に特派員を送り、紙面を苦難の物語で埋め尽くした」[33]。特に大きな働きをしたとして注目を浴びたのは、東北三県救恤会であった。

だが、宣教師たちに言わせれば、問題は飢饉があまりにも大規模であったことに加え、一般大衆ではなく、政府がなかなか腰を上げなかったことにある。特に税金の減免や、公共事業の投入によって地元民に仕事を与えるといった援助が遅れたことが問題視された。「病人や老人、身寄りのない子供が二万五千から四万人もいるのだ。彼らは自力で生活することは困難であり、たとえ雪が降っていなくても数ヶ月間は保護を要する人たちであるというのに、この寒さではどれほど辛い思いをしているだろう」[34]。『ジャパン・ウィークリー・クロニクル』紙は二月十五日付けの記事で、「個人単位での寄付も素晴らしいことではあるが、六十八万もの人が飢えに直面しているとも言われる状況においては、これはほんの一時凌ぎにしかならない。数日前には国会に『即時』の救済を求める法案が提出されたそうだが、約束された援助が届くのを一日千秋の思いで待っている人たちが何千といることを思えば、これは皮肉にさえ響く」[35]。三県の人口は三百万人ほどであったが、推定によればその三分の一、すなわち百万人が貧困状態にあったという。地元議会や国会は、税金の減免、食糧の寄付や大幅な割引、公共事業の投入などでこれを緩和しようとしたが、遠隔地の農村で求められていたのは、より直接的な支援であった。

確かに、政府の資金には限りがあった。飢饉は、まだ日露戦争で経済が逼迫している最中に起こったのである。だが方法はあったはずだ。一月には、アメリカ政府から援助の申し出があった。日本の返答はこうである。

本国政府はあらゆる手段を講じて援助に乗り出しており、現状では外国からの援助に頼る必要はないが、あらゆる慈善団体からの申し出は快くお受けしたい。政府の方針としては、慈善に縋ることなく生活の立て直しを図れるよう、困窮者には現金を給付するのではなく仕事を与えることを旨としているが、義援金の譲渡については各団体にお任せしたい。(36)

日本政府は「自助」の精神を育もうという意図のもと、現金はおろか食糧でさえ、直接に届けることに消極的であった。日本赤十字社も、アメリカの同社に対して次のように申し出ている。「送金された義援金については、慎重に方法を検討してから給付することにしています。このような援助に寄りかかり、『怠ける』ような農夫が現れては困るからです」(37)。『ジャパン・ウィークリー・メール』紙も、政府が「慈善に依存するよりも自助の精神を涵養する」という政策をとった、と振り返っている。(38)ランプや仙台にいたほかの伝道師たちも、日本政府の方針が善意に基づいたものであることは認めている。

自助こそ政府の上げた叫び声であり、実際政府の思惑は功を奏した。飢えから死に至った者の数はさほど多くなかったからである。政府はむしろ、一部の者が苦しむことになろうとも民の精神面を救うことを優先した。莫大な金銭を供与することで慢性的に勤労意欲を失う者や、怠けてしまう者を出すよりも、己の責任で身を守るということの重要性を意識させたのである。(39)

また別の記事にはこうある。「できることならば、苦しんでいる人々には、職を得るなどして自らを助けて欲しいものである。彼らの多くは決して先見の明があるわけでもなければ、根っからの働き者だというわけでもない」[40]。ただし問題は、誰もが仕事に就けるほど丈夫であったわけではないし、特に冬場は、助けを必要とする人々に行き渡るだけの職があるわけでもない、ということである。一月十五日に、ランプは次のように記している。

支援はまだ数名の慈善家によって始められたばかりである。援助が充分に届いたら、健康に問題のない者も雪の季節の間は休息をとるべきだろう。まだ欧米からの援助は足りておらず、日本では病人や老人、あるいは何らかの理由で働けない者のための物資も十分ではない[41]。

政府の消極的な援助が暗黙のうちに示すステレオタイプは、宣教師たちの間でも共有されていた。すなわち、東北の人々は都市圏の人々と比べて知的水準が低く、怠け者が多いという見方である。飢饉の援助をめぐる国会の議論では、しばしば東北地方の前時代性が問題になった。阿部徳三郎（政友会所属、岩手県選出議員）は、政府による援助に言及しながら次のように述べている。

東北ハ御承知ノ通、日本ニ於キマシテモ富ノ程度ト云フモノハ非常ニ低イノデアル、平生ノ生活ノ程度ガ低クイタシマシテ、而シテ是ノ如キ凶作ニ遭ヒマシテ、一粒ノ米ヲモ取ルコトガ出来ナイト云フコトニナルナラバ、是マデ中民トシテ目サレタトコロノ者ハ、忽チニシテ窮民ニ移ルト云フコトハ、是ハ数ノ免レヌトコロデアルノデゴザイマス。[42]

一方、ある横浜の商人は被災地の知的水準や道徳観念について、さらに直截な意見を述べている。

東北の飢饉に苦しむ人々のもとへ相次いで多額の資金が送り込まれているが、彼らが自分たちからは何も行動を起こさぬ人々であることを思うと、せっかくの寄付もすべて無駄になっているという思いを禁じ得ない。むしろ国益に適わぬ物乞いを創り出すことになっているかもしれないのである。被災地からは仕事を求める声も聞こえてこないし、南部へ行商に来ているという話も聞かない。まるで根を生やしたように地元に残り、「我々は働くことができないから働かない、仕事のあるところへ行く気もない。食べ物をくれ、どんどんくれ、そうでないと飢えてしまう」と繰り言をしているようにも思われるのである。[43]

この商人は外国の宣教師団に、被災地に希望者がいれば一人か二人に仕事を与えたい、と申し出ていたが、その返答を受けて、北国の人々に対する評価はいよいよ厳しいものになったのであった。

飢饉に喘いでいる五十万ほどの農民は、農業以外には何一つ仕事ができないらしい。彼らは東北人の中でも、特に身体的、知的に劣っているようだ。より知的で活発な一万ほどの農民は、すでに北海道に移民している。あとに残ったのは劣った人々で、彼らと南方の人々とでは比べ物にならない。たとえ横浜で車夫の口があっても、ろくに使い物にならないだろう。車夫よりもさらに能力が必要とされる職種となればなおさらである。（中略）［彼らが］頭痛の種になるだけであることは疑いを容れない。(44)

結論

一九〇五年から一九〇六年にかけての東北飢饉は、日本近代史における重要な出来事と言える。本章ではそのごく一部を取り上げたに過ぎない。東京や横浜の「良き家庭」に引き取られた少女たちの存在や、孤児となった数千人の子供たちを受け入れるための孤児院の設立、また東北の風土に合わせた米の品種改良を目指した専門家たちの努力、さらには日本各地へと散らばっていった膨大な数の移民についてなど、語るべきことは多い。(45)だが、本章で確認しておきたい要点は以下の三つである。

第一に、一九〇五年から一九〇六年にかけての東北飢饉は、ほぼ百万人の人々の命を危機に直面させ、世界中のメディアから注目を浴びたということ。世界中の人々が、「飢えた日本人」のために胸を痛めたのである。日本政府にとっては、それはむしろ抗いがたい圧力でもあった。日露戦争において日本は独自のプロパガンダ戦略を展開し、欧州および北米諸国に向けて、日本がいかに近代的な工業国であり、ジュネーブ条約に則って戦争を遂行するだけの能力を具えた文明国であるかを証明しようとしていた。だが、森鷗外が懼れたように、勝っても負けても、日本は心象を悪くするのである。「勝たば黄禍、負けば野蛮」なのだ。(46)東北もまた一種の戦線として、日本に自国民を救う力があるのかということを試験する場となっていたのである。天皇、政府、そして市民社会は、そのために立ち上がった。だが同時に、飢饉という出来事とそれへの対処は、戦勝国としての日本のイメージとは矛盾するものであった。国際的な援助には二面性があった。メディアによって多くの記事が出たために国内外から同情が集まったことも事実だが、同時に、日本にはまだ貧しく、時代遅れで、恥ずかしくさえある部分が残存することが暴露されてしまったのである。勝利に酔う日本は、まだ完全に「野蛮」な状態から脱したわけではなかった。

第二に、一九〇五年から一九〇六年にかけての東北飢饉は、日本国内における東北に対するまなざしを裏書きするものとなった。すなわち東北とは、しばしば飢饉に陥る貧しい地方であり、東北の人々とは愚かで前時代的、加えて怠け者であるために、日本の近代化の足を引っぱる存在である、という見方である。かつて朝敵の汚名を着せられた人々は、帝国の二流市民と位置づけられ、使い捨ての兵士としてしか役に立たない、という扱いを受けていたのである。一九〇五年から一九〇六年にかけての飢饉は、今日まで続くいわゆる「東北問題」の起源として捉え得るかもしれない。現在の東北で行われている国内外の復興支援にも、残念ながら重なる部分が少なくないのである。(47)

そして第三に、一九〇五年から一九〇六年にかけての東北飢饉は、日本近代史を見つめるための興味深いレンズを提供してくれる。一方でそれは、高湿の冷夏という異常気象がもたらした自然災害であった。だが同時に、それは物理的、社会的、文化的な損失を伴う出来事でもあり、支援の仕組みや政府の介入、経済復興などの問題と切り離すことのできないものである。飢饉に対する日本政府の対応を評したある人物は、以下のように結論づけている。

政府は可能な限りの支援をしている。例えば除雪のために人を雇ったかと思うと、今度はその雪をまた敷き詰めるために人を雇う、というようなことも行われたのである。だが、百万人に一日五銭の賃金を支払うだけでも月に七十五万円の支出になる。実際には百万円を超えるだろう。だから政府や民間が十分な支援を行うことは不可能なのである。（中略）また政府は、被災地の人間に職を与えたいという人と、職を必要とする人とが連絡を取れるような窓口も設置していない。その背景には本質的な怠慢があり、この怠慢は、どうやら飢饉によっても治らないのである。[48]

注

（1）ウィキペディアには、二〇一一年の東日本大震災および関連災害に対する人道支援について、極めて詳細な記事が発表されている。http://en.wikipedia.org/wiki/Humanitarian_response_to_the_2011_Tōhoku_earthquake_and_tsunami

（2）例えば、"680,000 Japanese Are Now Starving," *New York Times*, January 20, 1906, p. 5 を参照。

（3）"Japan's Famine Appeal is Heard," *Christian Herald*, February 14, 1906, p. 137.

（4）福島県消防防災課（編）『福島県災害史』（一九七二年）、一五二頁。

（5）ウィリアム・ランプが作成した三種のパンフレットは、いずれもプリンストン大学の図書館に所蔵されている。書誌情報は以下の通りである。*Report of the Foreign Committee of Relief for the Famine in Northern Japan*, Published at the "Japan Mail" Office, Yokohama, 1906, 14 pages; Rev. William E. Lampe, *Christians and Relief Work in Northern Japan*, Sendai, (1906?), 4 pages; and Rev. William E. Lampe, Chairman of the Foreign Committee of Relief, *The Famine in North Japan*, (1906?), 8 pages. 引用は *The Famine in North Japan*, p. 2 による。なお、これらの文書の複写を入手してくれたのは、当時プリンストン大学の大学院生であった皇學館大学のクリストファー・メイヨー氏である。改めて謝意を表したい。

（6）*The Famine in North Japan*, p. 3.

（7）"Japan's Famine Appeal is Heard," p. 137.

（8）"680,000 Japanese Are Now Starving," *New York Times*, January 20, 1906, p. 5.

（9）“Many Japanese Perishing,” *New York Times,* February 21, 1906, p. 5.

（10）“Japan’s Famine Appeal is Heard,” p. 137.

（11）日本赤十字社の創立については Kawamata Keiichi, *The History of Red Cross Society of Japan,* Tokyo: Nippon Sekijujisha Hattatsushi Hakkojo, 1919, pp. 46-54 を参照。磐梯山噴火の生存者に対する支援については同書、七四―七七頁を参照。

（12）クロプシュについては、Charles Melville Pepper, *Life Work of Louis Klopsch, Romance of a Modern Knight of Mercy,* Christian Herald, 1910; reprint Kessinger Publishing, 2005 を参照。デジタル版がオンラインで閲覧可能（http://ia700404.us.archive.org/29/items/lifeworkoflouisk00peppiala/lifeworkoflouisk00peppiala.pdf）である。

（13）*Life Work of Louis Klopsch* には、各国に対するクロプシュの援助活動が詳述されている。第二章はロシア、第三章はアルメニア、第四章から第六章はインド、第七章はキューバ、第八章はフィンランドおよびスウェーデン、第九章はマケドニア、第十章と第十一章は中国、第十二章ではイタリアと日本が取り上げられ、残りの章は、米国内の貧困の問題に割かれている。第十二章で日本を取り上げている箇所は二〇二―二一八頁である。

（14）“The Recent Earthquake Wave on the Coast of Japan,” *National Geographic Magazine,* September 1896. 記事および写真はオンラインで閲覧可能（http://ngm.nationalgeographic.com/1896/09/japan-tsunami/scidmore-text）である。

（15）*Harvard Gazette,* March 17, 2011. 記事はオンラインで閲覧可能（http://news.harvard.edu/gazette/story/2011/03/harvard-pushes-to-aid-japan/）である。

（16）“Japan Famine Relief Fund: Subscription to be Opened in University toward Relief of Japanese Famine,” *Harvard Crimson,* March 27, 1906. 記事はオンラインで閲覧可能（http://www.thecrimson.com/article/1906/3/27/japan-famine-relief-fund-pin-response/）である。

（17）同右。

（18）同右。

（19）*The Famine in North Japan,* p. 4.

（20）“Japan’s Famine Appeal is Heard,” p. 137.

（21）同右。

(22) 同右。

(23) *New York Times*, "President Aids Japanese: Issues an Appeal for Aid for the Famine Suffers," February 14, 1906, p. 4.

(24) *The Famine in North Japan*, p. 4.

(25) 同右、四―五頁。

(26) 同右、五頁。

(27)『近事画報』東北飢饉号、第八十巻、一九〇六年二月一日、一六頁。

(28) The Famine in North Japan, p. 6.

(29) *Poverty Bay Herald*, June 18, 1906. 記事はオンラインで閲覧可能（http://paperspast.natlib.govt.nz/cgi-in/paperspast?a=d&d=PBH19060618.2.25&l=mi&e=-------10--1----0--）である。

(30) Lampe, *Christians and Relief Work during the Famine in Northern Japan*, 1-2.

(31)『東京パック』第二巻四号、一九〇六年二月十五日、五二頁。

(32) *Japan Weekly Mail*, "The Famine in the North," January 13, 1906.

(33) "To the Editor of the *Chronicle*," *Japan Weekly Chronicle* (Kobe), February 22, 1906, p. 245.

(34) 同右。

(35) "The Famine," *Japan Weekly Chronicle*, February 15, 1906, p. 190.

(36) "Reply from the Japan Legation with telegraph instructions from Tokyo," *Foreign Papers of the United States*, 1906, vol. 2, p. 999.

(37) "Report of a Vice President of our Red Cross Society who made a tour to those famine stricken regions to investigate conditions of the suffers," *The History of the Red Cross Society of Japan*, p. 306.

(38) "The Famine in the North," *Japan Weekly Mail*, March 3, 1906, p. 225.

(39) *Report of the Foreign Committee of Relief for the Famine in Northern Japan*, p. 4.

(40) "The Famine in the North," *Japan Weekly Mail*, March 3, 1906, p. 33.

(41) "To the Editor of the *Chronicle*," *The Japan Weekly Chronicle*, January 11, 1906, p. 54.

（42）第二十二回帝国議会「東北三県凶作地窮民救恤に関する建議案委員会」、明治三十九年二月二十三日会議録。国立国会図書館ウェブサイトよりオンラインで閲覧可能（http://teikokugikai-i.ndl.go.jp/SENTAKU/syugiin/022/5527/main.html）。

（43）"Charity Thrown Away," *The Eastern World*, March 24, 1906, p. 5.

（44）同右。

（45）*Japan Weekly Mail*, March 3, 1906 の通信欄で、ヘンリー・ブラード大佐は飢饉の結果として「大勢の少女たちが不道徳な目的のために売られている」と伝えている。大佐は『河北新報』を引きながら、「どこかから救いの手が差し伸べられない限り飢え死にを免れない、というこの貧しき人々の置かれている状況を思えば、少女たちが自らを犠牲にして両親を救おうとする気持ちは理解できる。だが、少女たちをどんな不幸が待ち受けているだろう！　加美郡の小さな範囲だけでも、四、五十人の少女たちが悪しき生活を送るべく満州へと船出していった」（二三六頁）。また、一九〇六年五月三十日付けの『クリスチャン・ヘラルド』誌（"Sheltering Japan's Famine Waifs," *Christian Herald*, May 30, 1906, p. 479）は、数百人（記事によればまず四百八十人、次いで二百人）の子供たちが石井十次によって創設された岡山孤児院に引き取られたことを伝えている。

（46）橋川文三『黄禍物語』（筑摩書房、一九七六年）、三四―三五頁。

（47）マクジルトン、チャールズ「支援を拒む人々――被災地支援の障壁と文化的背景」（トム・ギルほか編『東日本大震災の人類学――津波、原発事故と被災者たちの「その後」』人文書院、二〇一三年）。

（48）"Charity Thrown Away," *The Eastern World*, March 24, 1906, p. 5.

エピローグ　文明開化を顧みれば——久米邦武と世界大戦

はじめに

久米邦武（一八三九—一九三一）は五巻からなる岩倉使節団の記念碑的な記録、『特命全権大使米欧回覧実記』の著者として世に知られている。これは一八七八年、特命全権大使が世界を回った旅から帰国して五年後に出版された(1)。佐賀藩出身の若い儒学者であった久米は、出発の僅か一週間前に、記録係として岩倉使節団に同行を命ぜられた。使節団を代表する岩倉具視の個人秘書という立場で、使節団が横浜を発った一八七一年十二月二十三日から、帰朝する一八七三年九月十三日まで、久米はほぼ二年にわたって岩倉と行動を共にした。久米は一八三九年八月生まれであるから、出発時は三十二歳、帰国時は三十四歳だったことになる。外遊の経験は、久米の儒教的な世界観を大いに揺さぶったのみならず、久米をあらゆる西洋的な事象の権威の位置に押し上げ、さらに歴史および史料編纂の専門家へと変貌させたのである。久米は歴史と史料の専門家として多くの業績を残しているが、その手法や主張には論争の種となったものも少なくない(2)。

明治政府が米国と欧州に岩倉使節団を派遣した表向きの理由は、一八五〇年代から日本に課されていた「不平等」な貿易条件を解消するためであった。使節団の派遣は、文明国として、また真摯な国家として、世界での日本の地位を向上させる第一歩だったのである。使節団の最初の寄港地であるサンフランシスコで、伊藤博文は演説で次のように述べている。

使節としても個人としても、我等の最大の希望は、我国に有益にして、その物的及び智的状態の永久的進歩に貢献すべき資料を齎らして帰国するに在り。（中略）貴国の現代的発明及び累積知識の成果に依り、諸君はその祖先が数年を要せし事業を数日にて成就し得るならん。貴重なる機会の集中せる現時に於て、我等は寸陰をも惜まざるべからず。故に日本は急進を望むや切なり。我国旗の中央に点ぜる赤き丸影は、最早帝国を封ぜし封蠟の如くに見ゆることなく、将来は事実上その本来の意匠たる、昇る朝日の尊き徽章となり、世界に於ける文明諸国の間に伍して前方に且つ上方に動かんとす。(3)

岩倉使節団は、西洋の価値観や制度を体系的に視察する大がかりな調査団であった。新しい日本のリーダーたちは十二ヶ国を回りながら、政府機関、軍事施設、工場、病院、学校、図書館、博物館・美術館、劇場などを視察し、いわゆる文明世界のあらゆる側面について見聞を広めた。西洋文化と社会のあり方を肌で感じることができるように、ホームステイまでが計画されたのである。(4)記録係の久米邦武にとっては、この海外体験は貴重な「西洋学習」となった。(5)久米は自国の人々に西洋について説き、日本が文明化してゆくための青地図を描くのに必要な知識をこの旅で身につけたのである。

本章では久米の後半生に焦点を当て、久米自身が一八七〇年代の欧米への旅をどのように振り返ったのかを検討する。使節団による視察中、あるいは帰国直後に久米が目にし、考えたことについては多くが明らかになっている。久米は西洋をいたずらに美化することはなかった。久米はむしろその理想を理解し、日本においても同様の文明化や啓蒙を実現するために必要な計画を、極めて精緻な計算に基づいて立案したのである。[6]だが、その五十年後、日本がすでに列強の一翼を担い、協商国の側に立って第一次世界大戦に参戦を果たした時代において、久米は使節団の業績をどのように評価していたのだろうか。日本が実際に「昇る朝日の尊き徽章となり、世界に於ける文明諸国の間に伍して前方に且つ上方に動かん」としていた時、久米の文明というものに対する理解はどのように変化したのだろうか。

歴史家としての久米

久米の生涯については、大方の事実が明らかになっている。一八七三年に帰国した久米は、数年を費やして五巻からなる『回覧実記』を書き上げ、一八七八年にこれを出版した。歴史家として生きることを決めた久米は、東京帝国大学の教壇に立ち、一八八八年には教授の地位にのぼっている。重野安繹と共に、久米は経験的証拠、量的分析、史料批判などを重視する立場から新たな日本の歴史学を確立しようとした。[7]久米は一八八九年の『史学雑誌』の創刊にも関わっているが、同誌は今日でも歴史学の学術雑誌として権威あるものである。だが、一八九二年には神道の理解をめぐって論争に巻き込まれ（いわゆる「久米事件」）、帝国大学の職を辞すこととなった。神道の神話を歴史的事実として受け入れることはできない、と主張する中で、久米は「神道は祭天の古俗」と述べたのである。[8]久米は、その後も東京専門学校（のちの早稲田大学）で研究教育に携わり、古代史や中世に関する書籍や論考を多く発表した。中でも久米が注目したのは科学史や交通・コミュニケーションをめぐる歴史、そして自然地理学である。一九三一年、九十三歳で歿した頃の久米

図1　岩倉使節団に同行した若き日の久米、久米美術館所蔵。

の評価は、「国史の元老」と言われるまでに高まっていた。(9)

久米を歴史学に開眼させたのは欧米での体験であった。(10) 行く先々で久米は博物館めぐりに精を出し、特に歴史系の博物館や展覧会に強い興味を示した。当時の日本には、ワシントンのスミソニアン博物館、ロンドンの大英博物館や水晶宮、あるいはパリのフランス国立工芸院と比肩し得るような施設は存在しなかったのである。もちろん久米は、工場や病院、図書館、新聞社、銃や大砲、戦艦など、欧米で多くの新しいものを熱心に見聞した。だが久米は、古いものからも同じく大きな刺激を受けたのである。歴史的な建造物、史蹟や記念碑、そして博物館。博物館とは、人々が過去について学ぶ場である。それは同時に、人類がいかに過去というものに促されて、文明化され、啓蒙されてゆくのか、その過程について学ぶ場でもある。エジプトのピラミッド、ギリシャ・ローマ帝国、啓蒙時代、産業革命……。久米は大英博物館を訪れた感想を、人類史への入門であったと述べている。

博物館ニ観レバ、其国開化ノ順序、自ラ心目ニ感触ヲ与フモノナリ、蓋シ国ノ興ルヤ、其理蘊ノ衷ヲ繙クコト、俄爾トシテ然ルモノニアラズ、必ズ順序アリ、先知ノモノ之ヲ後知ニ伝ヘ、先覚ノモノ後覚ヲ覚シテ、漸ヲ以テ進ム、之ヲ名ヅケテ進歩ト云フ、進歩トハ、旧ヲ捨テ、新キヲ図ルノ謂ニ非ルナリ、故ニ国ノ成立スル、自ラ結習アリ、習ヒニヨリテ其美ヲ研シ出ス、知ノ開明ニ、自ラ源由アリ、由ニヨリテ其善ヲ発成ス、其順序ヲ瞭示スルハ博物館ヨリヨキハナシ(11)、

久米による歴史の発見は、洋の東西を問わず人々の注目を浴びていた「進歩」の概念とも密接に関係しているだろう。歴史学の研究に久米は天職を見出し、これこそ自分が日本の進歩に貢献できる道であると確信した。大英博物館をあとにした久米は、「何故日本は遅れているのか?」と問う。

抑モ教育ノ未ダ至ラザル所歟《か》、人ノ言行、其美ヲ採録ソテ伝フルコトナク、古今ノ進歩、之ヲ史記シテ聞カシムルコトナク、博物館以テ其目視ノ感ヲ発スルナク、博覧ノ場、其新知ヲ誘《みちび》クナク、諉《い》シテ習性ノ異ナリト謂フハ、篤論ニ非ルナリ(12)、

西洋人が歴史を重要視していることの意義に、久米は何度も立ち戻っている。西洋人は「古きを愛し」、また「古きを保存」しながら、そのうえに新たなものを積み重ねてゆく。ローマ帝国の文化を再現して造られたパリの凱旋門を眺めながら、久米は次のように結論づける。「西洋ノ能ク日新シ、能ク進歩スル、其根元ハ愛古ノ情ニヨレリ、(中略)千百年ノ智識、之ヲ積メバ文明ノ光ヲ生ズ(13)」。

欧州で久米が目の当たりにしたのは、ほとんど常に変わり続ける国々の姿だった。どこへ行っても、進歩の理想や、あるいは現実となった進歩が称揚されている。だが久米は同時に、このように欧州が花開いたのは、ほんのこの四十年ほどの間の出来事であるという事実にも気づいていたのである。少し前までは、「陸

ニ走ル汽車モナク、海ヲ駛スル汽車モナク、電線ノ信ヲ伝フルコトモ」ない状態であった。[14] 久米は、工業や商業の発展を促したのは、ルイ十四世の宮廷で広まった贅沢志向であった、とも書き留めている。かつてはパリこそが文明の中心地であったが、新たな技術や思想はすぐに欧州全土に広まり、少なくとも間接的に、日本を含む世界中へと波及していったのである。「英国首《はじめ》ニ自国固有ノ工芸風致ヲ研発シ、仏国ト異工ノ価ヲ発セシヨリ、漸漸各国人ノ感触ヲ生ジ、今ニ至リテハ、欧洲ノ工芸、各其国ノ美ヲ競ヒ種種ノ花木ガ、爛漫トシテ芬芳ヲ発スルガ如キニ至」ったのだ。[15]

儒学者として教育を受けてきた久米は、過去に対する愛と敬意を胸に抱いて帰国した。西洋の制度を受容していかなければならないことはもちろんだが、久米にとっては、「自国固有の風致」を保存することも同様に重要だったのである。

西洋で起こりつつある重要な変化を目の当たりにした久米は、日本の将来について思いを馳せないわけには行かなかった。次の四十年の間に、日本には何が起こるだろうか？ 一九一〇年代の日本はどうなっているのだろうか？ それは明るい未来だろうか、それとも暗澹たるものだろうか？ 日本の風景は工場の煙突から濛々と立ちのぼる黒煙で満たされることになるのだろうか？ 欧州の至るところ、特にドイツで感じられた「競争心」が、日本人の心にも芽生えるのだろうか？ 進歩をめぐる久米の不安は、すでに『回覧実記』の中にも見られる。「西洋ノ日新進歩ノ説、日本ニ伝播シテヨリ、世ノ軽佻 慮《おもんぱか》リ短キモノ、逐逐然トシテ、旧ヲ棄テ新ヲ争ヒ、所謂ル新ナルモノ、未ダ必モ得ル所ナクシテ、旧ノ存スベキモノ、多ク破毀シ遺ナキニ至ル、噫是豈《ああこれあに》日新ノ謂ナランヤ、進歩ノ謂ナランヤ」[16]。一九一四年に第一次世界大戦が勃発すると、久米の進歩に対する感情はますます暗いものとなった。そしてこれこそ、本章でぜひ取り上げたい点なのである。

久米は一九一八年、八十歳で早稲田大学を退職した。八十代に入っても久米は日本や中国の歴史に関する研究書や論考を発表し続け、時事問題についても歴史的な視点から評論などを書いた。これら後期の文章はあまり注目されることもなく、近年では忘れ去られているが、その多くは直接的、あるいは間接的に、『回覧実記』に記録された西洋体験に根ざしたものである。また、一九三四年、歿後に刊行された自伝にも、久米の文明に対する思想や理想の変遷を追うためのヒントが見つかるだろう。(17)

過去を顧みる

第一次世界大戦は、西洋をあまねく巻き込み(文字通りの世界大戦である)、未曾有の犠牲者を出した(民間人を含め、三千八百万人が命を落とした)戦争であったと同時に、新たな技術(飛行機、潜水艦、機関銃、毒ガスなど)に依存した戦いでもあった。したがって多くの研究者が、この戦争を人類史における重要な——悪い方向への——転換点であると考えている。戦争の勃発した一九一四年には、偉大な歴史家アーノルド・トインビーがすでに「試練に立つ文明」について書いており、一九一八年には、オスヴァルト・シュペングラーが影響力ある『西洋の没落』を発表している。中国では晩年の厳復が、かつての西洋的な、自由な個人主義に対する自らの賛辞を撤回し、「年齢を重ねたいま思うのは、(中略)過去三百年の西洋の進歩がもたらしたものは、自己中心主義、殺戮、腐敗、傲岸だけである、ということだ」と述べた。(18)日本でも、保守的な立場からは徳富蘇峰や後藤新平が、リベラルな立場からはコスモポリタンな思想家であった茅原華山などが、西洋文明、とりわけ物質文明に対して、その行末を警戒している。明るいものとして日本が喜び勇んで取り

図２　晩年の久米、1927年頃、久米美術館所蔵。

入れた文明には暗部があった。それが軍国主義、物質主義、快楽主義といった形で表出しつつあったのである。[19]

久米邦武も、このような考えに賛成であった。『回覧実記』の刊行から四十年、久米は過去を振り返りながら、自分もその導入に一役買った文明の、特に物質的側面が、もはや限界にきていることを危惧した。一九二〇年に『歴史地理』に発表された「西洋物質科学の行詰まり」という論考の不吉な題に、それはよく表れている。創造的な目的のために人々が協力し合う、という理想とは裏腹に、文明によって焚きつけられた人々は大量破壊兵器を生み出し、互いを徹底的に殺し合っているのである。一九一九年にも、久米は次のように書いている。

> 近年泰西機巧の進みが益破壊的になり、天然物を破壊して人工にて精錬せすんば已まざるの概あり、夫れのみならず巨額の費用と労力とを戦時の凶器製造に傾け、競うて残酷なる機械を発明し居たるが、遂に大戦争を爆発し、天に翔り海に潜り、数百万の壮丁をその機械の前に駆り、肉弾となし、屍丘を築くに至り残酷なる戦状（中略）、天に果たして神の存在するやを疑はしめた。[20]

一九二九年、九十歳になった久米は自伝を書き始めた。出版は死後三年が経過した一九三四年である。その序文で久米は、歴史を目撃するということの喜びを、歴史家として語っている。若い頃の自分はちょんまげを結い、大小を差した侍をこの目で見ている。しかし一九三〇年代、鉄道・自動車・飛行機であふれかえっている現代には、侍は影も形もないのである。久米は、自分の生きた九十年間は、日本史上、あるいは世界史上にも類を見ない激動の時期であったと宣言する。久米の人生の最初の三十年間、日本は封建的な国家であり、西洋と交わることもない、地球の片隅の小さな点に過ぎなかった。だが、次の三十年間に日本は中央集権化を果たし、工業と軍事を発展させ、世界有数の強国にまでのぼりつめた。そして次の三十年間、日本はそのような強国の責任として、世界平和の維持に参画するようになったのである。「余の一生は古今の歴史中最も面白い時代であって、是を一続の芝居とするなら、余はその一番面白い幕を見たと言い得る。而も観席には席の等級が多いに拘らず、余は幸いにも一等席から見る事を得たのは、亦生涯の幸福と自信している[21]」。

久米は、自分には未来を予想することはできないが、と前置きしつつ、日本がこれほど急激な変化に見舞われることはこの先もないであろうと述べている。久米の生涯の間に起こった変化は、歴史全体の中の「山が見えた」と言って差し支えないほどのものである[22]。それでは、久米はどのような山を見たのだろうか？

自伝の中で久米は、いわゆるグローバル・ヒストリーの出現について述べている。各国がそれぞれに自国の問題と向き合う時代は終わり、世界中の人々の間で活発に交流が行われる国際的な時代が到来したのである。久米は、そのような変化自体はコロンブスによる一四九二年の新世界発見の時から始まっていたものの、十九世紀に入って一気に加速した、と説明している。

米利堅《メリケン》合衆国の十三州が華盛頓《ワシントン》を推して独立したのが、余の出生十二年前と云ふ具合で、夫迄の新世界の変化は、実に牛の歩に比すべきものであつた。といへば、夫は主として其の後泰西に動力の研究が進み、其の結果交通機関が急進したと云ふ事に帰せねばならぬ。即、当時の航海は、皆恒信風即、貿易風を利用し、春は西南の風、秋は東北の風により、一年二回の往復で甘んじたのである、是を汎季といふ。故に欧米の間にせよ、東西洋の間にせよ、又日支の間にせよ、交通は誠に疎遠であつたが、其の間に引力・蒸気力・電気力等の研究が進み、西暦一八七三年、即、余の出生より五十七年前、仏人が初めて玩具的の蒸気船を造り、夫が段々実地に応用され、余の生れる前後から海洋に蒸気船が往来し、風の順逆に拘らず波濤を乗り切つて東西に駛行する事になつたので、茲に初めて日本は日本、支那は支那、欧洲は欧洲と別々にしては居られぬ様になつて来た。是が即、世界の大変化を惹き起す原因となり、余の生れる前三百年間の変化と、百年に足らぬ余の一生涯に起つた変化とが、殆比較にならぬやうな大変化を観た訳である。(23)

自伝の第一巻で人生最初の三十年を取り上げた久米は、第二巻を欧州での体験に割いている。その記述を、五十年前の一八七八年に久米自身が『回覧実記』に書いたものと比較してみると興味深い。自伝では、文明との個人的な出会いが強調されている。儒教的な教育を受けた彼にとっては、精神的、文化的な世界こそが価値を持っていたが、西洋で重要視されていたのは物質的世界、物理的世界であった。彼は列車に乗って工場や病院、学校、官庁、博物館をめぐった。彼は西洋の中でも選り抜きの、世界最先端の技術を見て回ったのである。だが彼の目には、この新しい文明が抱える問題も明らかだった。進歩はある者には恩恵を与え、富をもたらすが、貧しい者には社会的、経済的な負担を強いる。今日の先進国と途上国の関係にも見られるような格差の拡大が、当時すでに始まっていたのである。また彼は、かつて奴隷であった黒人や、白人に土地を奪われた「印甸人《インデン》」（ネイティブ・アメリカン）に対する差別も目の当たりにした。[24] 南北戦争の傷跡もまだ残っており、アーリントン墓地を訪れた際には、見渡す限り続く戦歿者の墓石を眺め、物思いに耽っている。[25] 工業地帯にはスラム街があり、貧困は深刻化していた。劣悪な刑務所に収監された囚人や、川にそのまま注がれる下水も目にとまった。[26] また、男女が人目もはばからず交わる姿も、久米には驚異だった。[27] 一八七八年の観察記録を見ても、また後年の文書を見ても、久米が西洋文明のいくつかの側面について懐疑的であったことは明らかである。

歴史を発見した久米は、ある意味では未来をも発見したのである。そして未来は、決して明るいものではなかった。文明には二つの面がある、と久米は考えた。自伝の中で西洋体験を振り返りながら、久米は文明には素晴らしい点が多くあるが、それと同時に、「暗黒の設備」も具わっているとする。「文明の裏表」という言葉を用いながら、久米は文明の裏側は、暗いだけでなく危険でもあると警鐘を鳴らす。「王政復古後の文明の盛観を予想」した時には、「その文明開化に危険の副ふ事も承知」されていたのである。[28] ロンドンなどの都市の貧しい地区を歩くたびに、久米は家のない者、物乞いをする者の多さに驚き、「文明の裏面」を肌で感じた。それは「目の当たり倫敦の市中に百鬼夜行」が登場したかのようであった。[29] 西洋人は例外なく靴を履いているものと思っていたのに、ロンドンでは裸足で歩き回っている者が何人もいたのである。[30]

しかし、一八七〇年代にしてもその半世紀後にしても、西洋に関する事象で久米を何より悩ませたのは銃器や軍隊への依存であろう。自伝に記している通り、久米は「西洋の文明といえば、銃砲の文明で、此の利器を誇耀して不条理を他国に強要し、土地を占領し、不対等の条約通商上不当の利を占めて来たのが、過去一世紀における欧州繁栄の本である」と理解していた。(31)

久米は後年、軍国主義についても論考を著しており、そこでは兵力に圧倒的な重要性が置かれていること、多くの国家がより強力な殺戮兵器を手に入れるために競い合っていることなどが取り上げられている。これこそが西洋文明の特徴の一つであり、「鉄血演説」で有名なビスマルクのパワー・ポリティクスが影響力を持つドイツなどでは、特にその傾向が強いと久米は考えた。

一九一四年、第一次世界大戦の開戦直後に書かれた論考で、久米はドイツを訪れた経験を振り返っている。論文の題は「欧洲戦乱につきて余が実験歴史の回顧」である。その劈頭で、久米は今回の戦争は予想していた、と述べる。久米の説明によれば、「此の数十年来欧洲各国は文明平和を標榜しながら、戦争支度の競合のみ次第〳〵に増長し、年々幾億万の租税を鉄砲船艦、其他あらゆる殺人器械の製造、天空に翔り海底を潜りて爆裂弾を擲つ工夫など、戦慄すべき企てをのみ専ら務めて、各国の民が生活を満足するために汗水をたらし働くを、戦備の費用を豊富にする為めかの如くに」考えていたのである。(32)久米はまた、ドイツが敗れることも確信している。儒教の道徳家のような立場から、久米はドイツを科学の時代が生んだ、あらゆる自然の征服を目論む怪物のような子供として描いた。そのように思い上がれば、必ず足元をすくわれることになる、と久米は断じる。春秋時代の専制的な君主、楚の霊王のように、ドイツ皇帝は軍事力のみならず、神までが自分の味方であると宣言している。あまつさえ、「神は吾なり」とさえ言い出しかねない様子なのだ。このような傲慢さにはしっぺ返しがある、と久米は信じて疑わなかった。(33)

だが、歴史の専門家である久米は、それ以上に時事問題の歴史的背景を重視した。「欧洲戦乱につきて」

の論文で久米は、大戦をもたらした責任はドイツにあると断言しているが、その論拠となっているのは過去六十年にわたる同国の軍国主義の発展と、久米自身が体験した歴史である。久米の記憶によれば、長崎を警備する佐賀藩士であった父は、一八五四年、久米に次のように述べたのである。曰く、ドイツ（プロイセン）は欧州で最も「意地悪」な国とされており、また非常に好戦的な国家でもある、と。[34] その十二年後、一八六六年に、プロイセンはオーストリアとの戦争に臨み、新たな兵器を投入している。初めてのボルト・アクション方式の小銃であるドライゼ銃は、一度に五発以上の弾丸を連続して発射でき、一発ずつ弾込めをする必要がある敵方のライフル銃を圧倒した。この兵器は戦争に革命をもたらしたのである。久米はまた、ビスマルクの下でのドイツの統一や、一八七〇年のフランスとの戦争についても論じている。この勝利によってドイツは、欧州最強を謳われるようになった。論文の最後で久米は、岩倉使節団の一員として訪れたドイツの印象についても語っており、[35] ここでは、『回覧実記』に収録されたビスマルクの演説の概要が再録されている。[36] ビスマルクは何よりも「兵力」の重要性を強調し、強国とは、「国家間の法」を度外視する国であると述べている。イギリスやフランスのように、常に植民地の拡大を目論み、他国の資源を搾取しようと狙っている国には注意せよ、とビスマルクは呼びかける。また、ビスマルクは日本に対しても、プロイセンを見習って早急に兵力を高めるよう助言している。ドイツも日本と同じく小国でありながら、世界に列強として名を馳せるようになったからである。使節団の一行はビスマルクの演説に感銘を受けた、と久米は一八七八年に記している。「此語ハ甚ダ意味アルモノ」[37]。だが一九一四年の時点での久米の結論は、まさにこのような軍国主義が、欧州を巻き込む戦争の火種となったのだ、というものであった。「実は独逸は成上がりの強大国で、先輩の英仏より不断に刺戟を受ける所より発した妄想狂なので、今度の戦争は独逸の人気から起つて世界の大乱となつたのである」[38]。久米はその考察を、読者への警告で締めくくっている。「是まで日本は独逸を学んで居たから、英仏露米に憎まれぬ注意は是より一層強く警省を要するのである」[39]。

未来を見据える（過去を顧みながら）

ドイツの軍国主義に不安を抱きつつも、久米は、少なくとも大戦の初期においては、文明というものが最終的には平和な状態に帰着すると信じていた。一九一四年八月二十三日、総理大臣大隈重信がドイツに宣戦布告し、ドイツの租借地を解放するために二万三千の兵を山東省に送り込んだ際も、久米はこれを評価している。もちろんこれは、久米が大隈と親しかった（二人は弘道館の同窓生である）ことや、大隈の創設した早稲田大学に勤めていたことだけが理由ではないだろう。一九一五年一月と二月に出版された、二部構成からなる山東省の歴史を扱う記事の中で、久米は日本がその地域を治めることが、アジアの平和維持にとって有益であると論じている。それは歴史からも明らかであるとする久米は、かつてこの一帯を治めていた斉の管仲（前七二〇―前六四五）が、すでに兵力よりも外交によって平和を維持する政策をとっていたことを指摘する。久米によれば、管仲によるこのような優れた統治の遺産によって、周王朝は五世紀にもわたって栄えることができたのである。聖地である泰山を擁するこの地方からは、孔子のような偉人が出たのみならず、その地理的な条件からも、中国の平和と安全を維持するうえでの要衝であった。したがって、久米に言わせれば、青島の港からドイツ軍を追い落とし、すでに（一九〇五年のポーツマス条約によって）渤海の対岸にある遼東半島を領有していた日本は、中国の平和維持の鍵を握っていたのである。こうして、二六〇〇年に及ぶ歴史を概観しつつ、久米はその文脈が同時代において持つ意味を説明する。「日本に取つては欧洲一時の大騒乱より尚ほも至重至大の平和的戦争に臨みつゝあるものであると吾人国民は之を深く覚醒せなければならぬではないか」(40)。

この「平和的戦争」の意味を、久米は以下のような問いを立てながら説明する。ドイツを山東省から追い出すことに成功したいま、次は何が起こるのだろうか。欧州での戦争がまだ継続しているうちから、久米はドイツの敗北は確実であると予想していた。だが、「大騒乱」のあとに訪れる世界がどのようなものなのかは、さすがの久米にも見通すことができなかったのである。

かゝる大戦争の数十年間継続するものではない、つまり一時的の事であるが、之に反して平和に行はる利益の戦争は継続的のもので、而も平和戦争の事実を極論すれば人種競争を含み自然に黄白両人種の相排斥するの意あるは掩ふ可からざる事で。而も其平和の戦争は第一に場所を支那に取つて居るから我国の立場としては自然正当防禦を意味する。山東が支那の平和保障の関係は憖《なまじ》ひに看過するを許さぬのである。支那の平和は古来歴史が之を證する如く、山東に保障されて居るけれども国民が弱くして自ら之を支持する抵抗力の乏しきが為めに毎に他よりも侵奪を受け、現在も已に俎上の肉と為り列国の勢力によつて僅に保全されて居るのではない歟。特に今度我国が青島を独逸より収るのを使命を全うし、其地をして完全に支那の平和の保障たらしめんと努力しつゝあるに拘らず、支那人の挙動はやゝもすれば不信の態度を取つて却て自ら他人の鼾睡を存ぜんとするの愚を敢てして居れば、将来此保障を保ち得るや甚だ覚束なく思はれる。要するに列国の支那保全主義といふも、彼等は自ら其民族も異なり、東洋の歴史をも知らず、密接の関係をも有せぬから、我国民は宜しく此山東省に於ける自国の関係を適切に感じ、正当防禦ともいふべき地勢たるの点に於て慎重に思慮を用ひなければならぬ。之を棋に譬ふれば、是迄は笊碁で只石を取るばかりの手段をなして左したる勝敗も無かつたけれど、今度局面の大変化は最早それを許さぬ。世界の対局に関係を有すれば笊碁ではいかか《（ママ）》ぬ、須く高段の排石によりて着手を考へねばならぬ。(41)

久米は平和な新時代の到来を見据えつつ、一九一八年十一月十一日、ついにドイツに敗戦をもたらすことになる死と破壊を批判する。一九一九年の年初に久米が作った漢詩は、その未来への希望を端的に表現していよう。

寿福元来任㆓自然㆒、避㆑寒最好富峰前、
偶迎㆓四海平和暁㆒、馬齢八旬加㆓一年㆒(42)

平和な時代に八十一歳の長寿を迎えることができた、と喜ぶ久米は当然、連合軍の勝利を喜んだ。戦後の平和への過程を論じた一九一九年の論考の劈頭に、久米は洋の東西を問わずに知られる格言を引用している。「天に順ふ者は唱へ、天に逆ふ者は亡ぶ」(43)。とはいえ久米の論調は暗く、将来さらに恐ろしい戦争が起こるのではないかという危惧を感じさせるものとなっている。それが特に明らかなのは、当時交渉中であったベルサイユ条約をめぐる一節である。まず久米は、かつて岩倉使節団が欧米から持ち帰った西洋文明の批判から論に入る。[44] そして久米が出した結論は、新時代は平和と兄弟愛に満ちたものになるだろう、というような希望的観測ではなく、そもそも西洋文明こそが、科学技術による大量殺戮の時代をもたらしたのだ、というものであった。歴史はもはや悪夢であった。確かに戦争は終わったが、平和は続くのだろうか。久米には肯定する自信はなかった。

是に於て防戦に聯合各国より委員を仏蘭西国に派遣し、ヴェルサイユ宮に会して媾和の条約を協議することとなり主戦国の独逸国をして之に聯盟の国々に其責任賠償等の条件を議定すると共に将来此の如き惨禍を再びせざるが為め、国際聯盟を申合せ、人道主義に依りて永遠に平和を確保する条件を協約せんとの提案となつた。余は生来兵事は大嫌ひな性分にて、之を破棄せんと欲する情願は念々に熄むなしと雖も、家に鼠、国に盗人、国際に侵略は常に絶えざれば、（中略）今度の惨劇なる戦禍には痛く平和確保の叫びが期せずして全地球に起るに至れり。[45]

論考の後段では、ひたすら警告が続く。ところ変われば平和や幸福の意味も変わる。一方には「極東」があり、他方には「極西」がある。新たな同盟は文化的差異を尊重するようなものとなるのだろうか。それとも、単に世界中に西洋的な価値観を押しつけるだけのものとなるのだろうか。むろん文明という概念が物質的な豊かさや軍事力の増強に直結している文化もある。だが調和、非暴力、質素こそが文明の本質であると考える文化もあるのだ。自然を支配することに喜びを見出す民族もあれば、それを傲慢と捉える民族もある。久米は、特に中国の先行きを不安視している。政治、経済、地理、人種、宗教など様々な要素によって、混沌が出来しつつあるように思われるからだ。これらの問題に加えて、西洋文明が軍事力に頼りがちな傾向に注目する久米は、新たに立ち上げられようとしていた国際連盟についても懐疑的である。

過去を振り返りながら、久米は機械や軍事力に依存しているように思われる西洋と、その西洋と出会う前の日本を対比させる。近世は平和と文化的発展の時代であった、と久米はノスタルジアに駆られて述べている。この過去の理想化が特に明らかなのは、一九二一年の論考「明治の文明開化」である。久米はまず、日本の武士道の伝統を、西洋の軍国主義と混同してはならないと主張する。

武は止戈と書いた字にて、戦争を止むる意向を表しあるに、泰西に於いては社会の本質を生存競争と認め、軍武備は其競争に打勝つために設くるとの理論が主張されてある。故に是まで、国際にて平和を保つことは甚だ危険なるを感じゐたりしに、たうとう軍国主義とまで増長し、空前の馬鹿らしき大戦争をおツ始め、又傷痍疲弊の極は又空前の哀乱に入り必由の経由を進行して、今更の如くに平和の要求が高調され、甃れ箒まで跳り出で、文化問題まで担ぎ出された(46)。

久米はまた、アメリカ大統領ウォレン・ハーディングが一九二一年八月四日に行った演説を要約している。「我米国人は過去百三十四年間に世界歴史上に於ける文明の記録を破れり、初め植民の小国体より起り今は世界の指導者を許さるゝに至つた、我米国併せて世界の人は戦争を絶滅せざるべからず(47)」。これに対して久米は、日本は過去百八十年にわたって独自の文明を育ててきたと述べ、さらに過去にその淵源を求めている。久米によれば、寛政から文化、文政にかけて、すなわち一七八九年から一八三〇年にかけての四十年間こそ、日本が最も急速に、しかも平和の中で発展を遂げた時期であり、それは戦争に明け暮れていた同時代の欧州の場合とは大きく異なっているのである。そして昨今の西洋諸国における強権政治や軍事力の礼賛、そして「弱の肉は強の食」という様相を呈する状況も、やはり近世日本の「天下泰平」とは比較にならない。[48]

若かりし久米は『回覧実記』の中で、日本からの訪問団のために催された軍事訓練の様子を好意的に書き留めている。一八七八年の記事によれば、彼らが見たものの多くは「軍備ノ事ニカヽル」ものであり、その熱の入れようは、「殆ド国威ヲ張リ、軍備ヲ振フヲ、主要トセルモノヽ如シ」であった。久米はそれを、本来的には野蛮な行為であると感じたものの、逆説的に、文明国には兵力が必要であることの証拠であると理屈づけた。野蛮な世の中では、敵を退け、自国を守る必要があるからだ。「是文明国ノ常備兵アル所ナリ」。[49]だが、一九一九年に第一次世界大戦が終結し、パリ講和会議で日本の思惑が裏切られると、久米の考えにも変化が生じる。[50]西洋化とは、すなわち軍国主義に染まることであり、国際法とは暴力に他ならない。それぞれの国は、より強力な兵器を開発することに躍起になっている。久米は再び、平和であった日本の近世を持ち出し、兵器、特に銃器、大砲、戦艦を次々と開発して戦争に明け暮れる欧州と比較している。[51]久米の暗澹たる結論は、西洋においては、「文明開化」は「富国強兵」と同義である、というものであった。久米はここで、自身の欧州視察を振り返っている。イギリスでは、人々は口癖のように「啓蒙」や「文明」という言葉を繰り返していたが、彼らが久米に見せたのは、紡績機械や蒸気機関のほかには、銃器や大砲や戦艦を製造する工場ばかりであった。

文明開化の二語に耳目を乱さる中に、積年の趨勢は貿易工場を競ひ、富国強兵の資を作つて銃砲艦の軍備を整へ、清と戦ひ、露と戦ひ、遂に欧洲の戦禍に投じ、軍国主義の根本を打破して五大強国の伍に入り、百余年来の志望が遂げられた。今は颱風の吹去つた後の如く、平和の維持を要求し、戦争の絶滅を唱ふは、天候の恢復を望むの声と聞かれる。(52)

結論

久米邦武は一九三一年、日本が再びアジアの中で軍事力を競うという局面を迎える前に死去した。第一次世界大戦後に書かれたいくつかの論考の中で、久米は西洋文明は行き詰まりを迎えたと指摘している。大戦は軍事力と経済力の枯渇をもたらした。戦争が終わったのはその結果に過ぎない。それは、言わばマイナスの平和であり、問題は何も解決していないのである。したがって、未来が明るいものになるという保証も何もない。世界秩序の抜本的な変革を求める声も強かったが、そのような再編は不可能と思われた。人類はすっかり道に迷っていたのである。(53)

何を為すべきか？　戦後、一部の人々は社会主義に転向した。一九一九年の北一輝による『国家改造案原理大綱』は、言わばトップダウンの社会主義を求めるものであった。その年、北は大川周明と共にアジア主義を称揚する政治結社である猶存社を立ち上げる。ロシア革命により、労働者も知識人も、共産革命の可能性を信じるようになっていた。一方、ウィルソン式の民主主義に魅せられる人々もいれば、英米のモダニズムの影響を受ける人々もいた。武者小路実篤は、人間の共同体の感覚を取り戻すために、「新しき村」の運動を試みている。(54)その中で久米は、日本の過去を振り返った。そして、聖徳太子の和をもって尊しとなすの考えを評価し、西洋と交流を持つ以前の平和な文明としての日本を礼賛した。鎖国政策も、久米に言わせれば国家の平穏と安定をもたらした良策であった。

今度欧洲の大戦争に世界をこぞり惨禍を震怖し、中心より平和を熱望すると叫びながら、外国貿易の振興に腐心しゐるのが、雄弁に之を説明するものである。如何んとなれば、商業は利益の競争にて、平和の戦争ともいひ、やゝもすれば国際の敗れを引起すもので、今度の戦争も是が原因となつてゐるといふを憚らぬ、然るに平和を望みて外国貿易を競ふは、酒を悪《にく》んで酒を強ひるとの結論にはなるまいか。真に平和を望むならば、寧ろ聯盟の協約によりて、外国貿易の取引は各国の税関にて支配する方法を立て制裁を加へる必要があらう、（中略）夫れで徳川幕府は西国と絶つた機会に鎖国令を布き、国民の海外に出づるを根本的に絶ち、私貿易の禁制を厳密にし、平和の戦争を生ずる禍根を抜去つて（中略）兎も角も寛政年間まで百五六十年の太平を保続したのは、世界歴史の異彩といはれて居るのである。[55]

さらに、交通やコミュニケーションの問題に関心を持つ歴史家として、久米は西洋文明の有益な部分については これを有効活用できるのではないかと考えた。特に重要なのは蒸気機関と電力である。アジア主義者の永井柳太郎と一九一七年に発表した共著の中で、久米は中国の混乱がアジア全土を戦争に巻き込むのではないかと不安視している。「亜細亜横断の鉄道」建設という事業も頓挫したが、今後は「島や半島」という規模ではなく「大陸に文明の光を閃かす」ことで、アジアを一つにまとめなければならない。[56]西洋の物質科学を取り上げた一九二〇年の論考では、この主題がさらに敷衍されている。「亜細亜の大陸を開いて之を繋盛せしむるには、空に飛行機を利用し、地に鉄道網を張るが、第一の急著と認むるか」[57]。

要するに久米は、決して西洋文明に完全に背を向けたわけではない。むしろ久米は、かつて日本を列強に押し上げてくれた文明の中に、いまも戦争と破壊の種が内包されていることを恐れていたのである。このことは、同じ論考の以下の箇所を見ても明らかであろう。

欧洲戦争は去年までゞ停みて、是より世界は平和になつたと思ふであらうが、多年の罪悪が積もりてかかる惨烈な戦禍となり、七百万の生霊を殺し、三千億の財力を費しながら、其戦を止むれば直に平和とは、虫の好い話である。(中略)其戦の原由を推せば、第一其主唱者は誰であつた、独逸の君臣(中略)か、必ずしも然らず。其教唆者があらう、誘導者があらう。余は蒸気電気の機関を偏重したるも亦其誘導の重さ一因と認む。(中略)軍備の製造主や、軍費の調達者にも、教唆者誘導者があらう。是は大問題であれば此に論は止めおく[58]。

久米は結論部分で、戦争の犠牲となった七百万人の命は天の力を借りても戻ってこないが、富と権力を持つ人間たちは戦争で失った三千億円を簡単に取り戻すことができる、と述べている。これこそが、大戦後の世界が直面する問題なのだ。さらに破壊的で、さらに非人間的な戦争が起こるのは時間の問題ではないか、と久米は恐れたのである。

注

（1）現代語訳および英訳を含む『回覧実記』は何種類か入手可能だが、本章では田中彰校注『特命全権大使米欧回覧実記』全五巻（岩波書店、一九七七―一九八二年）を用いる。英訳には Kume Kunitake, Graham Healey and Chushichi Tsuzuki, editors-in-chief, *The Iwakura Embassy, 1871-73: A True Account of the Ambassador Extraordinary & Plenipotentiary's Journey of Observation through the United States of America and Europe*, 5 vols, Princeton: Princeton University Press, 2002 がある。

（2）久米の伝記には、大久保利謙『久米邦武の研究』（吉川弘文館、一九九一年）、高田誠二『久米邦武――史学の眼鏡で浮世の景を』（ミネルヴァ書房、二〇〇七年）のほか、英文のものには Shigekazu Kondo, "Kume Kunitake as a Historiographer: Iwakura and After," in Ian Nish, ed., *The Iwakura Mission in American & Europe: A New Assessment*, Richmond, Surrey: Japan Library (Curzon Press), 1998, pp. 179-87 や Marlene Mayo, "The Western Education of Kume Kunitake, 1871-6," *Monumenta Nipponica*, vol. 28, no. 1, (Spring 1973), 3-67 などがある。

（3）「日の丸演説」（瀧井一博編『伊藤博文演説集』講談社、二〇一一年、一五頁）。この演説については Charles Lanman, *The Japanese in America*, New York: University Publishing Company, 1872, pp. 13-15 を参照。同演説は Anne Walthall and M. William Steele, *Politics and Society in Japan's Meiji Restoration: A Brief History with Documents*, Boston: Bedford/St. Martins, 2017, pp. 149-151 にも収録されている。

（4）岩倉使節団については多くの文献がある。代表的なものとしては、田中彰『明治維新と西洋文明――岩倉使節団は何を見たか』（岩波新書、二〇〇三年）が挙げられよう。英文の文献には、Marlene Mayo, "Rationality in the Meiji Restoration: The Iwakura Embassy," in Bernard Silberman and Harry Harootunian, eds., *Modern Japanese Leadership*, Tucson: University of Arizona Press, 1966, pp. 323-62 や Eugene Soviak, "On the Nature of Western Progress: The Journal of the Iwakura Embassy," in Donald Shively, ed., *Tradition and Modernization in Japanese Culture*, Princeton: Princeton University Press, pp. 7-34 そして Ian Nish, ed., *The Iwakura Mission in Amerca and Europe: A New Assesment*, Richmond, Surrey: Japan Library (Curzon Press) 1998 などがある。

（5）Marlene Mayo, "The Western Education of Kume Kunitake, 1871-6."

（6）同右、六四―六七頁。

（7）先駆的な歴史学者としての二人の像については、松沢裕作『重野安繹と久米邦武――「正史」を夢みた歴史家』（山川出版社、二〇一二年）

を参照。

（8）久米事件については、Margaret Mehl, "Scholarship and Ideology in Conflict: The Kume Affair, 1892," in *Monumenta Nipponica*, vol. 48, no. 3, 1993, pp. 337–357 および Chapter 8, "The Kume Kunitake Incident, 1890-2," in John S. Brownlee, *Japanese Historians and the National Myths, 1600-1945: The Age of the Gods and Emperor Jinmu*, Vancouver: UBC Press, 1997, pp. 92-106 を参照。論争の火種となった論考は、久米邦武「神道は祭天の古俗」（『史学雑誌』第二号、一八九一年、六三六―六四九頁）である。

（9）久米邦武の死去を伝える記事より。『東京朝日新聞』、一九三一年二月二十五日朝刊、一一面。

（10）久米が歴史学を「発見」した際のより詳しい事情は、拙稿「日本の文明開化の光と影――久米邦武の歴史観」（米欧亜回覧の会編『世界の中の日本の役割を考える――岩倉使節団を出発点として』慶應義塾大学出版会、二〇〇九年、一〇七―一一二頁）を参照。

（11）「第二十五巻　倫敦府ノ記　下」より。『回覧実記』第二巻、一一四頁。

（12）同右、一一五頁。

（13）「第四十三巻　巴黎府ノ記　二」より。『回覧実記』第三巻、七二頁。

（14）「第二十三巻　倫敦府ノ記　上」より。『回覧実記』第二巻、六八頁。

（15）同右、六九頁。

（16）「第四十三巻　巴黎府ノ記　二」より。『回覧実記』第三巻、七〇―七一頁。

（17）以下は、一九一四年から歿年である一九三一年の間に発表された久米邦武の著作および論考のうち、本章にとって有益であったものの一覧である。久米の詳細な著作目録は、大久保利謙『久米邦武の研究』を参照。

・「欧洲戦乱につきて余が実験歴史の回顧」（『歴史地理』第二十四巻、一九一四年十一月、二九―四七頁）。

・「南洋群島の交通を論ず」（『新日本』第四巻第八号、一九一四年八月）。

・「平和保障の山東歴史（一）」（『新日本』第五巻第一号、一九一五年一月、五三―六〇頁）。

・「平和保障の山東歴史（二）」（『新日本』第五巻第二号、一九一五年二月、一四二―一五一頁）。

・「歴史より観たる世界の平和」（『大観』一九一九年九月号、六〇―七四頁）。

・「古代東西洋の交通――歴史より観たる世界の平和」（『大観』一九一九年十二月号、七〇―八八頁）。

・「東洋古代の海上交通」(『大観』一九二〇年一月号、五四—六八頁)。
・「西洋物質科学の行詰り」(『歴史地理』第三十五巻第一号、一九二〇年一月、一—八頁)。
・「聖徳太子についての歴史批評」(『中央史壇』第一巻第一号、一九二〇年五月)。
・「社会概念は日本歴史になし」(『解放』第三巻第四号、一九二〇年四月、二五一—二五九頁)。
・「明治の文明開化」(『解放』第三巻第十号、一九二一年十月、一九四—二〇四頁)。
・「国史上より観たる国際問題」(『中央史壇』第四巻第一号、一九二二年一月、二一—三二頁)。
・「国史の文化生活問題とは何ぞ」(『中央史壇』第四巻第四号、一九二二年四月、一一—二〇頁)。
・「日支関係問題の概要」(『中央史壇』第六巻第四号、一九二三年四月、四二三—四四五頁)。
・久米邦武・永井柳太郎『支那大観と細観』(新日本社、一九一七年)。
・『久米博士九十年回顧録』上下巻(早稲田大学出版部、一九三五年)。

(18) 世界大戦に対するアジアの知識人の反応については、Pankaj Mishra, *From the Ruins of Empire: The Intellectuals who Remade Asia*, New York: Farrar, Straus and Giroux, 2013、特に"The Decline of the West?" pp. 209-216を参照。厳復の言葉は、同書二一二—二一三頁を参照。

(19) 例えば茅原華山「新文明の大誕生」(『第三帝国』第四十五号、一九一五年)、徳富蘇峰『世界の変局』(民友社、一九一五年)、後藤新平「大戦争後の新文明」(『新日本』一九一六年四月)などを参照。また、日本とロシアの文明観の変遷については、エドワード・バールィシェフ「第一次世界大戦期における日露接近の背景——文明論を中心として」(『スラヴ研究』第五十二号、二〇〇五年、二〇五—二四〇頁)を参照。

(20) 久米邦武「歴史より観たる世界の平和」、六〇頁。

(21) 『久米博士九十年回顧録』上巻、四頁。Marlene Mayo, "The Western Education of Kume Kunitake, 1871-6," p. 18も参照。

(22) 同右、二頁。

(23) 同右、二—三頁。

(24) 同右、下巻、二三八—二四二頁に黒人に関する記述が、二一三頁にネイティブ・アメリカンに関する記述がある。

(25) 同右、二六五—二六六頁。

(26) 同右、二八四—二八六頁、四一七—四一九頁。

(27)同右、二五一—二五四頁。
(28)同右、四二一頁。
(29)同右。
(30)同右、四二一—四二二頁。
(31)同右、四九〇—四九一頁。
(32)「欧洲戦乱につきて余が実験歴史の回顧」、二九頁。ドイツ皇帝と楚の霊王の対比は、この論考の末尾、四〇—四四頁で展開されている。
(33)「西洋物質科学の行詰り」、六—七頁。
(34)「欧洲戦乱につきて余が実験歴史の回顧」、三一頁。
(35)同右、三二—三五頁。
(36)ビスマルクの演説については、『回覧実記』第三巻、三二九頁、三月十五日の項を参照。
(37)『回覧実記』第三巻、三三〇頁。
(38)「欧洲戦乱につきて余が実験歴史の回顧」、四〇頁。
(39)同右、四六頁。
(40)「平和保障の山東歴史(二)」、一五一頁。
(41)同右。
(42)「歴史より観たる世界の平和」、六一頁。
(43)同右、六〇頁。
(44)同右。
(45)同右、六〇—六一頁。
(46)「明治の文明開化」、一九四頁。
(47)一九二一年八月四日にハーディングがニューハンプシャー州ランカスターで行った演説は、https://archive.org/details/addressofpresident01hard を参照。久米が要約しているのは以下の部分である。「わがアメリカが成し遂げつつあることについて思いを馳せるのはまことに愉快であります。

父たちから受け継ぎ、私たちが今日その成就のために努力している事柄のすばらしさはいかばかりでしょう。わが合衆国はわずか百三十年の歴史の中で、発展をめぐるあらゆる新記録を打ち立てました。ここニューイングランドでわずか百三十年前に産声をあげた共和国が、今日では世界の指導者たることを求められているのです。このことの偉大さには、つい感じ入ってしまいます。（中略）先の対立［第一次大戦］は人類から多くの財産と命を奪い、われわれは今日反省を抱えながら、発展の方向が間違っていたことを認めつつあります。力によって奪うことは人間の正義に反しています。アメリカと世界とに対する悲嘆と同情と、払われた多大な犠牲のためにも、あらゆる戦争は終結されねばなりません。」

(48)「明治の文明開化」、一九七頁。

(49)「第二十四巻　倫敦府ノ記　中」より。『回覧実記』第二巻、九七―九八頁。

(50) ベルサイユ条約（特に人種の平等という条文が退けられたこと）に対する日本の反応については、Naoko Shimazu, *Japan, Race and Equality: The Racial Equality Proposal of 1919*, London: Routledge, 1988 を参照。

(51)「明治の文明開化」、一九七頁。

(52) 同右、二〇四頁。一九二四年に日本を訪れた孫文も、同様の結論にたどり着いている。孫文は西洋、なかんずくその「科学的物質主義」に酔うアジアの若者たちを批判し、調和と平和が実現していた過去に目を向けるよう促している。西洋文明を受け入れることは「力を崇拝することである」、と孫文は警告する。「その最たるものは飛行機、爆弾、大砲である。（中略）つまり欧州文明とは『力による支配』に他ならないのだ」。孫文は日本の（そして世界中の）若者に、東洋文明の核心であるところの「正義による支配」に立ち返るよう呼びかけている。Pankaj Mishra, *From the Ruins of Empire*, pp. 213-214を参照。

(53)「西洋物質科学の行詰り」、一頁。

(54) 第一次世界大戦後に日本が直面した様々な問題については、Bernard S. Silberman and Harry Harootunian, *Japan in Crisis: Essays on Taisho Democracy*, Princeton: Princeton University Press, 1974 を参照。特に序章 "A Sense of an Ending and the Problem of Taisho" が示唆に富んでいる。

(55)「国史上より観たる国際問題」、二六―二七頁。

(56) 久米邦武・永井柳太郎『支那大観と細観』。

(57)「西洋物質科学の行詰り」、七頁。

(58) 同右、八頁。

訳者あとがき

「下から見る」というのがスティール史学の金科玉条である。歴史を作るのは為政者であるかもしれないが、庶民でもある。枝葉を切り落とされ、「事実」だけが羅列されるような「公式」の物語の登場人物でもなければ、統計上の数字でもない生身の人間ひとりひとりによって、歴史は作られる。「江戸城を作ったのは？」「徳川家康だろう」「違う、大工さんだよ」という冗談は、あながち一笑に付すべきものではないのだ。

現代と過去とを比較した時に、条件反射のように現代を多様なメディアの時代、物事に対する様々な見方が同時多発的に発信される時代、と定義するのが誤りであることは、本書を一読された読者にはすでに明らかであろう。相反する見方が、それぞれの時代に存在するメディアの許す限りの形で表象され、共有されたのは、近世と近代の境目においても現代と同様であった。当時の人々にとっては、その時代こそが「現代」であって、それを二十一世紀の私たちが遠い過去と断ずるのは傲慢でしかない。

したがって、歴史は絶えず更新され続けなければならないのだ。この数十年の間に、歴史学は有名性から無名性に、男性性から女性性に、普遍性から個別性に、これまでの偏向を埋め合わせるかのように重点を移してきたと言ってよいだろう。だが、それが過去の歴史学の批判に終始するようなものであるならば、また新たな偏向が生まれるだけのことである。重要なことは、歴史を常に動くものとして捉えつつ、歴史学という学問のあり方が、どのような変遷をたどってきたかを凝視することだろう。

本書には著者の過去三十年ほどの研究成果が、様々な形で練り直されて収録されている。各章の初出については、読み物としても面白い「プロローグ」に詳しいので、ここでは繰り返さない。第五章と第七章は過去にも日本語で発表されているものだが、本書へ再録するにあたって、文章の調子や用語を合わせる意味で若干の手を加えている。また、資料からの引用については、全体を通じて、旧字を新字に改め、仮名遣いは原文通りとした。ただし、読者の便宜のために漢字や濁点を補った箇所があることをお断りしておく。

最後に、訳者から著者について「下から」の一言を添えることをお許し願うことにしよう。「プロローグ」にもある通り、スティール先生は博士号を取得されて数年ののち、かつて交換留学生として学んだこともある国際基督教大学の教員となり、ご定年まで長く奉職された。先生を「ミスターＩＣＵ」と呼ぶ声も耳にしたことがあるが、なるほど研究者として、教育者としての先生の足跡は、大学の歴史と共にあったと言えるだろう。

私が初めて先生の教えを受けたのは二〇〇二年、学部の一年生として日本史の講義を履修した時であった。視覚的な資料を積極的に利用し、時の権力者よりも生活者の目から幕末の激動を振り返るという先生の手法はすでに確立されており、鮮烈な印象を受けた当時の配布資料はいまも手元に残してある。また思い出すのは、先生が毎週ジャーナル（日誌）をつけることを受講生に課していたことである。講義を反芻しつつ自身の興味関心を深め、学んだ内容を定着、あるいは拡散させてゆくためにジャーナルを用いることは、いわゆるリベラル・アーツ教育の実践としては珍しい手段ではない。しかし、数十人の学生の思索に目を通し、コメントをつける作業がいかに労力を要するものであったか、自分も教壇に立つ身になって初めて理解できた気がする。

だが、むしろ学位をとってからのほうが、先生に助けていただくことは増えている。例えば、やはり先生が長年にわたって支えてこられた日本アジア研究学会（ＡＳＣＪ）のような国際学会でパネルを組んで発表を行う際には、全体の司会や問題提起、聴衆との橋渡しを行うディスカッサントの存在が重要であるが、どなたにでもお願いできる性質のものではなく、ついつい先生に連絡をとってしまう。私などは専攻も異なり、先生にしてみれば元受講生というに過ぎないが、厚かましいお願いをいつも快く引き受けてくださり、発表への助言までくださるのだから頭が上がらない。

そのような先生のご親切は、本書の訳出にあたっても身に沁みるところがあった。資料や画像の整理など、手間のかかる作業は極力ご自身でされ、進捗を報告するたびに、翻訳よりも自分の研究を優先するよう釘を刺された。こうして成った本書が少しでも多くの読者に届くことで、先生のお気遣いに報いることができればと願う。

なお、本書については企画段階から東京堂出版の小代渉氏にお世話になった。記して感謝する。

二〇一九年五月

大野ロベルト

ま行

や・ら・わ行

た行

な行

は行

さ行

事項索引

あ行

か行

や行

ら行

わ行

さ行

た行

な行

は行

ま行

人名索引

【著者略歴】

M・ウィリアム・スティール　M. William Steele
国際基督教大学名誉教授。専攻は近代日本史。1947年生。
著書に*Alternative Narratives in Modern Japanese History*（Routledge, 2013）、『もう一つの近代——側面からみた幕末明治』（ぺりかん社、1998）、共著に*Politics and Society in Japan's Meiji Restoration: A Brief History with Documents*（Bedford/St. Martins, 2018）、共編著に『ローカルヒストリーからグローバルヒストリーへ——多文化の歴史学と地域史』（岩田書院、2005）、論文に「近代日本の奔放なる起源——万亭応賀と福澤諭吉」（『江戸のなかの日本、日本のなかの江戸——価値観、アイデンティティ、平等の視点から』柏書房、2016）などがある。

【訳者略歴】

大野ロベルト（おおの　ろべると）
日本社会事業大学専任講師。専攻は日本文学。1983年生。
共著に『日記文化から近代日本を問う——人々はいかに書き、書かされ、書き遺してきたか』（笠間書院、2017）、論文に"À la Maison de Shibusawa: The Draconian Aspects of Hijikata's Butoh"（*The Routledge Companion to Butoh Performance*, Routledge, 2018所収）、訳書にピーター・ノスコ『徳川日本の個性を考える』（東京堂出版、2018）などがある。

明治《めいじ》維新《いしん》と近代《きんだい》日本《にほん》の新《あたら》しい見方《みかた》

2019年６月10日　初版印刷
2019年６月20日　初版発行

著　者　　M・ウィリアム・スティール
訳　者　　大野ロベルト
発行者　　金田　功
発行所　　株式会社 東京堂出版
〒101-0051　東京都千代田区神田神保町1-17
電話　03-3233-3741
http://www.tokyodoshuppan.com/

装　丁　　鈴木正道（Suzuki Design）
組　版　　有限会社一企画
印刷・製本　　中央精版印刷株式会社

ISBN978-4-490-21012-5　C3021